Deutscher Nationalstaat im 19. Jahrhundert

Erarbeitet von
Dr. Wolfgang Jäger

Cornelsen

Kurshefte Geschichte

Deutscher Nationalstaat im 19. Jahrhundert

Das Lehrwerk wurde erarbeitet von
Dr. Wolfgang Jäger, Berlin

Redaktion: Britta Köppen
Grafik und Karten: Dr. Volkhard Binder, Berlin
Bildassistenz: Dagmar Schmidt
Umschlaggestaltung: Cornelsen Verlag Design
Umschlagbild vorne: Bismarck-Denkmal in Hamburg/akg-images
Umschlagbild hinten: Demonstrationszug in Berlin zum ersten Internationalen Frauentag 1911
(Otto Haeckel)/akg-images
Layout und technische Umsetzung: Uwe Rogal, Berlin

www.cornelsen.de

1. Auflage, 3. Druck 2020

Alle Drucke dieser Auflage sind inhaltlich unverändert
und können im Unterricht nebeneinander verwendet werden.

© 2013 Cornelsen Schulverlage GmbH, Berlin
© 2020 Cornelsen Verlag GmbH, Berlin

Druck: AZ Druck und Datentechnik GmbH, Kempten

ISBN: 978-3-06-064468-1

PEFC zertifiziert
Dieses Produkt stammt aus nachhaltig
bewirtschafteten Wäldern und kontrollierten
Quellen.

PEFC
PEFC/04-31-2260

www.pefc.de

Inhalt

Zur Arbeit mit diesem Kursheft

Das Kursheft ist eine thematisch orientierte Materialsammlung für den Geschichtsunterricht in der Oberstufe. Im Zentrum jedes Kapitels steht eine umfangreiche Quellensammlung, die ergänzt wird durch einführende Darstellungen und Methodenseiten (gelber Balken). Die Doppelseite „Kompetenzen überprüfen" (blauer Balken) schließt das Kapitel ab.

Sach-, Urteils- und Methoden- kompetenzen, die im Kapitel erworben werden

Erläuterungen und Verweise in der Randspalte

Webcodes führen zu Internettipps. Einfach die Zahlenkombination aus dem Buch eingeben unter **www.cornelsen.de/ webcode**

Einleitende Darstellungen

Hinweise zur Arbeit mit den Materialien: Überblick über die Quellen- auswahl mit Leitfragen und Kompetenzen

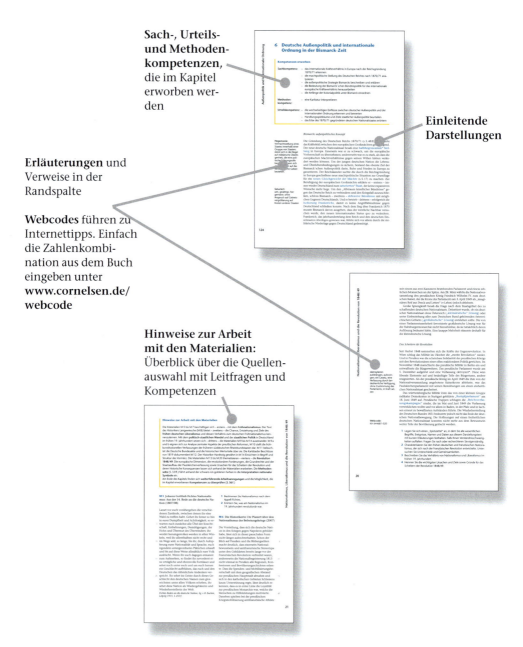

Einzelarbeitsaufträge zu allen Materialien; besondere Arbeitsformen (Referate, Gruppenarbeit etc.) sind blau hervorgehoben.

Methodenseiten

Die Seite **„Kompetenzen überprüfen"** mit weiterführenden Arbeitsanregungen und kompetenzorientierten Aufgaben

Vertiefungen

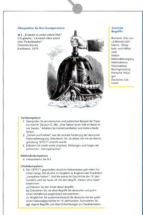

Der Anhang:
– Tipps für die Abiturvorbereitung
– Probeklausur
– Serviceseiten

1 Einführung: Nationen als „gedachte Ordnung"

Die Bedeutung nationaler Gefühle und Symbole

Wenn Olympia-Sieger geehrt werden, erklingt die Nationalhymne des Landes, dessen Staatsangehörigkeit der Goldmedaillen-Gewinner besitzt. Vor jedem Fußballländerspiel stellen sich die beiden Nationalmannschaften auf, während die Nationalhymnen ihrer Staaten gespielt werden. Diese Beispiele verdeutlichen, dass nationales Denken und Fühlen die Gegenwart nach wie vor stark prägen. Sportler kämpfen bei internationalen Wettbewerben nicht nur für sich selbst oder ihre Mannschaften, sie vertreten auch ihre Nationen. Sportliche Erfolge erhöhen das Prestige einer Nation. Doch was verstehen Historiker unter den Begriffen Nation, Nationalismus und Nationalstaat? Wie entwickelten sich „Nation", „Nationalismus" und „Nationalstaat" in Deutschland während des „langen" 19. Jahrhunderts? Und wie lässt sich der Aufstieg und das Scheitern des ersten deutschen Nationalstaates beschreiben und erklären?

Nation

Nationen sind keine natürlichen Größen, die es schon immer gegeben hat. Gefühle nationaler Zusammengehörigkeit entstanden unter bestimmten historischen Bedingungen und konnten ganz unterschiedliche Erscheinungsformen annehmen. Nationen und Nationalismus waren das Ergebnis komplizierter geschichtlicher Prozesse, in denen sich Gruppen der Gesellschaft zusammenfanden und das Bewusstsein einer nationalen Gemeinschaft herausbildete. Einige moderne Historiker bezeichnen daher Nationen als gedachte Ordnungen.

M 1 Mitglieder der deutschen Fußballnationalmannschaft vor dem WM-Qualifikationsspiel gegen Schweden in Berlin, Fotografie 2012

Nach dem unerwarteten Ausscheiden der deutschen Fußballmannschaft bei der Europameisterschaft 2012 entstand eine öffentliche Diskussion darüber, ob alle Spieler verpflichtet seien, die deutsche Hymne mitzusingen. Dabei wurde das Nicht-Singen mit dem fußballerischen Misserfolg in Verbindung gebracht. Das lag daran, dass einige Spieler mit Migrationshintergrund auf das Mitsingen verzichten.

Nationalismus

Nationale Gefühle und Denkmuster gab es bereits vom hohen Mittelalter bis ins 18. Jahrhundert. Dieser **vormoderne Nationalismus** prägte aber nur das Denken und Handeln einer kleinen Elite, des sozial und politisch herrschenden Adels. Die große Masse der Bevölkerung war dagegen fest eingebunden in die „natürlichen Ordnungen" des Lebens, in Familie und Verwandtschaft, Dorf und Pfarrei, Kirche und Religion sowie in das von einem Fürsten regierte Territorium. Diese Bindungen bestimmten die Loyalitätsgefühle* der Menschen: landschaftliches Zusammengehörigkeitsbewusstsein, Stammesstolz, Heimatgefühl oder Royalismus, d.h. die Treue zu einem bestimmten Königs- oder Herrscherhaus.

Loyalität
(frz. „Treue"): Festhalten an getroffenen Vereinbarungen, Einhalten von Gesetzesvorschriften oder Treue gegenüber einer Autorität

Der **moderne Nationalismus** entstand im ausgehenden 18. und beginnenden 19. Jahrhundert, als die Amerikanische und die Französische Revolution die Grundlagen der feudalständischen Ordnung erschütterten und der bürgerlichen Gesellschaft zum Durchbruch verhalfen. Für diesen Nationalismus galt die **Nation oder der Nationalstaat als oberster Wert**, als allgemein verbindliche Sinn- und Rechtfertigungsinstanz politischen Handelns. Der Einzelne sollte sich zuallererst als Mitglied einer nationalen Lebensgemeinschaft verstehen. Allerdings konnte die eigene Nationalität durchaus unterschiedlich bestimmt werden, sei es durch die Gleichheit der Sprache oder Kultur, sei es durch Abstammung oder die Zugehörigkeit zu einem Volk.

Der moderne Nationalismus vermittelte dem Einzelnen ein Stück Lebenssinn und war dadurch in der Lage, ein Volk oder eine große Bevölkerungsgruppe zu mobilisieren. Nationale Gefühle konnten und können die Integration und Solidarität in einer Gesellschaft dadurch stärken, dass sie einer Gemeinschaft ihre Zusammengehörigkeit bewusst machen und diesem Gefühl einen besonderen Stellenwert zuschreiben. Mit dem Argument, die Interessen der Nation oder des Nationalstaates besäßen Vorrang vor allen anderen Normen und Werten, ließen sich die Mitglieder einer Gesellschaft auf ein gemeinsames Ziel einschwören. Diese Hochschätzung des Nationalen konnte aber derart übersteigert werden, dass der Nationalismus zum Religionsersatz wurde. Die Nation erhielt dann gewissermaßen religiöse Weihen, sie erschien als etwas Heiliges. Ein solcher Nationalismus mündete leicht in ein rauschhaftes Gemeinschafts- und Solidaritätserlebnis, das den Zusammenhalt und die Selbstbehauptung der Nation von Opfern bis hin zum Tod abhängig macht. Auch war ein derart extremer Nationalismus häufig mit nationalem Sendungsbewusstsein nach außen verbunden und konnte in Aggression und Krieg umschlagen. Zusammenfassend lässt sich der moderne Nationalismus durch **drei Merkmale** definieren:

Erstens erklärte er die Nation zum **höchsten gesellschaftlichen Wert**. Zweitens wurde die **Selbstbestimmung der Nation** im Nationalstaat angestrebt.

Und drittens legitimierte er seine besondere Wertschätzung der Nation **säkular**, d.h. weltlich; religiöse Begründungen spielten in den meisten Ländern nur noch eine untergeordnete Rolle.

Nationalstaat

Bei der Definition des Begriffes „moderner Nationalstaat" greifen Historiker häufig auf Gedanken des Staatsrechtlers Georg Jellinek (1851 bis 1911) zurück. Grundlage des Nationalstaates war nach dessen Auffassung die **Identität von Staatsgebiet, Staatsvolk und Staatsgewalt**. In der neueren Geschichtsforschung wird allerdings auch der **Kultur** ein gewichtiger Stellenwert zugesprochen, um den modernen Nationalstaat vom Territorialstaat der Frühen Neuzeit abzugrenzen. Der Historiker Jürgen Kocka argumentiert 2001, dass die nationale Kultur „einen gedachten, gewollten, praktizierten und erfahrbaren Zusammenhang" zwischen Mitgliedern einer Nation stifte, „in dem kollektives Gedächtnis und historische Erinnerung (durchweg höchst stilisiert), meist auch verbindende Sprache, Bilder und Kommunikation, gemeinsame Bildung und Normen zentral sind, und der durch staatliche Anstrengung (vor allem über das Bildungssystem) mit hergestellt wird". Nationale Kultur in diesem Sinn umfasst soziale Schichten, Klassen und Gruppen. Sie integriert und toleriert – innerhalb bestimmter Grenzen – Abweichungen von der gesellschaftlichen Norm. Gleichzeitig gewinnt sie ihre Identität und Integrationskraft durch die Abgrenzung von Anderen und durch Ausgrenzung von „Fremdem".

Deutscher Nationalstaat im 19. Jahrhundert

Die Geschichte des ersten deutschen Nationalstaates begann nicht erst mit der Gründung des Deutschen Reiches an der Jahreswende 1870/71. Schon im ausgehenden 18. Jahrhundert entstand in Deutschland das Bewusstsein einer nationalen Zusammengehörigkeit der verschiedenen Staaten, Territorien, Herrschaften und Reichsstädte. Die Bindungen an Stadt und Region traten immer stärker in den Hintergrund, die Identifikation mit der Nation wurde zunehmend wichtiger. Dieser moderne Nationalismus, der sich zu einer breiten politischen Integrations- und Mobilisierungsideologie entwickelte, erhielt starken Auftrieb durch die Französische Revolution von 1789. Mit ihr begann in Europa der Siegeszug der demokratischen Idee von der selbstbestimmten Nation. Sie strahlte auf Deutschland aus und bewirkte die allmähliche **Umwandlung des kulturellen Nationalbewusstseins in einen politischen Nationalismus**, der sich zunehmend zu einer **organisierten Nationalbewegung** wandelte. Ihr Ziel bestand zunächst noch nicht vorrangig in der Schaffung eines einheitlichen Nationalstaates. Vielmehr forderte die Nationalbewegung im Bündnis mit dem Liberalismus grundlegende Reformen der Einzelstaaten des 1815 gegründeten Deutschen Bundes. In der Revolution 1848/49 scheiterte zwar der Versuch, einen demokratisch-parlamentarischen Nationalstaat zu gründen, am **Widerstand der monarchischen Staaten des Deutschen Bundes**. Die Revolution offenbarte jedoch, dass sich der Nationalismus nicht mehr unterdrücken ließ.

Mit der **Gründung des Deutschen Reiches** schien die deutsche Nationalbewegung **1870/71** am Ziel ihrer Wünsche angekommen. Die Freude über den deutschen Nationalstaat wurde allerdings gedämpft: Zum einen konnte die nationale Einigung nur im Bündnis mit Preußen erreicht werden, während die österreichische Bevölkerung ausgeschlossen blieb. Zum anderen musste die Nationalbewegung auf die Durchsetzung ihres liberal-demokratischen gesellschaftspolitischen Programms verzichten. Der junge Nationalstaat war kein demokratisch-parlamentarischer Staat, sondern ein autoritärer Obrigkeits- und Machtstaat.

Seit der Reichsgründung „von oben" wurde die deutsche Nationalidee immer stärker von den konservativen, adelig-großbürgerlichen Führungsschichten des Reiches bestimmt und in eine **emanzipations- und demokratiefeindliche politische Ideologie** umgewandelt. Der neue **Reichsnationalismus** identifizierte die bestehende Gesellschaftsordnung mit der Nation und erklärte die Zustimmung zu Macht und Autorität sowie die Unterordnung des Einzelnen unter die größere und wichtigere Gemeinschaft des Reiches zur nationalpolitischen Tugend. In der Zeit des wilhelminischen Kaiserreiches (1890–1918) wurde dieser neue Nationalismus radikalisiert und nach außen gewendet. Mit Unterstützung von Adel und Bürgertum forderte Kaiser Wilhelm II. für Deutschland eine führende Stellung unter den europäischen Groß- und Weltmächten. Ideologisch untermauert wurde der deutsche Kampf um den „Platz an der Sonne" mit dem Hinweis auf die nationale Größe und Überlegenheit des Reiches. Das verschärfte die internationalen Konflikte und der Imperialismus der europäischen Großmächte trug mit zur Entstehung des Ersten Weltkrieges (1914 bis 1918) bei. Deutschland verlor den Krieg, blieb aber als Nationalstaat bestehen.

Webcode:
KH644681-009

1 Definieren Sie die Begriffe Nation, Nationalismus und Nationalstaat.

2 a) Führen Sie eine Blitzumfrage in Ihrem Kurs durch: „Was bedeutet die Staatsangehörigkeit für mich?"
b) Diskutieren Sie, ob das Bekenntnis zu einem Staat oder einer Nation eine Form des Nationalismus ist.

3 Wiederholen Sie Umfrage und Diskussion nach Abschluss der Themeneinheit zur Nationalstaatsbildung im 19. Jahrhundert. Erörtern Sie, ob und ggf. warum es zu Veränderungen gekommen ist.

M2 Karikatur von Gerhard Mester, 1999

M 3 Der Soziologe M. Rainer Lepsius über die Nation als „gedachte Ordnung" (1990)

Die Nation ist zunächst eine gedachte Ordnung, eine kulturell definierte Vorstellung, die eine Kollektivität[1] von Menschen als eine Einheit bestimmt. Welcher Art diese Einheit
5 sein soll, ergibt sich aus den Kriterien für die Bestimmung der nationalen Kollektivität in der Ordnungsvorstellung der Nation. Sind dies ethnische Kriterien, so bestimmt sich eine Nation als ethnische Abstammungsein-
10 heit; sind dies kulturelle Kriterien, so stellt sich die Nation als Sprachgemeinschaft dar. Sind es Kriterien staatsbürgerlicher Rechtsstellung, so ist die Nation eine Einheit von Staatsbürgern. Je nach den Kriterien und
15 ihrer Mischung ergeben sich unterschiedliche Kollektivitäten von Menschen, die untereinander einen nationalen Solidaritätsverband formen sollen. Die Eigenschaften, die in einer gedachten Ordnung der Nation
20 Geltung gewinnen, begründen daher unterschiedliche Arten von Nationen. Die Nation ist daher keineswegs eine naturwüchsige und eindeutige Ordnung des sozialen Lebens, sie ist über die Zeit veränderlich und an die rea-
25 len Machtkonstellationen der geschichtlichen Entwicklung anpassungsfähig.

M. Rainer Lepsius, Nation und Nationalismus in Deutschland, in: ders., Interessen, Ideen und Institutionen, Westdeutscher Verlag, Opladen 1990, S. 233.

---

1 Kollektivität: Gemeinschaft

1 Erläutern Sie die These, die Nation sei eine „gedachte" Ordnung.

M 4 Grundzüge des modernen Nationalismus im 19. Jahrhundert

a) Der Historiker Dieter Langewiesche über die Entstehung des modernen Nationalismus (1994):
Nationalismus ist ein Geschöpf der Moderne. Als die alteuropäische Welt von der Amerikanischen und der Französischen Revolution in ihren Fundamenten erschüttert wurde
5 und in der napoleonischen Ära dann vollends zerbrach, da gehörte nicht nur die Idee der Selbstbestimmung zu dem neuen Demokratieideal, das seitdem die Welt verändert.

Nationalismus gehörte auch dazu. Denn von Beginn an suchten die Menschen ihre neuen
10 Ansprüche im Gehäuse der eigenen Nation zu verwirklichen. Die revolutionären Ideale forderten zwar universelle Geltung, doch ihr zentraler Handlungsraum war und blieb die einzelne Nation. Hoffnungen auf internatio-
15 nale Solidarität gab es zwar immer wieder, doch stets zerstob die Sehnsucht nach einem „Völkerfrühling" angesichts der überlegenen Kraft, die von den nationalen Leitbildern ausging. […] Die neue, in ihrem Ursprung
20 revolutionäre Legitimität der modernen Nation erwies sich gegenüber allen anderen Ordnungsmodellen […] als konkurrenzlos überlegen. Wer sich diesem Zwang zur Nationalisierung nicht einfügen konnte, ging
25 unter. So auch die drei übernationalen Großreiche, die sich dem Zeitalter des Nationalismus und seinem Partizipationsverlangen zu versperren suchten: das osmanische, das habsburgische und das russische. Der Wille
30 zur Nation und zum Nationalstaat, unlösbar verbunden mit der Forderung nach politischer und sozialer Demokratisierung, schwächte sie in einem langsamen Prozess, bis sie schließlich unter der Last der militäri-
35 schen Misserfolge im 1. Weltkrieg abrupt zusammenbrachen.

Dieter Langewiesche, Nationalismus im 19. und 20. Jahrhundert: zwischen Partizipation und Aggression, in: ders., Nation, Nationalismus, Nationalstaat in Deutschland und Europa, C. H. Beck, München 2000, S. 35 f. (ursprünglich erschienen 1994).

b) Der Historiker Dieter Langewiesche über die Modernität des Nationalismus im 19. Jahrhundert (1992):
Wer sich zur modernen Idee der Nation bekannte, richtete eine Kampfansage an die überlieferte Ständegesellschaft mit ihrem dichten Geflecht an Privilegien und Aus-
5 grenzungen. Auch wo ein gemeinsamer Staat bereits bestand, wie in Frankreich, wirkte die Idee der Nation als ein egalitärer Zukunftsentwurf. Er versprach jedermann – Frauen wurden noch nicht in das Egalitätsverspre-
10 chen einbezogen – politische und rechtliche Gleichberechtigung. Und er säkularisierte den Glücksanspruch des Individuums. Denn „Nation" als Zukunftsverheißung akzeptierte nicht mehr die Zwänge einer vermeintlich
15 gottgefügten weltlichen Ordnung. Sie gab

sich auch nicht mehr damit zufrieden, auf die Egalität des Jenseits vertröstet zu werden. Deshalb war das Zukunftsmodell „Nation" eine potenziell revolutionäre Kraft. Dies gilt
20 für alle Staaten, die unter den Einfluss des modernen Nationalismus gerieten. Nirgendwo überlagerten sich die Probleme jedoch so massiv und wurden deshalb so brisant wie in Deutschland.

Dieter Langewiesche, Reich, Nation und Staat in der jüngeren deutschen Geschichte, in: Historische Zeitschrift, Oldenbourg, Bd. 254, 1992, S. 343 ff.

c) Der Historiker Peter Alter über Wesen und Funktion des modernen Nationalismus (1985)
Nationalismus liegt dann vor, wenn die Nation die gesellschaftliche Großgruppe ist, der sich der Einzelne in erster Linie zugehörig fühlt, und wenn die emotionale Bindung an
5 die Nation und die Loyalität ihr gegenüber in der Skala der Bindungen und Loyalitäten oben steht. Nicht der Stand oder Konfession, nicht eine Dynastie oder ein partikularer Staat, nicht die Landschaft, nicht der Stamm
10 und auch nicht die soziale Klasse bestimmen primär den überpersonalen Bezugsrahmen. Der Einzelne ist auch nicht länger, wie das z. B. noch die Philosophie der Aufklärung postulierte, in erster Linie Mitglied der
15 Menschheit und damit Weltbürger, sondern fühlt sich vielmehr als Angehöriger einer bestimmten Nation. Er identifiziert sich mit ihrem historischen und kulturellen Erbe und mit der Form ihrer politischen Existenz. Die
20 Nation (oder der Nationalstaat) bildet für ihn den Lebensraum und vermittelt ihm ein Stück Lebenssinn in Gegenwart und Zukunft.

Peter Alter, Nationalismus, Suhrkamp, Frankfurt/M. 1985, S. 14 f.

1 a) Erörtern Sie, von welchen Loyalitätsgefühle die Menschen vor der Französischen Revolution geprägt wurden.
b) Untersuchen Sie, wie die Entstehung des modernen Nationalismus die Loyalitätsgefühle der Menschen verändert hat (M 4 a–c).
2 Fassen Sie die zentralen Merkmale des modernen Nationalismus (M 4 a–c) zusammen.
3 Erläutern Sie, warum „das Zukunftsmodell ‚Nation' eine potenziell revolutionäre Kraft" darstellte (M 4 b).

M 5 Der Historiker Jürgen Kocka über Grundzüge der deutschen Nationalstaatsbildung im 19. Jahrhundert (2001)

Bis zum Ende des 18. Jahrhunderts lässt sich von einer deutschen Nation nur in sehr eingeschränktem Sinn, vom deutschen Nationalismus kaum und von einem Nationalstaat in Deutschland schon gar nicht
5 sprechen, wenngleich die Ideen von Nation, Nationalismus und Nationalstaat im Denken der deutschen Spätaufklärung vorhanden waren und die Revolutionen in Nordamerika und Frankreich erstmals moderne Nationen
10 und Nationalstaaten hervorgebracht hatten. Der deutsche Nationalismus entstand, zunächst als Minderheitsphänomen unter den bildungsbürgerlichen Eliten und einigen städtischen Aktivbürgern, unter dem Ein-
15 fluss vor allem der Französischen Revolution und ihres Erben Napoleon, in Auseinandersetzung mit dessen Expansion und Aggression, in dem langen Krieg, der von der Mitte der 1790er-Jahre bis 1815 Europa mit Unter-
20 brechungen überzog. Bis ca. 1840 wurde er aus einem Minderheits- zu einem Massenphänomen, in Gestalt einer in sich vielfältig differenzierten Nationalbewegung, deren soziale Reichweite gleichwohl begrenzt blieb.
25 Von den 1840er-Jahren bis in die 1870er-Jahre reichte die Phase der deutschen Nationalstaatsgründung, in der die Nationalbewegung in enger Allianz mit liberalen, demokratischen und zunächst auch sozialis-
30 tischen Strömungen gegen den völker- und staatsrechtlichen Status quo auf die Errichtung eines deutschen Nationalstaats in Gestalt eines liberalen, mehr oder weniger demokratischen Verfassungs- und Rechts-
35 staats drängte – vergeblich in der Revolution von 1848/49, aber mit erheblichem Erfolg im Reichsgründungsjahrzehnt, das allerdings den Nationalstaat nur durch drei Kriege, unter der Regie des preußischen
40 Obrigkeitsstaats und in „kleindeutscher" Ausdehnung hervorbrachte, d. h. durch verfassungs-, macht- und ideenpolitische Kompromisse mit einem großen, sich national umorientierenden Teil der alten Eliten, um
45 den Preis der Exklusion der Deutschen im Habsburgerreich und um den Preis eines tiefen Gegensatzes zu Frankreich, der die internationale Politik bis in den Ersten Weltkrieg

50 hinein (und darüber hinaus) belasten sollte.
Die Errichtung des Nationalstaats trieb die
Nationsbildung voran, aber grenzte auch
neue, randständige, nicht voll einbezogene
Außenseiter aus, die man nun als „innere
55 Reichsfeinde" bezeichnete. Sie verbreitete
die soziale Basis des Nationalen (hin zu den
staatstragenden Schichten), doch wandten
sich bisherige soziale Trägerschichten auf
der Linken ab. Nationalismus und Staats-
60 macht rückten nun erstmals zusammen.
Das änderte den Inhalt des nationalen Glaubens und verschaffte ihm zusätzliche Durch-
setzungskraft.
    Von den 1870er-Jahren bis zum Ersten
65 Weltkrieg schritt die ökonomische, kulturelle, soziale und politische kleindeutsche
Nationsbildung unter dem Dach und dem
Einfluss des sich machtvoll entfaltenden,
wenngleich in vielem unvollkommen blei-
70 benden Nationalstaats kräftig voran. Der
Nationalismus verlor nicht seine integrieren-
de Funktion, er bewies sie vielmehr auch
gegenüber den zum Zeitpunkt der Reichsgründung teils abseits stehenden, teils abge-
75 stoßenen Bevölkerungsteilen: gegenüber
dem katholischen Deutschland und teilweise gegenüber der Arbeiterschaft. Aber seine
trennenden, ausgrenzenden, aggressiven
Wirkungen traten nun schärfer hervor: ge-
80 genüber ethnischen und politischen Minderheiten im Innern, gegenüber den als Feinden
wahrgenommenen Fremden draußen […].
In Reaktion auf tiefe soziale Spannungen im
Innern, in Antwort auf den verunsichernden
85 rapiden Wandel der Zeit, verstärkt durch ein
ideologisches Klima der Überhöhung von
Konflikten zwischen den Nationalstaaten im
Zeitalter des Imperialismus, entwickelte sich
nun der […] Nationalismus in einigen seiner
90 Erscheinungsformen zu einer veritablen
„Polit-Religion" mit intolerantem Absolut-
heitsanspruch weiter, zum „integralen
Nationalismus". Er konnte sich mit den Fun-
damentalismen der Zeit paaren, vor allem
95 mit dem sich naturwissenschaftlich geben-
den Rassismus und dem damit verwandten
Antisemitismus. Spätestens jetzt wurde der
Nationalismus zum belastenden Problem,
das mit in den Weltkrieg führte.

Jürgen Kocka, Das lange 19. Jahrhundert. Arbeit,
Nation und bürgerliche Gesellschaft, Klett-Cotta,
Stuttgart 2001, S. 84–86.

1 Charakterisieren Sie die deutsche National-
staatsentwicklung im 19. Jahrhundert,
indem Sie mithilfe von M 5 die einzelnen
Phasen und deren zentrale Merkmale herausarbeiten.

M 6 **Berlin am Tag der Deutschen Einheit,
dem 3. Oktober 1990, Fotografie, 1990**

1 Der Historiker Edgar Wolfrum kommentier-
te das Bild so: „So wie diese beiden feierten
die meisten Deutschen das unerwartete
Glück der Wiedervereinigung. Nachdem in
der ersten Hälfte des 20. Jahrhunderts die
Deutschen so viel Unglück über die Welt gebracht hatten, erhielten sie am Ende des
Jahrhunderts eine Art zweite Chance. Seine
erste Chance hatte Deutschland vor 1914
gehabt; es hätte die herausragende Macht
in Europa werden können, verspielte aber
seine Größe und stürzte den Kontinent
zweimal in den Abgrund des Krieges. Seine
zweite Chance besteht nun darin, auf dem
Erfolg der geglückten Demokratie der Bundesrepublik aufzubauen und dabei die Lehren der Vergangenheit nicht zu vergessen."
Nehmen Sie Stellung zu dieser Interpretation.

Testen Sie Ihr Vorwissen zur Geschichte des deutschen Nationalstaates im 19. Jahrhundert

1 Was waren die Schlagworte der Französischen Revolution?
- **A** *Freiheit, Gleichheit, Brüderlichkeit*
- **B** *Einigkeit, Recht, Freiheit*
- **C** *Brüder, zur Sonne, zur Freiheit*

2 Was bezeichnet der Begriff „Kongresspolen"?
- **A** *Abgeordnete des polnischen Parlamentes*
- **B** *Das durch den Wiener Kongress von 1815 geschaffene Königreich Polen*
- **C** *Polnische Diplomaten*

3 Was beinhalten die „Karlsbader Beschlüsse" von 1819?
- **A** *Staatliches Überwachungs- und Zensursystem*
- **B** *Bäderordnung*
- **C** *Friedensschluss zwischen Frankreich und Deutschland*

4 In welcher Kirche trat das erste deutsche Parlament zusammen?
- **A** *Berliner Hedwigs-Kathedrale*
- **B** *Hamburger Dom*
- **C** *Frankfurter Paulskirche*

5 Was wird mit dem Begriff „soziale Frage" bezeichnet?
- **A** *Abgrenzung zwischen den einzelnen Bevölkerungsgruppen im Kaiserreich*
- **B** *Probleme von Alleinerziehenden, alten und kranken Menschen in der heutigen Gesellschaft*
- **C** *Verelendung der Arbeiter während der Industrialisierung*

6 Wie wurden in England Frauenrechtlerinnen bezeichnet?
- **A** *Suffragetten*
- **B** *Soubretten*
- **C** *Souffleusen*

7 Wann wurde das Frauenwahlrecht in Deutschland eingeführt?
- **A** *1871*
- **B** *1919*
- **C** *1945*

8 Wo wurde das Deutsche Kaiserreich proklamiert?
- **A** *Im Ballsaal des Berliner Stadtschlosses*
- **B** *Im Bankettsaal der Burg Hohenzollern*
- **C** *Im Spiegelsaal von Versailles*

9 Was meint der Begriff „Kulturkampf"?
- **A** *Machtprobe Bismarcks mit der katholischen Kirche*
- **B** *Öffentlicher Streit um eine Berliner Theateraufführung*
- **C** *Rivalität zwischen Frankreich und Deutschem Reich*

10 Was verbirgt sich hinter dem „Gleichgewicht der Mächte"?
- **A** *Alle Mitglieder einer Regierung haben den gleichen Verfassungsrang*
- **B** *Außenpolitische Balance zwischen Staaten mit vergleichbarer Militär- und Wirtschaftskraft*
- **C** *Kaiser und Kanzler besitzen jeweils ein Vetorecht*

11 Was forderte Kaiser Wilhelm II. mit dem Slogan „ein Platz an der Sonne"?
- **A** *Die Teilnahme an der staatlichen Lotterie*
- **B** *Die Einverleibung des Gardasees ins Deutsche Reich*
- **C** *Eine deutsche Weltmachtpolitik und deutsche Kolonien*

12 Wofür standen die schwarz-rot-goldenen Farben der deutschen Nationalfahne bei ihrer Entstehung?
- **A** *Aus der Schwärze (schwarz) der Knechtschaft durch blutige (rot) Schlachten ans goldene (gold) Licht der Freiheit*
- **B** *Vom Schwarzwald (schwarz) durch die Thüringer Rotbuchenwälder (rot) bis an den Nord- und Ostseestrand (gold) – ein einig Vaterland*
- **C** *Aus der Finsternis der Unwissenheit (schwarz) durch einen dramatischen Umbruch (rot) in das helle Licht der Aufklärung (gold)*

2 Nationalismus, Liberalismus und die Revolution von 1848/49

Folgen der Französischen Revolution

M 1 Französisches Schmuckplakat von 1792

Die Geschichte des modernen deutschen Nationalbewusstseins wurde stark von der Französischen Revolution beeinflusst. Seit 1789 strahlte die **demokratische Idee von der selbstbestimmten Nation** auf Europa aus. Indem das französische Volk unter Führung des aufstrebenden Bürgertums die Kontrolle der bisher vom König und dem Adel ausgeübten Macht im Staate beanspruchte, sah es sich als den allgemeinen Stand an und erklärte sich zur Nation, von der alle Macht auszugehen habe. Nach diesem Verständnis war die Nation eine politische und soziale Gemeinschaft rechtsgleicher Staatsbürger, die durch ihre Vertretungsorgane die Zukunft des Landes mitgestalteten.

Die Europäer setzten sich mit dem französischen Nationalismus aber nicht nur auseinander, weil sie dessen Ideen attraktiv fanden. Auch die **kriegerische Expansion des revolutionären Frankreich** zwang die europäischen Gesellschaften dazu. Die französische Kriegserklärung von 1792 gegen die konservativen Mächte Europas leitete eine Epoche kriegerischer Auseinandersetzungen ein, die mit kurzen Unterbrechungen fast ein Vierteljahrhundert lang andauerten. Frankreich begann den Krieg als Abwehrkampf gegen die antirevolutionäre Politik und Propaganda der europäischen Großmächte und erklärte seinen Kampf zu einem **ideologischen Kreuzzug für „Freiheit, Gleichheit, Brüderlichkeit"**. Doch war es **Napoleon*** zunächst um die Sicherung der „natürlichen" Grenzen und danach um die Schaffung eines Gürtels von Satellitenstaaten gegangen, verfolgte er seit 1804 eine aggressive Eroberungspolitik.

Frühnationalismus

Wenn das deutsche gebildete Bürgertum im ausgehenden 18. Jahrhundert von Nation sprach, dachte es an eine **Kulturnation**, die in **gemeinsamer Sprache und Geschichte** wurzelte. Dieses Nationalbewusstsein verband die Bildungselite der Städte, die in den verschiedenen Staaten, Fürstentümern, Reichsstädten, kleinen und kleinsten Herrschaften des Heiligen Römischen Reichs Deutscher Nation lebten. Doch die demokratische Idee von der selbstbestimmten Nation Frankreichs bewirkte im frühen 19. Jahrhundert den allmählichen **Wandel des kulturellen in einen politischen Nationalismus**. Er verlangte noch nicht vorrangig einen einheitlichen deutschen Nationalstaat, sondern forderte grundlegende Reformen. Ähnlich wie in Frankreich sollten in den Einzelstaaten des 1815 gegründeten Deutschen Bundes die Herrschaft der Monarchen eingeschränkt, die politischen und sozialen Privilegien des Adels beschnitten und die Nation, also die Gemeinschaft der rechtlich gleichgestellten Staatsbürger, an den politischen Entscheidungen beteiligt werden.

Diese Idee gewann in der Bevölkerung immer breitere Unterstützung über das gebildete und besitzende Bürgertum hinaus, sodass im frühen 19. Jahrhundert eine **organisierte Nationalbewegung** entstand. Sänger und Turner, Studenten und Professoren, Landwirte und Industrielle knüpften ein immer dichteres Netz von Personen und Organisationen über die Einzelstaaten des Deutschen Bundes hinweg und erweiterten ihre politischen Forderungen nach nationaler Mitbestimmung und Freiheit durch die Forderung nach nationaler Einheit bzw. einem einheitlichen deutschen Nationalstaat.

Bereits in den **Befreiungskriegen von 1813–15**, die Preußen und die anderen deutschen Staaten gegen die napoleonische Herrschaft führten, forderten die meist jungen Patrioten eine einheitliche Staatsnation nach französischem und englischem Vorbild. Der Wunsch nach nationaler Einheit verband sich mit der Sehnsucht nach nationaler Größe. Deutschland sollte wieder ein Machtfaktor in der europäischen Politik werden. Obwohl in der Franzosenfeindlichkeit der Befreiungskriege eine Tendenz zur Verabsolutierung der eigenen Nation angelegt war, behielt der deutsche Nationalismus bis zur Reichsgründung 1870/71 im Wesentlichen seine freiheitliche Tendenz. Diese drückte sich in der Formel **„Einheit und Freiheit"** aus, die auch die Diskussionen auf dem **Wartburgfest 1817** und auf dem **Hambacher Fest 1832** bestimmten.

Frühliberalismus

Nationalismus und Liberalismus waren im ausgehenden 18. und beginnenden 19. Jahrhundert in Deutschland vielfach miteinander verbündet. Der Liberalismus, der zentrale Forderungen der Aufklärung und der Französischen Revolution aufgriff, war in seiner Entstehungsphase eine der wirkungsmächtigsten **Freiheitsbewegungen** des Reformadels und des gebildeten Bürgertums. Aus der Erstarrung der politischen Herrschaft während der Restaurationszeit nach 1815 zogen die Frühliberalen die Lehre, dass die **politische Befreiung der Gesellschaft** am Beginn aller Reformen stehen müsse. Der frühe Liberalismus

M2 Napoleon Bonaparte (1769 bis 1821)

Aus Korsika stammender französischer Offizier; unter dem Direktorium schlug er einen Aufstand von Königstreuen nieder, als Oberbefehlshaber der französischen Truppen siegte er 1796 gegen die österreichischen Heere, 1798 in Ägypten. 1799 stürzte er das Direktorium und regierte als Erster Konsul fast allein bis zu seiner Kaiserkrönung 1804. Nach der Dreikaiserschlacht von Austerlitz 1805 gegen Österreich und Russland bestimmte er bis zur Völkerschlacht von Leipzig 1813 die europäische Politik. Nach der französischen Niederlage wurde er 1815 auf die Insel Elba und – nach kurzer Rückkehr auf das Schlachtfeld – endgültig von den Engländern auf die Insel St. Helena verbannt, wo er 1821 starb.

Die Preußischen Reformen

Bauernbefreiung (ab 1807)
- Oktoberedikt (1807): Aufhebung der Erbuntertänigkeit, Recht auf freien Eigentumserwerb, Freiheit der Berufswahl
- Regulierungsedikt (1811): Bauern können Eigentümer des von ihnen bewirtschafteten Landes gegen Zahlung einer Entschädigung werden.

Heeresreform (ab 1807)
- Wandel vom Söldner- zum Volksheer durch allgemeine Wehrpflicht (1814)
- Aufstieg von Bürgerlichen in Offiziersränge durch neue Landwehrordnung (1815)

Städtereform (1808)
- Einführung der kommunalen Selbstverwaltung

Verwaltungsreform (1808)
- Schaffung der fünf klassischen Ministerien (Inneres, Auswärtiges, Finanzen, Krieg und Justiz)
- Gliederung des Staates in Verwaltungsbezirke

Bildungsreform (ab 1809)
- Einführung eines dreigliedrigen Schulsystems unter staatlicher Aufsicht
- Vereinheitlichung und Modernisierung der Lehrerausbildung
- Gründung der Berliner Universität (1810)

Wirtschaftsreform (ab 1810)
- Einführung der Gewerbefreiheit

Steuerreform (ab 1810)
- Vereinheitlichung des Steuersystems

Emanzipations-Edikt (1812)
- Staatsbürgerliche Gleichstellung der Juden

wollte einen **Rechts- und Verfassungsstaat** durchsetzen, der sowohl die Rechte und Freiheiten des Individuums gegen den Staat absicherte als auch den Einzelnen zur Mitsprache in staatlich-politischen Angelegenheiten befähigte. Mit dem Nationalismus teilten die Liberalen die Forderung nach politischer Freiheit und nationaler Einheit. Die Liberalen richteten ihre verfassungspolitischen Kernforderungen in der ersten Hälfte des 19. Jahrhunderts zunehmend offensiver an die staatlichen Machthaber.

Monarchischer Staat

Mit den Kriegen der Französischen Revolution und Napoleons endete die Geschichte des Heiligen Römischen Reiches Deutscher Nation. Napoleon besetzte das Alte Reich, löste es 1806 auf und gründete den **Rheinbund**. In vielen der 16 süd- und norddeutschen Rheinbundstaaten führten die Regierungen modernisierende Reformen durch. Das Ende der napoleonischen Herrschaft und des Rheinbundes nach den Befreiungskriegen (1813–15) verstärkte bei einigen Rheinbundfürsten Ängste vor Gebietsveränderungen ihrer Staaten. Um die drohenden Gebiets- und Machtverluste zu vermeiden, waren die süddeutschen Herrscher bereit, ein württembergisches, badisches oder bayerisches Nationalbewusstsein ihrer Untertanen zu fördern. Hauptmittel zur nationalen Integration der Untertanen war die Überführung des monarchischen Verwaltungsstaats in einen **liberalen Verfassungsstaat**. In diesem tritt an die Stelle des Untertanen der Staatsbürger mit bestimmten Rechten und Freiheiten. Kernstück des Verfassungsstaats ist eine gewählte Nationalrepräsentation, in der die Macht des Monarchen durch ein Mitbestimmungsrecht des Volkes begrenzt wird. Die süddeutschen Verfassungen haben die Einheit ihrer Länder so stark befördert, dass sie auch die Revolution von 1848/49 überstanden.

Nach der Niederlage bei Jena und Auerstedt gegen Napoleon 1806 war auch **Preußen** zu grundlegenden **Reformen*** bereit. An die Staatsspitze gelangten nun Männer wie der Freiherr vom und zu Stein und vor allem sein Nachfolger Karl August von Hardenberg, die in einer gründlichen Staatsreform das einzige Heilmittel für ein wirtschaftliches und militärisches Wiedererstarken ihres Landes sahen. König und Regierung leiteten eine „**Revolution von oben**" ein, die mit ihren Sozial-, Rechts-, Wirtschafts-, Verwaltungs-, Militär- und Bildungsreformen lange Zeit Maßstäbe in Deutschland setzten. Eine Verfassung erhielt Preußen im frühen 19. Jahrhundert jedoch nicht.

Nach dem Ende der napoleonischen Herrschaft und der Abdankung Napoleons berieten die europäischen Staatsmänner auf dem **Wiener Kongress** (1814/15) über die Neuordnung der europäischen Staatenwelt. Diese Verhandlungen der europäischen Großmächte unter der Federführung des österreichischen Staatskanzlers Fürst Klemens von Metternich (1773–1859) dienten der Friedenssicherung durch eine internationale Ordnung, die das **Gleichgewicht der Mächte*** gewährleistete. Außerdem wollte der Wiener Kongress die politischen Verhältnisse vor der Französischen Revolution wiederherstellen. In dieser **Restauration** (lat. *restaurare* = wiederherstellen) sollte sich die **Legitimität** der Herrschaft aus der Tradition der Fürstenhäuser und dem Gottesgnadentum ableiten. Untereinander vereinbarten die Fürsten

Solidarität der Throne gegen die National- und Freiheitsbewegungen, die ihre Herrschaft bedrohten. Zur Absicherung dieser Grundsätze schlossen sie sich 1815 zur Heiligen Allianz zusammen und versprachen sich darin gegenseitigen Beistand gegen revolutionäre Bedrohungen.

Für Deutschland sah die Wiener Schlussakte die Gründung eines Staatenbundes aus anfangs 35 Fürstenstaaten und vier freien Städten im **Deutschen Bund** vor. Er war ein loser Zusammenschluss souveräner Staaten, deren Vertreter in der Bundesversammlung in Frankfurt am Main gemeinsame Maßnahmen für die äußere und innere Sicherheit beschließen sollten. Unterschiedliche Interessen erschwerten jedoch eine Beschlussfassung. Zudem gab es keine gemeinsame Exekutive zur Durchsetzung vereinbarter Beschlüsse, sodass der Staatenbund schwach blieb. Mit der Gründung des Deutschen Bundes, in dem statt einer Verfassung lediglich landständische Verfassungen in den Einzelstaaten angekündigt wurden, waren die Hoffnungen auf die deutsche Einheit zunichte gemacht worden. Von nun an richtete sich eine liberal und national denkende Opposition gegen die Herrschaft der deutschen Fürsten und verlangte statt der staatlichen Zersplitterung Deutschlands den deutschen Nationalstaat mit einer liberalen Verfassung. Diese Bemühungen wurden jedoch im Deutschen Bund durch die Restaurationspolitik Metternichs weitgehend verhindert, bei der es um die Abwehr nationalistischer Bestrebungen und die Unterdrückung jeglicher politischer Opposition ging. Die rechtliche Grundlage dafür waren die „Karlsbader Beschlüsse" von 1819. Sie schufen ein staatliches Überwachungs- und Zensursystem für die sogenannte Demagogenverfolgung* und galten bis 1848.

Revolution 1848/49

Die Revolution von 1848/49 war eine **europäische Revolution.** In den meisten Ländern Europas ähnelten sich die politisch-sozialen Konflikte, daraus ergaben sich ähnliche Forderungen und Ziele: Das liberale Bürgertum kämpfte um politische Mit- und nationale Selbstbestimmung, die Bauern für die vollständige Beseitigung feudaler Strukturen, Handwerker und Arbeiter für die Linderung der sozialen Not. Allerdings konnten die bürgerlichen Revolutionäre ihre Anfangserfolge langfristig nicht verteidigen. Die Truppen der europäischen Mächte mussten sich zwar zunächst von den Revolutionsschauplätzen zurückziehen. Das Militär wurde jedoch nicht aufgelöst, sondern konnte im Hintergrund neue Kräfte sammeln. Bereits im Sommer 1848 fügte der **konsequente Einsatz der Truppen** den Revolutionären empfindliche Niederlagen zu. Aber nicht nur der konzertierte Militäreinsatz der europäischen Herrscher führte zum Scheitern der Revolution. Auch die **Differenzen innerhalb und zwischen den revolutionären Bewegungen** Europas trugen hierzu bei. Hatten im Frühjahr 1848 noch alle gesellschaftlichen Gruppen gemeinsam gegen die alten konservativen Kräfte gekämpft, traten schon bald die ersten Interessenkonflikte offen zutage. Nach ersten Erfolgen sah das liberale Bürgertum seine Ziele erreicht und die Revolution als beendet an. Es fürchtete die sozialrevolutionären und teilweise radikaldemokratischen Forderungen der besitzlosen Schichten, die seine wirtschaftliche Stellung bedrohten. Die

Gleichgewicht der Mächte
Prinzip bei der Gestaltung der internationalen Beziehungen, das auf ein Gleichgewicht von Staaten mit vergleichbarer Militär- und/oder Wirtschaftskraft setzt. Dadurch soll im internationalen Staatensystem die Vorherrschaft, d.h. die Hegemonie eines Staates verhindert werden.

Demagogen
griech. *demagogos* = Volksführer; im antiken Griechenland ein einflussreicher Redner in Volksversammlungen; im neuzeitlichen Sprachgebrauch Volksverführer, Aufwiegler

Revolution verlor außerdem an Schubkraft, da sich die traditionell eher monarchisch gesinnten Bauern nach der Erfüllung ihrer Forderungen zurückzogen. Hinzu kam, dass sich aus den einzelnen Revolutionen keine internationale Bewegung entwickelte. Die Begeisterung und Unterstützung für die nationalen Befreiungskämpfe endete, sobald eigene Interessen gefährdet schienen.

Bei Volksversammlungen und Massendemonstrationen, auf Flugblättern und in Petitionen verbreiteten die Revolutionäre in den **deutschen Staaten** sowie den Hauptstädten Wien und Berlin ihre **„Märzforderungen"**: Sie forderten Presse- und Versammlungsfreiheit, ein gesamtdeutsches Parlament und konstitutionelle Verfassungen sowie Schwurgerichte und Volksbewaffnung. Aus Furcht vor einem gewaltsamen Umsturz machten die meisten Monarchen Zugeständnisse: Sie setzten liberale Regierungen ein, versprachen bürgerliche Freiheiten und eine gesamtdeutsche Volksvertretung. Viele **bürgerliche Liberale** sahen damit ihre Ziele erreicht und die Revolution als erfolgreich beendet an. Aber auch der größte Teil der Landbevölkerung wandte sich nach Erfüllung ihrer Forderungen rasch von der Revolution ab. In den Bauernaufständen Anfang März verlangten die **Bauern** die Aufhebung der drückenden Feudallasten wie des adligen Jagdrechts oder des Zehnten. Bis Mitte des Jahres 1848 setzten die rebellierenden Bauern ihre wichtigsten Forderungen durch. Die preußische Regierung verfügte im Mai 1848 die Aufhebung der letzten Feudalbindungen und die Reduzierung der Ablösezahlungen. Auch in Berlin stieg die bürgerliche Protestbewegung auf die Barrikaden. Sie wurde hier unterstützt von **Handwerkern und Arbeitern,** die heftige Straßenkämpfe provozierten. Obwohl König Friedrich Wilhelm IV. (Reg. 1840–1859) am 13. März Reformen ankündigte, eskalierte die Situation. Auf einer Großkundgebung vor dem Schloss am 18. März fielen plötzlich Schüsse aus den Reihen des Militärs. Es kam zu blutigen Barrikadenkämpfen, bei denen über 200 Menschen, meist Arbeiter und Handwerker, starben. Am nächsten Morgen gab der König erneut nach, indem er den Abzug des Militärs befahl und sich entschuldigte. Er setzte eine liberale Regierung ein, berief eine verfassunggebende Versammlung und versprach, „Preußen solle künftig in Deutschland", in einem deutschen Nationalstaat, „aufgehen". Doch das Militär und weite Teile des preußischen Adels blieben erbitterte Gegner der Revolution.

M 3 Barrikade am 18. März 1848 in der Berliner Innenstadt, Lithografie, 1848

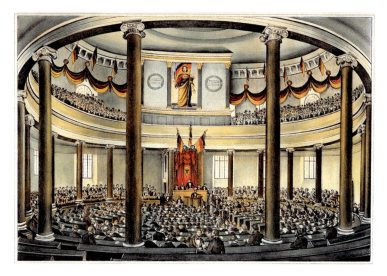

In Frankfurt am Main versammelten sich am 31. März Landtagsabgeordnete aller deutschen Staaten zu einem Vorparlament, das die Wahl zu einer Nationalversammlung vorbereiten sollte. Die Forderung der radikaldemokratischen Vertreter, bereits vor dem Zusammentritt der Nationalversammlung die Revolution voranzutreiben, lehnte die liberale Mehrheit ab. Sie wollte der Arbeit eines künftigen Parlaments nicht vorgreifen und eine politische Neuordnung in Absprache mit den Fürsten erreichen. Diese Spaltung in radikale Demokraten auf der einen und Liberale sowie gemäßigte Demokraten auf der anderen Seite wuchs sich zu einer unüberbrückbaren Kluft aus und schwächte die revolutionäre Bewegung. Die Anfang Mai gewählte Nationalversammlung trat am 18. Mai in der Frankfurter Paulskirche zusammen. Die meisten Abgeordneten kamen aus akademischen Berufen, waren Verwaltungsbeamte, Juristen oder Universitätsprofessoren. Nur vier Abgeordnete vertraten das Handwerk, Arbeiter waren ungeachtet ihrer maßgeblichen Rolle bei der Märzrevolution überhaupt nicht vertreten. Im Laufe der Debatten bildeten sich Fraktionen* mit unterschiedlicher politischer Zielsetzung. Hier schlossen sich Liberale und Demokraten, Konservative und Katholiken zu Interessenvertretungen zusammen, aus denen sich nach 1848/49 politische Parteien entwickelten.

Die zentrale Aufgabe der Paulskirchenversammlung bestand in der Ausarbeitung einer Verfassung für einen künftigen deutschen Nationalstaat. Besonders kontrovers wurden die Staatsform (Monarchie oder Republik), das Staatsoberhaupt (Erb- oder Wahlkaisertum) und die Festlegung der Grenzen diskutiert. Zunächst erarbeitete die Versammlung einen Grundrechtekatalog, der am 27. Dezember 1848 verkündet wurde. Dieser verlieh den erkämpften bürgerlichen Freiheits- und Eigentumsrechten Verfassungsrang und verpflichtete die gesamte Nation auf gemeinsame Grundwerte. Die Forderung der Demokraten, auch soziale Rechte aufzunehmen, scheiterte am Widerstand der bürgerlich-liberalen Mehrheit. Im Oktober 1848 begannen die Beratungen über die politische Grundordnung. Das im März 1849 verabschiedete Verfassungswerk war geprägt von der bürgerlich-liberalen Mehrheit im Parlament. Sie strebte einen föderalen Bundesstaat an

Fraktionen in der Nationalversammlung
Die Fraktionen benannten sich nach dem Versammlungsort, an dem sie sich außerhalb des Parlaments über eine gemeinsame politische Linie verständigten.
– Cafe Milani (12 %): „Rechte", konservativ
– Casino, Landsberg, Augsburger Hof (34 %): „rechtes Zentrum"; konstitutionell-liberal
– Augsburger Hof (11 %): liberale Mitte
– Württemberger Hof, Westendhall (13 %): „linkes Zentrum"; parlamentarisch-liberal
– Deutscher Hof, Donnersberg (15 %): „Linke"; demokratisch
– Bei keiner Fraktion: 34 %
„Links" und „rechts" entwickelten sich erst in Zusammenhang mit der Revolution 1848 zu politischen Kategorien, zunächst bezogen sich die Begriffe nur auf die Sitzordnung im Parlament.

mit einem aus zwei Kammern bestehenden Parlament und einem erblichen Monarchen an der Spitze. Am 28. März wählte die Nationalversammlung den preußischen König Friedrich Wilhelm IV. zum deutschen Kaiser, der die Krone des Parlaments am 3. April 1849 als „imaginären Reif aus Dreck und Letten" (= Lehm) jedoch ablehnte.

Große Sprengkraft besaß die Frage nach dem Staatsgebiet des zu schaffenden deutschen Nationalstaats. Debattiert wurde, ob ein deutscher Nationalstaat ohne Österreich (**„kleindeutsche" Lösung**) oder unter Einbeziehung aller zum Deutschen Bund gehörenden österreichischen Gebiete (**„großdeutsche" Lösung**) entstehen sollte. Die von einer Parlamentsmehrheit favorisierte großdeutsche Lösung war für die Habsburgermonarchie nicht hinnehmbar, da sie tatsächlich deren Auflösung bedeutet hätte. Eine knappe Mehrheit stimmte deshalb für die kleindeutsche Lösung.

Das Scheitern der Revolution

Seit Herbst 1848 sammelten sich die Kräfte der Gegenrevolution. In Wien schlug das Militär im Oktober die „zweite Revolution" nieder. Und in Preußen war die scheinbare Solidarität des preußischen Königs mit den Revolutionären einer offen reaktionären Politik gewichen. Im November 1848 marschierte das preußische Militär in Berlin ein und entwaffnete die Bürgerwehren. Das preußische Parlament wurde am 5. Dezember aufgelöst und eine Verfassung oktroyiert*. Diese wies liberale Elemente auf und besänftigte Teile des Bürgertums, andere resignierten. Als der preußische König im April 1849 die ihm von der Nationalversammlung angebotene Kaiserkrone ablehnte, war das Paulskirchenparlament mit seinen Bemühungen um einen einheitlichen Nationalstaat gescheitert.

Das württembergische Militär löste das von einer kleinen Gruppe radikaler Demokraten in Stuttgart gebildete **„Rumpfparlament"** am 18. Juni 1849 auf. Preußische Truppen schlugen die **„Reichsverfassungskampagne"** nieder, die im Mai und Juni 1849 die Verfassung verwirklichen wollte und vor allem in Baden, in der Pfalz und in Sachsen erneut zu bewaffneten Aufständen führte. Die Wiederherstellung des Deutschen Bundes 1851 bedeutete jedoch nicht das Ende der deutschen Nationalbewegung. Die Hoffnungen auf einen freiheitlichen deutschen Nationalstaat konnten nicht mehr aus dem Bewusstsein weiter Teile der Bevölkerung gelöscht werden.

oktroyieren
aufdrängen, aufzwingen; ein Gesetz, eine Verfassung durch landesherrliche Verfügung, ohne Zustimmung des Parlaments, in Kraft setzen

Webcode:
KH 644681-020

1 Legen Sie sich einen „Spickzettel" an, in dem Sie alle wesentlichen Begriffe, Ereignisse, Namen und Daten aus diesem Darstellungstext mit kurzen Erläuterungen festhalten. Falls Ihnen Verständnisschwierigkeiten auffallen: Fragen Sie nach oder recherchieren Sie eigenständig.

2 Charakterisieren Sie den frühen deutschen und französischen Nationalismus, der sich nach der Französischen Revolution entwickelte. Untersuchen Sie Unterschiede und Gemeinsamkeiten.

3 Beschreiben Sie das Verhältnis von Nationalismus und Liberalismus im frühen 19. Jahrhundert.

4 Nennen Sie die wichtigsten Ursachen und Ziele sowie Gründe für das Scheitern der Revolution 1848/49.

Hinweise zur Arbeit mit den Materialien

Die Materialien M 5 bis M 7 beschäftigen sich – erstens – mit dem **Frühnationalismus**. Der Text des Historikers Langewiesche (M 8) bietet – zweitens – die Chance, Entstehung und Ziele des **frühen deutschen Liberalismus** und dessen Verhältnis zum deutschen Frühnationalismus kennenzulernen. Mit dem **politisch-staatlichen Wandel** und der **staatlichen Politik** in Deutschland im frühen 19. Jahrhundert setzen sich – drittens – die Materialien M 9 bis M 14 auseinander. M 9 a und b eignen sich zur Analyse zentraler Aspekte der preußischen Reformen, M 10 stellt die frühkonstitutionellen Verfassungen der früheren süddeutschen Rheinbundstaaten dar. M 11 beleuchtet die Deutsche Bundesakte und die historischen Werturteile über sie. Die Karlsbader Beschlüsse von 1819 dokumentiert M 12. Der Historiker Hardtwig gewährt in M 14 Einsichten in Begriff und Struktur des Vormärz. Die Materialien M 15 bis M 20 thematisieren – viertens – die **Revolution 1848/49**: Die europäische Dimension, die revolutionären Forderungen, die Grundrechte und der Staatsaufbau der Paulskirchenverfassung sowie Ursachen für das Scheitern der Revolution und deren historische Konsequenzen lassen sich anhand der Materialien erarbeiten. Die **Methodenseite** (S. 33 ff.) führt anhand der schwarz-rot-goldenen Farben in die **Interpretation nationaler Symbole** ein.
Am Ende des Kapitels finden sich **weiterführende Arbeitsanregungen** und die Möglichkeit, die im Kapitel erworbenen **Kompetenzen zu überprüfen** (S. 36 f.).

M 5 Johann Gottlieb Fichtes Nationalismus: Aus der 14. Rede an die deutsche Nation (1807/08)

Lasset vor euch vorübergehen die verschiedenen Zustände, zwischen denen ihr eine Wahl zu treffen habt. Gehet ihr ferner so hin in eurer Dumpfheit und Achtlosigkeit, so er-
5 warten euch zunächst alle Übel der Knechtschaft, Entbehrungen, Demütigungen, der Hohn und Übermut des Überwinders; ihr werdet herumgestoßen werden in allen Winkeln, weil ihr allenthalben nicht recht und
10 im Wege seid, so lange, bis ihr, durch Aufopferung eurer Nationalität und Sprache, euch irgendein untergeordnetes Plätzchen erkauft und bis auf diese Weise allmählich euer Volk auslöscht. Wenn ihr euch dagegen ermannt
15 zum Aufmerken, so findet ihr zuvorderst eine erträgliche und ehrenvolle Fortdauer und sehet noch unter euch und um euch herum ein Geschlecht aufblühen, das euch und den Deutschen das rühmlichste Andenken ver-
20 spricht. Ihr sehet im Geiste durch dieses Geschlecht den deutschen Namen zum glorreichsten unter allen Völkern erheben, ihr sehet diese Nation als Wiedergebärerin und Wiederherstellerin der Welt.

Fichtes Reden an die deutsche Nation, hg. v. R. Eucken, Leipzig 1915, S. 253 f.

1 Bestimmen Sie Nationalismus nach dem Appell Fichtes.
2 Erörtern Sie, was am Nationalismus im 19. Jahrhundert revolutionär war.

M 6 Die Historikerin Ute Planert über den Nationalismus der Befreiungskriege (2007)

Die Vorstellung, dass sich die deutsche Nation in den Kriegen gegen Napoleon gebildet habe, lässt sich in dieser pauschalen Form nicht länger aufrechterhalten. Schon der
5 Blick auf Preußen und die Bildungseliten macht deutlich, dass einerseits Nationalbewusstsein und antifranzösische Stereotype unter den Gebildeten bereits lange vor der Französischen Revolution verbreitet waren,
10 andererseits die Nationalbegeisterung 1813 nicht einmal in Preußen alle Regionen, Konfessionen und Bevölkerungsschichten erfasste. Dass die Spenden- und Mobilisierungsbereitschaft mit dem geografischen Abstand
15 zur preußischen Hauptstadt abnahm und sich in den katholischen Gebieten Schlesiens kaum Unterstützung regte, lässt deutlich erkennen, dass es in erster Linie die Loyalität zur preußischen Monarchie war, welche die
20 Menschen zu Hilfeleistungen motivierte. Daneben spielten bei der preußischen Kriegsmobilisierung antifranzösische Affekte

infolge der ökonomischen Ausbeutung und der Belastung durch die Grande Armee eine 25 wichtige Rolle. Die bewusste Hinwendung zur deutschen Nation blieb jedoch eine Position intellektueller Minderheiten. Selbst für die meisten der rund 500 Publizisten, welche den „Befreiungskrieg" propagandistisch ab-30 stützten, bildeten patriotisch-preußische und national-deutsche Vorstellungen noch eine unentwirrbare Gemengelage. Die starke religiöse Färbung gerade derjenigen Schrif-ten, die sich [...] an ein breites Publikum richteten, zeigt, dass zur Mobilisierung brei-35 ter Bevölkerungsschichten das nationale Argument allein nicht ausreichte.

Ute Planert, Der Mythos vom Befreiungskrieg. Frankreichs Kriege und der deutsche Süden: Alltag – Wahrnehmung – Deutung 1792–1841, Schöningh, Paderborn 2007, S. 655 f.

1 Charakterisieren Sie die Bedeutung der Befreiungskriege gegen Napoleon für den deutschen Nationalismus.

M7 Das Hambacher Fest

a) Der Zug der 30 000 Oppositionellen zum Hambacher Schloss am 27. Mai 1832, anonymer kolorierter Kupferstich, 1830er-Jahre

b) Aus der Rede des Journalisten Philipp Jakob Siebenpfeiffer auf dem Hambacher Fest 1832:
Und es wird kommen der Tag, der Tag des edelsten Siegstolzes, wo der Deutsche vom Alpengebirg und der Nordsee, vom Rhein, der Donau und der Elbe den Bruder im Bru-5 der umarmt [...], wo alle Hoheitszeichen der Trennung und Hemmung und Bedrückung verschwinden samt den Konstitutiönchen, die man etlichen mürrischen Kindern der großen Familie als Spielzeug verlieh; wo freie 10 Straßen und freie Ströme den freien Umschwung aller Nationalkräfte und Säfte bezeugen; wo die Fürsten die bunten Hermeline feudalistischer Gottstatthalterschaft mit der männlichen Toga deutscher National-15 würde vertauschen und der Beamte, der Krieger, statt mit der Bedientenjacke des Herrn und Meisters mit der Volksbinde sich schmückt. [...] wo jeder Stamm, im Innern frei und selbstständig, zu bürgerlicher Freiheit sich entwickelt und ein starkes selbst ge-20 wobenes Bruderband alle umschließt zu politischer Einheit und Kraft [...].

[...] wo das deutsche Weib, nicht mehr die dienstpflichtige Magd des herrschenden Mannes, sondern die freie Genossin des 25 freien Bürgers, unsern Söhnen und Töchtern schon als stammelnden Säuglingen die Freiheit einflößt.

[...] wo der Bürger nicht in höriger Untertänigkeit den Launen des Herrschers, [...] 30 sondern dem Gesetze gehorcht und auf den Tafeln des Gesetzes den eigenen Willen liest und im Richter den frei erwählten Mann seines Vertrauens erblickt;

35 [...] es lebe das freie, das einige Deutschland! Hoch leben die Polen, der Deutschen Verbündete! Hoch leben die Franken, der Deutschen Brüder, die unsere Nationalität und Selbstständigkeit achten!

40 Hoch lebe jedes Volk, das seine Ketten bricht und mit uns den Bund der Freiheit schwört! Vaterland – Volkshoheit – Völkerbund hoch!

Das Nationalfest der Deutschen zu Hambach, beschr. v. J. G. A. Wirth, Landau 1832, S. 34 ff.

1 Erläutern Sie Herkunft und Bedeutung der nationalen Symbole auf dem Bild M 7 a.

2 Fassen Sie die nationalen und liberalen Ziele Siebenpfeiffers zusammen (M 7 b).

3 Diskutieren Sie, ausgehend von M 7 b, das Verhältnis von nationaler Einigung und politisch-sozialer Reform im Vormärz.

4 Überprüfen Sie am Beispiel des Hambacher Festes die These, dass sich im Vormärz der politische Nationalismus in einen organisierten Nationalismus gewandelt habe.

M 8 Der Historiker Dieter Langewiesche über die Entstehung des deutschen Liberalismus (1988)

Wann begann der deutsche Frühliberalismus? Auf diese schlichte Frage eine eindeutige Antwort zu geben fällt schwer. Sie hängt davon ab, was man unter „liberal" versteht.
5 Das aber ist umstritten, auch unter Historikern. Definiert man den frühen Liberalismus als politische Bewegung, die den Rechts- und Verfassungsstaat durchsetzen, den Einzelnen gegen den Staat absichern, aber auch zur
10 Teilhabe am Staat befähigen wollte, setzte der Frühliberalismus um 1815 ein. Erst damals schwand die Hoffnung, die erstrebte liberale Staatsbürgergesellschaft werde unmittelbar aus staatlichen Reformen hervor-
15 gehen. Das große Werk der preußischen und der rheinbündischen Reformen ließ sich, so demonstrierten vielmehr die Staaten des 1815 geschaffenen Deutschen Bundes der Öffentlichkeit binnen weniger Jahre, durch-
20 aus mit politischer Reaktion verbinden. „Modernisierung" von Staat, Gesellschaft und Wirtschaft zog also keineswegs zwangsläufig politische „Liberalisierung" nach sich. Nicht einmal die Existenz von Verfassungen

und parlamentarischen Institutionen garantierte dies. Aber sie erleichterte es. So konnten die süddeutschen Verfassungsstaaten mit ihren Landtagen, in denen die entstehende, von ständischen Traditionen dicht durchwobene „bürgerliche Gesellschaft" ihren Platz im Staat besaß, zum wichtigsten Lernfeld des deutschen Frühliberalismus werden. [...]
Aus der Erfahrung mit der restaurativen Erstarrung der politischen Herrschaftsordnung nach 1815 hat der deutsche Frühliberalismus die Lehre gezogen, am „Anfang aller künftigen Reformen" müsse die „politische Emanzipation der Gesellschaft" stehen. Deshalb sollten die Möglichkeiten staatsbürgerlicher Mitwirkung von der Gemeinde bis zur obersten Entscheidungsebene verfassungsrechtlich geregelt und die Einzelreformen so verbunden werden, dass die Leitsterne liberaler Politik nicht aus dem Blick gerieten: „Mündigkeit", „Selbstdenken" und „Selbsthandeln" der Menschen nach den „Grundsätzen des vernünftigen Rechts", [...] [d]amit umschrieb Paul Achatius Pfizer [...] Grundüberzeugungen, die sich nicht als Begleiterscheinung staatlicher Reformpolitik erfüllten, sondern gegen sie durchgesetzt werden mussten. Dieser Gegensatz zwischen staatlich-bürokratischer und liberaler „Modernisierung", verstärkt noch durch die unerfüllten liberalen Nationalstaatshoffnungen, ließ den deutschen Frühliberalismus nach 1815 zu einer politischen Bewegung werden, die – trotz des nie aufgegebenen Willens zum Kompromiss – ihre verfassungspolitischen Kernforderungen zunehmend offensiver an die staatlichen Machthaber richtete. [...]
Gleichwohl bleibt festzuhalten, dass die frühliberalen Kernforderungen sich schon vor der Entstehung der liberalen Verfassungsbewegung und der neuen Bedeutung des Wortes „liberal" ausbildeten, zurückreichend in die Zeit vor der Französischen Revolution, die auch in Deutschland die Fronten verschärfte, nicht aber schuf.

Dieter Langewiesche, Liberalismus in Deutschland, Suhrkamp, Frankfurt/Main 1988, S. 12–14.

1 Analysieren Sie a) die Ziele und b) die Entstehung des frühen deutschen Liberalismus.

2 Erörtern Sie, ob und welche Gemeinsamkeiten im Vormärz zwischen Liberalismus und Nationalismus bestanden.

M9 Die preußischen Reformen

a) Aus einer Reformdenkschrift Karl August von Hardenbergs zur „Reorganisation des Preußischen Staates" von 1807:

Die Französische Revolution, wovon die gegenwärtigen Kriege die Fortsetzung sind, gab den Franzosen unter Blutvergießen und Stürmen einen ganz neuen Schwung. Alle
5 schlafenden Kräfte wurden geweckt, das Elende und Schwache, veraltete Vorurteile und Gebrechen wurden – freilich zugleich mit manchem Guten – zerstört. […]

Der Wahn, dass man der Revolution am
10 sichersten durch Festhalten am Alten und durch strenge Verfolgung der durch solche geltend gemachten Grundsätze entgegenstreben könne, hat besonders dazu beigetragen, die Revolution zu befördern und derselben eine stets wachsende Ausdehnung zu
15 ben eine stets wachsende Ausdehnung zu geben. […]

Also eine Revolution im guten Sinn, gerade hinführend zu dem großen Zwecke der Veredelung der Menschheit, durch Weisheit
20 der Regierung und nicht durch gewaltsame Impulsion von innen oder außen, – das ist unser Ziel, unser leitendes Prinzip. Demokratische Grundsätze in einer monarchischen Regierung: dieses scheint mir die angemesse-
25 ne Form für den gegenwärtigen Zeitgeist. Die reine Demokratie müssen wir noch dem Jahre 2440 überlassen, wenn sie anders je für den Menschen gemacht ist. […]

Die Ausübung persönlicher Kräfte zu je-
30 dem Gewerbe oder Handwerk werde frei und die Abgabe darauf gleich in den Städten und auf dem Lande. Die Abschaffung der Zünfte und der Taxen, wo nicht auf einmal, doch nach und nach […] würde festzusetzen sein
35 sowie die möglichste Beseitigung aller älteren Monopole. Neue würden nicht erteilt. Vorzüglich aber ist es nötig, sich auch mit der Abschaffung der Zwangsrechte, als des Mühlen-, Brauzwangs pp., zu beschäftigen.
40 Die Lästigkeit und der Druck derselben sind anerkannt, und es kommt nur darauf an, eine Entschädigung dafür auszumitteln, deren Ausfindung wohl nicht fehlen kann.

Zit. nach: Deutsche Geschichte in Quellen und Darstellung. Bd. 6: Von der Französischen Revolution bis zum Wiener Kongreß, hg. v. Walter Demel u. Uwe Puschner, Reclam, Stuttgart 1995, S. 87 f., 92 f.

b) Aus dem preußischen Oktoberedikt vom 9. Oktober 1807:

§ 1 Jeder Einwohner Unserer Staaten ist, ohne alle Einschränkung […] zum eigentümlichen und Pfandbesitz unbeweglicher Grundstücke aller Art berechtigt, der Edelmann also zum Besitz nicht bloß adliger,
5 sondern auch unadliger, bürgerlicher und bäuerlicher Güter aller Art, und der Bürger zum Besitz nicht bloß bürgerlicher, bäuerlicher und anderer unadliger, sondern auch adliger Grundstücke, ohne dass der eine oder
10 andere zu irgendeinem Gütererwerb einer besonderen Erlaubnis bedarf, wenngleich nach wie vor jede Besitzveränderung den Behörden angezeigt werden muss. Alle Vorzüge, welche bei Gütererbschaften der adlige
15 vor dem bürgerlichen Erben hatte, und die bisher durch den persönlichen Stand des Besitzers begründete Einschränkung und Suspension [= Aufhebung] gewisser gutsherrlicher Rechte fallen gänzlich weg. […]
20

§ 2 Jeder Edelmann ist ohne allen Nachteil seines Standes befugt, bürgerliche Gewerbe zu treiben; und jeder Bürger oder Bauer ist berechtigt, aus dem Bauern- in den Bürger- und aus dem Bürger- in den Bauern-
25 stand zu treten. […]

§ 10 Nach dem Datum dieser Verordnung entsteht fernerhin kein Untertänigkeitsverhältnis, weder durch Geburt, noch durch Heirat, noch durch Übernehmung einer un-
30 tertänigen Stelle, noch durch den Vertrag.

§ 11 Mit der Publikation der gegenwärtigen Verordnung hört das bisherige Untertänigkeitsverhältnis derjenigen Untertanen und ihrer Weiber und Kinder, welche ihre
35 Bauerngüter erblich oder eigentümlich oder erbzinsweise oder erbpächtlich besitzen, wechselseitig gänzlich auf.

§ 12 Mit dem Martinitage [= 11. November] Eintausendachthundertzehn hört alle
40 Gutsuntertänigkeit in Unseren sämtlichen Staaten auf. Nach dem Martinitage 1810 gibt es nur freie Leute, […] bei denen aber, wie sich von selbst versteht, alle Verbindlichkeiten, die ihnen als freien Leuten vermöge
45 des Besitzes eines Grundstückes oder vermöge eines besonderen Vertrages obliegen, in Kraft bleiben.

Wilhelm Altmann, Ausgewählte Urkunden zur Brandenburg-Preußischen Verfassungs- und Verwaltungsgeschichte, 2. Teil, Berlin 1915, S. 26 ff.

1 Erläutern Sie Hardenbergs Begriff „Revolution im guten Sinn" (M 9 a).

2 Fassen Sie die wichtigsten wirtschaftlichen und gesellschaftlichen Veränderungen der preußischen Reformpolitik zusammen (M 9 a und b).

3 Überprüfen Sie, inwieweit das Gesetz (M 9 b) den Ankündigungen Hardenbergs (M 9 a) entspricht.

M 10 Der Historiker Manfred Botzenhart über die Verfassungspolitik der süddeutschen Staaten (1985)

Die Verfassungen des deutschen Frühkonstitutionalismus lehnten sich vor allem durch die Übernahme des „Monarchischen Prinzips" an die französische *„Charte Constituti-*
5 *onnelle"* [...] aus dem Juni 1814 an. Danach war der Monarch und nicht das Volk Träger der Souveränität und der obersten Staatsgewalt, er blieb bei deren Handhabung jedoch an die in der Verfassung festgelegten Be-
10 schränkungen gebunden, und er konnte diese auch nicht mehr einseitig verändern. Es gab einen bereits recht umfangreichen Katalog von Grundrechten (Unverletzlichkeit der Person, Gleichheit vor dem Gesetz,
15 Glaubens- und Gewissensfreiheit, Garantie des Eigentums), politische Grundrechte jedoch, wie z. B. die Pressefreiheit oder die Vereinigungs- und Versammlungsfreiheit, wurden entweder überhaupt nicht gewährt
20 oder konnten durch Gesetz oder Verordnung erheblich eingeschränkt werden.
   Die Volksvertretung war in zwei Kammern gegliedert: In der ersten saßen die Prinzen des Herrscherhauses, die Familien des
25 Hochadels sowie Honoratioren aus Politik, Kirche und Gesellschaft. Die Abgeordnetensitze der zweiten Kammer waren nach unterschiedlichen Schlüsseln auf die vertretungsberechtigten Gruppen der Gesellschaft
30 aufgeteilt [...].
   Das aktive und passive Wahlrecht war außerdem durch Zensusbestimmungen eingeschränkt und das Wahlverfahren zumindest in den städtischen und ländlichen Wahl-
35 bezirken indirekt. Kein Gesetz durfte ohne Zustimmung beider Kammern erlassen, Steuern konnten nicht ohne ihre Einwilligung erhoben werden. Ihr Initiativrecht war jedoch beschränkt, und sie hatten keinen
40 Einfluss auf die Gestaltung des Staatshaushaltes. Die Minister waren den Kammern zwar für die Verfassungs- und Gesetzmäßigkeit ihrer Amtsführung verantwortlich, sie konnten aber nicht aus politischen Gründen
45 durch ein parlamentarisches Misstrauensvotum gestürzt werden. Die Kammern hatten keine Möglichkeit zu positiv gestaltendem Einfluss auf die Regierungstätigkeit; vor allem die Außenpolitik blieb ein Teil der
50 monarchischen Prärogative [= Vorrecht], und das Militär wurde auf den Herrscher, nicht auf die Verfassung vereidigt. [...]
   Das wichtigste Motiv für die Verfassungspolitik der süddeutschen Staaten [Bayern,
55 Baden, Württemberg] war das Bemühen um innere und äußere Konsolidierung ihrer Territorien; noch war die Gewaltsamkeit der großen Flurbereinigung des Reichsdeputationshauptschlusses und der Rheinbundära
60 nicht vergessen, hatte die Verwaltung allein innere Homogenität und Identitätsgefühl nicht vermitteln können. Je moderner die Verfassungen waren, desto weniger konnten sie zu Instrumenten gemacht werden, um
65 reichsstädtische, reichsadlige oder reichskirchliche Rechtsansprüche oder Autonomie-Bestrebungen wieder aufleben zu lassen. Auch in diesem Sinne stellten sie Abschluss und Garantie des rheinbündischen
70 Reformwerkes dar. Sie dienten aber auch der Absicherung der Souveränität nach außen. Die Verhandlungen des Wiener Kongresses hatten deutlich die Gefahr erkennen lassen, dass Österreich und Preußen die Bundesver-
75 fassung benutzen könnten, um die Staatlichkeit der deutschen Mittel- und Kleinstaaten auszuhöhlen. Der Konflikt zwischen Österreich und Preußen hatte diese Gefahr zwar noch einmal gebannt, doch die Zukunft war
80 offen, und schon die Karlsbader Beschlüsse sollten zeigen, wie wenig mit dem Einstimmigkeitsprinzip der Bundesverfassung gegen massiven politischen Druck der Großmächte ausgerichtet werden konnte. Insofern war es
85 auch ein Gebot der politischen Selbstbehauptung, wenn die süddeutschen Regierungen in Karlsbad die von Metternich geforderte Revision ihrer soeben verkündeten Verfassungen ablehnten. Auch die Finanz-
90 probleme der Staaten ließen die Verabschiedung einer Verfassung sinnvoll und ratsam

erscheinen: Ohne Mitwirkung und Garantie einer Repräsentation der besitzenden Schichten war eine Konsolidierung der großen
95 Staatsschulden schwer vorstellbar, welche die Kosten der Reformpolitik und der Kriege angehäuft hatten.

Eine verfassungsmäßige Beschränkung der monarchischen Gewalt entsprach im
100 Übrigen auch ganz den Interessen der Beamtenschaft; der Verwaltungsstaat wurde so noch einmal fester konstituiert. In Württemberg wurden die Grundsätze des Berufsbeamtentums sogar in der Verfassung verankert,
105 in anderen süddeutschen Staaten kam es in den Jahren zwischen 1818 und 1820 zur Verabschiedung neuer Beamtengesetze. Und schließlich: seit der Reformpolitik der Rheinbundzeit stand die Verfassungsfrage ungelöst
110 im Raum – in der liberalen politischen Öffentlichkeit waren in dieser Hinsicht Erwartungen geweckt worden, nichts konnte sie mit dem neuen Staat besser versöhnen als ein entschlossener Schritt in der Verfas-
115 sungspolitik.

Manfred Botzenhart, Reform, Restauration, Krise. Deutschland 1789–1847, Suhrkamp, Frankfurt/Main 1985, S. 90–93.

1 Kurzreferat: Analysieren Sie mithilfe von Karten aus dem Geschichtsatlas die territorialen bzw. politisch-staatlichen Veränderungen von der Auflösung des Heiligen Römischen Reiches über die Gründung des Rheinbundes bis zur Entstehung des Deutschen Bundes. Zeigen Sie die wichtigsten Entwicklungen auf.

2 Nennen Sie die zentralen Merkmale des Staates, den die süddeutschen Verfassungen anstrebten (M10).

3 Zeigen Sie die wichtigsten Motive für die Verfassungspolitik der süddeutschen Staaten auf (M10).

4 Der Historiker Thomas Nipperdey hat die preußischen mit den rheinbündischen Reformen verglichen und die These formuliert: In den Rheinbundstaaten sei es „um die Konsolidierung eines neuen und vergrößerten Staates und die Integration vieler und neuer Gebiete" gegangen, während sich Preußen „um Überleben und Wiederaufbau eines besiegten, halbierten, ausblutenden Staates" bemüht habe. Diskutieren Sie diese These mithilfe von M9 und M10.

M11 Die Historiker Hans-Werner Hahn und Helmut Berding über die Deutsche Bundesakte 1815 (2010)

Am 8. Juni 1815 wurde die Deutsche Bundesakte unterzeichnet und am folgenden Tag als zentraler Baustein der europäischen Gleichgewichtsordnung in die Schlussakte des Wiener Kongresses eingefügt. […]
5 Als Zweck des „beständigen Bundes" nannte die Deutsche Bundesakte die „Erhaltung der äußeren und inneren Sicherheit Deutschlands und der Unabhängigkeit und Unverletzbarkeit der einzelnen deutschen
10 Staaten". Dieser defensiven Bestimmung entsprechend wurden die Bundeskompetenzen auf die Verteidigung nach außen und die Aufrechterhaltung von Sicherheit und Ordnung im Innern beschränkt. Solche friedens-
15 sichernden Funktionen konnte der Bund auch ohne starke Zentralgewalt erfüllen. Er verfügte daher weder über eine eigene Regierung und Verwaltung noch über eigene Finanzen und ein eigenes Gericht. Er blieb
20 zur Wahrnehmung seiner Aufgaben auf die Truppenkontingente und Finanzbeiträge der Mitgliedstaaten angewiesen. Einziges Bundesorgan war die in Frankfurt am Main angesiedelte ständige Bundesversammlung, bald
25 Bundestag genannt. Sie stand vor einer doppelten Aufgabe: Einmal galt es, die in den überhasteten Wiener Abschlussberatungen offengebliebenen Fragen wie die Schaffung eines einheitlichen Rahmens für die Einfüh-
30 rung von Landesverfassungen sowie die Zuständigkeit des Bundes für Handel und Verkehr zu klären. Zum andern musste der Bundestag die allgemeinen Geschäfte des Bundes führen. Ein eigener Handlungsspiel-
35 raum stand diesem Gesandtenkongress, der sich aus den weisungsgebundenen Vertretern der Mitgliedstaaten zusammensetzte, nicht zur Verfügung.

Für eine Ausweitung der Bundeskompe-
40 tenzen war Einstimmigkeit erforderlich. In allen anderen Fragen hing die Entscheidung faktisch von einer Verständigung Österreichs und Preußens ab. Solange sich die beiden Großmächte untereinander zu einigen ver-
45 mochten, übten sie im Deutschen Bund eine Art Doppelhegemonie aus.

Die Reaktion auf die in Wien erzielten Ergebnisse fiel unterschiedlich aus. In den deutschen Hauptstädten war das Echo zumeist positiv. Die Regierungen begrüßten es, dass der nur lose föderative Zusammenschluss den deutschen Staaten die Erhaltung der äußeren und inneren Sicherheit garantierte, ohne die einzelstaatliche Souveränität über ein Mindestmaß hinaus zu beschneiden. Demgegenüber dominierten in der bürgerlichen Öffentlichkeit, die sich während der Befreiungskriege unüberhörbar an der Debatte über die politische Neuordnung Deutschlands beteiligt hatte, die negativen Stimmen. […] Dieses abwertende Urteil pflanzte sich in der deutschen Geschichtsschreibung fort und nahm nach der Reichsgründung noch an Schärfe zu. Aus deutschnationaler Perspektive nannte etwa Heinrich von Treitschke die Deutsche Bundesakte „die unwürdigste Verfassung, welche je einem großen Kulturvolke von eingeborenen Herrschern auferlegt ward, ein Werk, in mancher Hinsicht noch kläglicher als das Gebäude des Alten Reichs in den Jahrhunderten des Niedergangs". Auch nach 1945 hielt die deutsche Geschichtsschreibung im Westen wie im Osten an dem negativen Geschichtsbild fest. Doch zeichnete sich in den 1980er-Jahren ein Wandel ab. Die neuere Forschung stellt den Bund in die Tradition des deutschen Föderalismus, hebt die Offenheit der Bundesakte für weitere Entwicklungen hervor, präsentiert die spezifische Form seiner Staatlichkeit als Beispiel für postnationale Strukturen und betont vor allem seine Friedensfunktion für Deutschland und Europa. So richtig es ist, diese Elemente in die Beurteilung einzubeziehen, so wenig lassen sich die Schattenseiten wegdiskutieren, vor allem nicht die anhaltende Repressionspolitik, die Defizite im Bereich der politischen Partizipation und die Untätigkeit des Bundes bei der Bewältigung der wirtschaftlichen Aufgaben.

Hans Werner Hahn/Helmut Berding, Reformen, Restauration und Revolution, Klett-Cotta, Stuttgart 2010, S. 109–112.

1 Nennen Sie die wichtigsten Strukturelemente des Deutschen Bundes.

2 Beurteilen Sie die unterschiedlichen Werturteile über den Deutschen Bund. Erklären Sie diese Werturteile aus den politisch-historischen Zusammenhängen ihrer Zeit heraus.

M 12 Aus den Karlsbader Beschlüssen 1819

a) Aus dem Universitätsgesetz:

§ 1. Es soll bei jeder Universität ein mit zweckmäßigen Instruktionen und ausgedehnten Befugnissen versehener […] landesherrlicher Bevollmächtigter […] von der Regierung […] angestellt werden. […]

§ 2. Die Bundesregierungen verpflichten sich gegeneinander, Universitäts- und andere öffentliche Lehrer, die durch erweisliche Abweichung von ihrer Pflicht oder Überschreitung der Grenzen ihres Berufes, durch Missbrauch ihres rechtmäßigen Einflusses auf die Gemüter der Jugend, durch Verbreitung verderblicher, der öffentlichen Ordnung und Ruhe feindseliger oder die Grundlagen der bestehenden Staatseinrichtungen untergrabender Lehren, ihre Unfähigkeit zur Verwaltung des ihnen anvertrauten wichtigen Amtes unverkennbar an den Tag gelegt haben, von den Universitäten und sonstigen Lehranstalten zu entfernen […]. Ein auf solche Weise ausgeschlossener Lehrer darf in keinem andern Bundesstaate bei irgendeinem öffentlichen Lehrinstitut wieder angestellt werden.

§ 3. Die seit langer Zeit bestehenden Gesetze gegen geheime oder nicht autorisierte Verbindungen auf den Universitäten sollen in ihrer ganzen Kraft und Strenge aufrechterhalten, und insbesondere auf den seit einigen Jahren gestifteten, unter dem Namen der allgemeinen Burschenschaft bekannten Verein […] ausgedehnt werden […]. Die Regierungen vereinigen sich darüber, dass Individuen, die nach Bekanntmachung des gegenwärtigen Beschlusses erweislich in geheimen oder nicht autorisierten Verbindungen geblieben oder in solche getreten sind, bei keinem öffentlichen Amte zugelassen werden sollen.

b) Aus dem Pressgesetz:

§ 1. Solange der gegenwärtige Beschluss in Kraft bleiben wird, dürfen Schriften, die in der Form täglicher Blätter oder heftweise erscheinen, desgleichen solche, die nicht über 20 Bogen im Druck stark sind, in keinem deutschen Bundesstaate ohne Vorwissen und vorgängige Genehmhaltung der Landesbehörden zum Druck befördert werden.

c) Aus dem Untersuchungsgesetz:

Der Zweck [der Zentral-Untersuchungskommission] ist gemeinschaftliche, möglichst gründliche und umfassende Untersuchung und Feststellung des Tatbestandes, des Ursprungs und der mannigfachen Ver-
5 zweigungen der gegen die bestehende Verfassung und innere Ruhe, sowohl des ganzen Bundes, als einzelner Bundesstaaten, gerichteten revolutionären Umtriebe und demagogischen Verbindungen, von welchen nähere

oder entferntere Indizien bereits vorliegen, 10 oder sich in dem Laufe der Untersuchung ergeben möchten.

Ernst Rudolf Huber (Hg.), Dokumente zur deutschen Verfassungsgeschichte, Bd. 1, 3. Aufl., Stuttgart 1978, S. 100 ff.

1 Arbeiten Sie die Aufgaben und Ziele der Karlsbader Beschlüsse heraus.

2 Erörtern Sie die politischen Wirkungen der Karlsbader Beschlüsse. Ziehen Sie dafür auch M 13 heran.

M 13 „Der Denker-Club", anonyme deutsche Karikatur, aus der Zeit der Karlsbader Beschlüsse

1 Analysieren Sie die Karikatur in M 13. Beschreiben Sie zunächst die Figuren und ihr Verhalten. Ordnen Sie sodann die Karikatur in ihre Entstehungszeit ein. Untersuchen Sie schließlich die Kritik, die der Karikaturist an den politisch-geistigen Verhältnissen seiner Zeit übte.

M 14 Der Historiker Wolfgang Hardtwig über Begriff und Bedeutung des Vormärz (1985)

Die Revolution von 1848/49 ist nicht aus dem Nichts entsprungen. Sie bereitete sich seit 1815 vor, die Restauration gehört ebenso zu ihrer Vorgeschichte wie die Zeitspanne
5 unmittelbar vor den Märzereignissen. Daher fasst man auch häufig den ganzen Zeitraum unter dem Begriff des Vormärz zusammen. Unterhalb der Ebene spektakulärer politischer Ereignisse vollzogen sich Veränderun
10 gen, welche die Geschichtswissenschaft inzwischen ebenfalls als „Revolutionen", als

längerfristige, aber gleichwohl beschleunigte Prozesse mit weitreichenden Auswirkungen beschrieben hat: die „Agrarrevolution", die den Grund legte für die moderne Herrschaft 15 über die Natur; die „Industrielle Revolution", die durch den Einsatz von Maschinen völlig neue Möglichkeiten der Güterproduktion erschloss und damit die gesamte Gesellschaftsverfassung umzugestalten begann; 20 die „Verkehrsrevolution", welche die Kommunikation und den Austausch von Gütern und Informationen erweiterte; selbst die „Leserevolution" im Zusammenhang mit dem Aufbau des modernen Bildungssystems, 25 in dem sich die Wissensaneignung demokra-

M 15 Die europäische Dimension der Revolution 1848/49

a) Schauplätze der Revolution 1848 in Europa

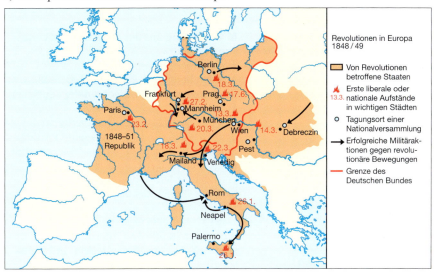

tisierte, und auf deren Grundlage sich die bürgerliche Kultur und die spezifisch moderne Intellektualität entwickelte. Neuartige
30 Konflikte, aber auch Zukunftsperspektiven, […] nahmen die Zeitgenossen in Anspruch. Im Widerstreit mit dem Herkömmlichen bereiteten sich dabei diejenigen rechtlichen und gesellschaftlichen Strukturen, politi-
35 schen Ordnungen, kulturellen Erfahrungs- und Deutungsmuster vor, die noch die Gegenwart bestimmen: die Gleichheit vor dem Gesetz, der Aufbau der gesellschaftlichen Schichtung auf der manuellen und intellek-
40 tuellen Arbeit, das Ethos der individuellen Leistung, die Prägung von Lebensformen und kulturellem Milieu durch den städtischen Lebensumkreis, die „Verstaatlichung" des Daseins, die politische Orientierung an
45 der Nation und an den Ideologien, der Parlamentarismus und die Parteien.

Wolfgang Hardtwig, Vormärz. Der monarchische Staat und das Bürgertum, dtv, München 1985, S. 8.

---

1 Arbeiten Sie die wichtigsten Merkmale des Vormärz heraus.
2 Erörtern Sie die Bedeutung des Vormärz
   a) für die Entstehung der Revolution 1848/49 und
   b) für unsere Gegenwart.

b) Die Historiker Hans-Gerhard Haupt und Dieter Langewiesche über die europäische Dimension der Revolution (1998):

Revolution, Revolutionsabwehr und Gegenrevolution verbanden 1848 Europa zu einer Einheit. In der Revolution und durch sie wuchs der Kontinent zu einem Kommunikations- und Handlungsraum zusammen und
5 erreichte eine neue, zuvor nicht gekannte Informationsdichte […]. Die Möglichkeiten, sich zu informieren, verbesserten sich für alle Bevölkerungskreise mit der Revolution schlagartig, und der Wille, sie zu nutzen,
10 ebenfalls. Nie zuvor hatte ein so eng geknüpftes Informationsnetz Europa überzogen, das im Grundsatz niemanden mehr ausschloss.

Die Europäisierung der Information er-
15 möglichte die Revolutionierung Europas. Ausgelöst hatte diesen Prozess die Pariser Februarrevolution. […] Anders als 1789 trug Frankreich seine Revolution 1848 nicht mit Waffengewalt über die eigenen Grenzen hin-
20 weg nach Europa. Viele hatten das erhofft und noch mehr befürchtet. Der Wille Frankreichs zur revolutionären Missionierung, der das alte Europa ein halbes Jahrhundert zuvor hatte zusammenbrechen lassen, war erlo-
25 schen unter dem Druck der ungeheuren mi-

litärischen Opfer, die Napoleon dem Land auferlegt hatte [...]. Im Februar siegte in Paris die politische Revolution, bereits vier Mona-
30 te später, im Juni 1848, unterlag dort die soziale Revolution. Beides, Sieg und Niederlage, war von gesamteuropäischer Bedeutung. Europa bildete seine Vorstellungen an dem, was in Paris geschah, doch waren es eigen-
35 ständige Revolutionen, mit je eigenen Ursachen, Zielen und Verlaufsformen, die 1848 den größten Raum des europäischen Kontinents erschütterten.

Heinz-Gerhard Haupt/Dieter Langewiesche, Die Revolution in Europa. In: Dieter Dowe u. a. (Hg.), Europa 1848. Revolution und Reform, Dietz, Bonn 1998, S. 11–41, 37 f.

1 Erläutern Sie anhand von M 15 a und b die These, die Revolution 1848/49 sei eine europäische Revolution gewesen.

M 16 Mannheimer Flugblatt von 1848 (Faksimile)

Forderungen des deutschen Volkes.

Allgemeine Volksbewaffnung mit freier Wahl der Offiziere.

Ein deutsches Parlament, frei gewählt durch das Volk. Jeder deutsche Mann, sobald er das 21ste Jahr erreicht hat, ist wahlfähig als Urwähler und wählbar zum Wahlmann. Auf je 1000 Seelen wird ein Wahlmann ernannt, auf je 100,000 Seelen ein Abgeordneter zum Parlament. Jeder Deutsche, ohne Rücksicht auf Rang, Stand, Vermögen und Religion kann Mitglied dieses Parlaments werden, sobald er das 25ste Lebensjahr zurückgelegt hat. Das Parlament wird seinen Sitz in Frankfurt haben und seine Geschäfts-Ordnung selbst entwerfen.

Unbedingte Preßfreiheit.

Vollständige Religions-, Gewissens- und Lehrfreiheit.

Volksthümliche Rechtspflege mit Schwurgerichten.

Allgemeines deutsches Staatsbürger-Recht.

Gerechte Besteuerung nach dem Einkommen.

Wohlstand, Bildung und Unterricht für Alle.

Schutz und Gewährleistung der Arbeit.

Ausgleichung des Mißverhältnisses von Kapital und Arbeit.

Volksthümliche und billige Staats-Verwaltung.

Verantwortlichkeit aller Minister und Staatsbeamten.

Abschaffung aller Vorrechte.

1 Gliedern Sie diesen Katalog der Märzforderungen nach Sachgesichtspunkten.

2 Erörtern Sie, welcher politischen Richtung die Verfasser des Flugblattes angehörten. Begründen Sie Ihre These.

M 17 Auszug aus der Paulskirchenverfassung (1848)

Aus den bereits am 27. Dezember 1848 in Kraft gesetzten Grundrechten des deutschen Volkes:

§ 133 Jeder Deutsche hat das Recht, an jedem Orte des Reichsgebietes seinen Aufenthalt und Wohnsitz zu nehmen, Liegenschaf-5 ten jeder Art zu erwerben und darüber zu verfügen, jeden Nahrungszweig zu betreiben, das Gemeindebürgerrecht zu gewinnen. [...] 10

§ 137 Vor dem Gesetz gilt kein Unterschied der Stände. Der Adel als Stand ist aufgehoben. Alle Standesvorrechte sind abgeschafft.

Die Deutschen sind vor dem Gesetze 15 gleich.

Alle Titel, insoweit sie nicht mit einem Amte verbunden sind, sind aufgehoben und dürfen nie wieder eingeführt werden.

Kein Staatsangehöriger darf von einem 20 auswärtigen Staate einen Orden annehmen.

Die öffentlichen Ämter sind für alle Befähigten gleich zugänglich.

Die Wehrpflicht ist für alle gleich; Stellvertretung bei derselben findet nicht statt. 25 [...]

§ 138 Die Freiheit der Person ist unverletzlich.

Die Verhaftung einer Person soll, außer im Falle der Ergreifung auf frischer Tat, nur 30 geschehen in Kraft richterlichen, mit Gründen versehenen Befehls. Dieser Befehl muss im Augenblicke der Verhaftung oder innerhalb der nächsten vierundzwanzig Stunden dem Verhafteten zugestellt werden. 35

§ 139 Die Todesstrafe, ausgenommen, wo das Kriegsrecht sie vorschreibt oder das Seerecht im Fall von Meutereien sie zulässt, sowie die Strafen des Prangers, der Brandmarkung und der körperlichen Züchtigung sind 40 abgeschafft.

§ 140 Die Wohnung ist unverletzlich. Eine Haussuchung ist nur zulässig 1. in Kraft eines richterlichen, mit Gründen versehenen Befehls [...]. 45

§ 144 Jeder Deutsche hat volle Glaubens- und Gewissensfreiheit. Niemand ist verpflichtet, seine religiöse Überzeugung zu offenbaren.

50 § 145 Jeder Deutsche ist unbeschränkt in der gemeinsamen häuslichen und öffentlichen Übung seiner Religion […].

§ 146 Durch das religiöse Bekenntnis wird der Genuss der bürgerlichen und staatsbürgerlichen Rechte weder bedingt noch beschränkt. Den staatsbürgerlichen Pflichten darf dasselbe keinen Abbruch tun. […]

§ 152 Die Wissenschaft […] ist frei.

§ 153 Das Unterrichts- und Erziehungswesen steht unter der Oberaufsicht des Staats. […]

§ 161 Die Deutschen haben das Recht, sich friedlich und ohne Waffen zu versammeln. […]

65 § 162 Die Deutschen haben das Recht, Vereine zu bilden. […]

§ 164 Das Eigentum ist unverletzlich. Eine Enteignung kann nur aus Rücksichten des gemeinen Besten, nur aufgrund eines 70 Gesetzes und gegen gerechte Entschädigung vorgenommen werden.

Ernst Rudolf Huber (Hg.), Dokumente zur deutschen Verfassungsgeschichte, Bd. 1, 3. Aufl., Stuttgart 1978, S. 375 ff.

1 Fassen Sie den Grundrechtekatalog der Paulskirchenversammlung zusammen.

2 Erklären Sie die Ausführlichkeit der Formulierungen aus der historischen Situation heraus.

M 19 Der Historiker Thomas Nipperdey über das Scheitern der Revolution 1848/49 (1983)

Es ist die Vielzahl der Probleme und ihrer Unlösbarkeiten gewesen, die zum Scheitern der Revolution geführt hat. Man wollte einen Staat gründen und eine Verfassung durchsetzen, beides zugleich, und das angesichts gravierender sozialer Spannungen. 5 Auch in Frankreich, wo die Probleme einfacher waren, und auch in Italien ist die Revolution gescheitert; diese Tatsache muss jedes Urteil über die deutsche Revolution mitreflektieren. Wenn man unter den einzelnen 10 Ursachen für das Scheitern in Deutschland gewichten will, so muss man meiner Meinung nach sagen, dass es das großdeutsch/ kleindeutsche Problem und das Problem des österreichischen Nationalitätenstaates und 15 seiner nationalen Konflikte waren, die am meisten zählten. Sie haben schon eine schnelle Entscheidung im Sommer unmöglich gemacht, haben die ersten großen Siege 20 der Gegenrevolution in Österreich ermöglicht, haben die Einheit der Revolution seit dem Herbst so erschüttert, dass ein gemeinsames Handeln nicht mehr möglich war, haben die Entscheidung dann auf Preußen 25 zugespitzt. Sie letzten Endes haben die Revolution in den Wettlauf mit der Zeit gebracht, den sie nicht gewinnen konnte. Das mag als altmodisch gelten – aber diese spezifisch deutsche Vorprägung der nationalen Frage 30 war der entscheidende Punkt.

M 18 Der Staatsaufbau nach der Paulskirchenverfassung vom 28. März 1849

1 Analysieren Sie das Verfassungsschaubild: Beschreiben Sie demokratische und die Demokratie einschränkende Elemente.

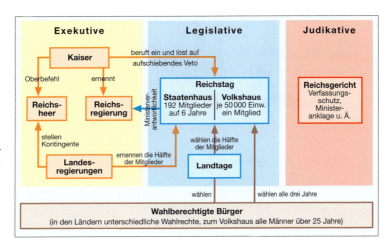

Das Ergebnis der Revolution ist nicht nur das Scheitern. Die Revolution hat über alle Eliten hinweg eine nationale Öffentlichkeit
35 geschaffen, eine nationaldemokratische Nation. Die Revolution hat die Ära Metternichs, die Ära der Restauration beendet und auch die wesentlichen Bestände der feudalen Gesellschaft beseitigt. Trotz des Scheiterns –
40 die Zeit seither ist bürgerlicher geworden. Und der Übergang Preußens in die Reihe der Verfassungsstaaten passt in diesen Zusammenhang. Der Aufstieg der Bürger war nicht auf Dauer abgeblockt, er war abgebremst,
45 aber nach zehn Jahren setzte er wieder ein. Nichts war nach der Revolution mehr so,

wieder so wie vorher. Aber die Krise zwischen Staat und Gesellschaft blieb unausgetragen; das belastete die deutsche Geschichte.

Thomas Nipperdey, Deutsche Geschichte 1800–1866. Bürgerwelt und starker Staat, C.H.Beck, München 1983, S.669f.

1 Nennen Sie die wichtigsten Gründe für das
   a) Scheitern der Revolution und
   b) dafür, dass die Revolution nicht nur gescheitert sei.
2 Diskutieren Sie, ausgehend von M 19, über die historische Bedeutung der Revolution 1848/49.

M 20 „Rundgemälde von Europa im August 1849", Federlithografie von Ferdinand Schröder, erschienen 1849 in den „Düsseldorfer Monatsheften"

1 Interpretieren Sie die Karikatur mithilfe der Arbeitsfragen S. 121.

Nationale Symbole interpretieren

Symbole sind Sinnbilder, die u. a. der Kommunikation von Menschen dienen: Die Darstellung eines Herzens meint nicht nur das Organ im gegenständlichen Sinne, sondern steht in unterschiedlichen Zusammenhängen für den Begriff und die damit zusammenhängenden Vorstellungen von „Liebe" – das Bild weist also über sich selbst hinaus. Symbole müssen für den Betrachter verständlich sein, sonst können sie ihre Funktion nicht erfüllen.

M1 „Die Freiheit führt das Volk",
Ölgemälde von Eugène Delacroix, 1830

Auch Nationen verwenden Symbole, um sich selbst darzustellen. In ihnen drückt sich das Selbstverständnis einer Nation bzw. eines Staates aus, indem grundlegende Ideen, Werte, Überzeugungen, historische Erfahrungen repräsentiert werden. Gleichzeitig demonstrieren sie Zugehörigkeit und Abgrenzung gegenüber anderen Nationen. Dies gilt vor allem für offizielle Symbole, die der Staat bestimmt, durch Gesetze schützt und bei offiziellen Anlässen verwendet, also vor allem die Flagge, das Wappen und die Hymne.

Aber auch zahlreiche nichtoffizielle Symbole entwickelten sich zu Zeichen mit Identifizierungswert – dies können z. B. Figuren (wie der deutsche Michel, die Marianne für Frankreich oder Uncle Sam für die Vereinigten Staaten von Amerika), Gebäude (wie die Akropolis in Athen für Griechenland) oder Pflanzen und Tiere (wie der Kiwi für Neuseeland, das Känguru für Australien oder der Bär für Russland) sein. Die Analyse nationaler Symbole, ihrer Verwendung, aber auch ihrer kontroversen Deutung kann daher Einblicke liefern in das staatliche Selbstverständnis wie die politische Kultur eines Landes.

Webcode:
KH644681-033

Arbeitsschritte für die Analyse

1. Leitfrage	– Welche grundlegenden Werte, Ideen und Überzeugungen repräsentiert das nationale Symbol?
2. Analyse	– Was stellt das Symbol dar? – Worauf verweist das Symbol? – Wie wirkt das Symbol auf den Betrachter? – Wie, von wem, bei welchen Anlässen wurde bzw. wird das Symbol verwendet?
3. Urteilen	– Welche Bedeutung hat das nationale Symbol für die Selbst- und Außendarstellung einer Nation?

Übungsbeispiel:
Die schwarz-rot-goldene Fahne und andere Symbole in der deutschen Revolution von 1848/49

M 2 Philipp Veit/Edward von Steinle, Germania, 1848, Öl auf Leinwand.
Das Bild hing über dem Präsidentensitz der Frankfurter Paulskirche (s. S. 19); heute im Germanischen Nationalmuseum.

1 Interpretieren Sie das Bild mithilfe der Arbeitsschritte S. 33 in seiner Funktion als nationaler Symbolträger.

Lösungshinweise

Leitfrage:
Welche politischen, vor allem nationalen Symbole prägen das Bild von der Germania?

Analyse
Formale Aspekte/Entstehung
Das Ölgemälde wurde von Philipp Veit und Edward von Steinle gemalt. Die Stadt Frankfurt, die mit der Organisation und Ausgestaltung des Vorparlaments befasst war, hatte Veit damit beauftragt. Das Ölgemälde entstand kurz vor dem 31. März 1848, dem Eröffnungstag des Vorparlaments in der Frankfurter Paulskirche. Es ist fast fünf Meter hoch und drei Meter breit und verhüllte in der Paulskirche die Orgel.

Geschichte und Verwendung
Symbole: Die abgebildete Germania ist eine junge, kräftige Frau. Ihr Haar ist mit einem Eichenlaubkranz bekränzt, der Treue symbolisiert. Das Schwert in ihrer rechten Hand ist ein Zeichen für Wehrhaftigkeit und der um das Schwert gewundene Öl- oder Hanfzweig verdeutlicht Friedensliebe. Das rote Gewand unter dem kostbaren blau-goldenem Überwurf ziert auf der Brust der Doppeladler in Schwarz auf Gold; er ist ein Symbol des Heiligen Römischen Reiches Deutscher Nation. Links zu Füßen der Germania liegen gesprengte Fesseln, die Freiheit symbolisieren. Hinter der Germania geht die Sonne auf und verweist auf eine neue Zeit, auch wenn der Blick der Germania eher unbestimmt in die Ferne, in die Zukunft gerichtet ist. In der linken Hand hält die Germania das schwarz-rot-goldene Fahnentuch, das sich hinter ihrem Kopf aufbläht. Die Strahlen der Sonne bringen die Farben zu einem intensiven Leuchten.

Die schwarz-rot-goldene Fahne der Germania verweist auf den nationalen und freiheitlichen Symbolgehalt des Bildes. Die Farben Schwarz-Rot-Gold tauchen erstmals in den Befreiungskriegen 1813 gegen Napoleon auf, zunächst noch in Konkurrenz zu den Farben Schwarz-Weiß-Rot. In den Befreiungskriegen kämpfte das Lützow'sche Freikorps, das sich vorwiegend aus Studenten aus allen deutschen Regionen rekrutierte. Deren sehr unterschiedliche Uniformen wurden zur Vereinheitlichung schwarz eingefärbt, mit roten Abzeichen verziert und mit messing(gold)farbenen Knöpfen versehen. In der Folgezeit wurde diese Farbzusammenstellung gedeutet: „Aus der Schwärze der Knechtschaft durch blutige Schlachten ans goldene Licht der Freiheit." Schwarz-rot-goldene Fahnen wehten auf dem Wartburgfest und dem Hambacher Fest (s. M 7), auf denen im Vormärz für nationale Einheit und Freiheit gekämpft wurde. Die Farben verbanden sich immer mehr mit den Forderungen nach Freiheit, Demokratie und nationaler Einheit.

Anlässe und Verwendung: Zunächst sahen die Parlamentarier und die Zuschauer auf den Rängen der Paulskirche das Bild der Germania. Doch es wurde sehr schnell verbreitet über Einzelblätter und Presseillustrationen. So konnte das Symbol auch in der Wahrnehmung des Massenpublikums zum festen Bestandteil des Parlaments und zum Sinnbild des dort verhandelten Schicksals der Nation werden. Diese Verknüpfung findet sich vor allem in den zahlreichen Folgedarstellungen der Germania sowie in der Flut von Karikaturen. In der unterschiedlichen Ausgestaltung der Germania bzw. in ihrer karikaturhaften Darstellung schlug sich in den folgenden Jahren die politische Einstellung des Künstlers und seine Interpretation der Revolution von 1848/49 nieder. Die parlamentarische Versammlung selbst produzierte kaum Symbolisches: Es gab keine Selbstdarstellung, die Selbstbewusstsein und Herrschaftsanspruch demonstrierten oder öffentliches Vertrauen erzeugten.

Zeitgenössische Sicht: Der zeitgenössische Betrachter sah in der Germania die Personifikation Deutschlands in der Tradition des Alten Reiches stehend, aber versehen mit dem Symbol der neuen Zeit und der Zukunft, der Fahne Schwarz-Rot-Gold. Die Germania steht für die Hoffnung der Menschen auf ein geeintes und demokratisches Deutschland.

Rezeption: Die schwarz-rot-goldene Fahne wurde am 2. September 1850 von der Paulskirche entfernt und Schwarz-Rot-Gold aus dem öffentlichen Leben verbannt. Und doch verschwand diese Flagge nicht aus dem Bewusstsein der Bevölkerung. Das führte zu teilweise scharfen politischen Auseinandersetzungen um Schwarz-Rot-Gold. Nach der Revolution, so unter Bismarck und im Kaiserreich, entwickelte sie sich zum Symbol der oppositionellen Parteien und Organisationen. Scharfe Auseinandersetzungen um Schwarz-Rot-Gold durchziehen die Folgezeit. Seit dem Hambacher Fest sind die deutschen Farben nicht unumstritten, weil sich Schwarz-Rot-Gold für viele zum nationalen Symbol für Einheit und Freiheit entwickelt hatte und weiter entwickelte. Während des Nationalsozialismus wird es allerdings lebensbedrohlich, die deutschen Farben statt der Hakenkreuzfahne zu zeigen.

Urteilen

Für den heutigen Betrachter ist die Germania die Personifikation Deutschlands; dieser Symbolgehalt scheint an Bedeutung verloren zu haben. Das gilt jedoch nicht für die Flagge Schwarz-Rot-Gold. Diese Farben erklärt das Grundgesetz zu den Farben der deutschen Flagge, die bei feierlichen und sportlichen Anlässen mit großer Selbstverständlichkeit gezeigt wird. Spätestens seit 1989/90, seit dem Fall der Berliner Mauer und der deutschen Wiedervereinigung, werden Einheit und Freiheit für alle Deutschen noch einmal sehr ausdrücklich mit Schwarz-Rot-Gold verbunden. Übrigens: Auch die Flagge der DDR war schwarz-rot-gold; allerdings trug sie in der Mitte das Staatswappen der DDR.

Die schwarz-rot-goldene Flagge gehört heute zu den selbstverständlichen Staats- bzw. Nationalsymbolen der Bundesrepublik Deutschland und gilt als Symbol für ein freiheitliches wie auch demokratisches Deutschland. Die Rückbesinnung auf die Entstehung der schwarz-rot-goldenen Fahne und ihre historische Bedeutung im 19. und 20. Jahrhundert verdeutlicht dem Betrachter, dass nationale Symbole wie auch Nationen keine natürlichen Größen sind, die es schon immer gegeben hat.

Erarbeiten Sie Präsentationen

Thema 1
Die historische Bedeutung der Revolution 1848/49

Bereiten Sie eine Präsentation vor, in der Sie die zentralen Strukturen, Prozesse und Zusammenhänge der Revolution 1848/49 untersuchen. Berücksichtigen Sie dabei Ursachen, Träger und Schauplätze der deutschen Revolution. Benutzen Sie zeitgenössische Abbildungen.

Literaturtipps
Peter Wende (Hg.), Große Revolutionen der Geschichte, München 2000.

Rüdiger Hachtmann, Epochenschwelle zur Moderne. Einführung in die Revolution von 1848/49, Tübingen 2002.

Lothar Gall (Hg.), 1848 – Aufbruch zur Freiheit, Ausstellungskatalog, Berlin 1998.

M1 „Wat heulste 'n kleener Hampelmann? – Ick habe Ihr'n Kleenen 'ne Krone jeschnitzt, nu will er se nich!", Lithografie von Ferdinand Schröder, 1849.
Heinrich von Gagern, Vorsitzender der Nationalversammlung, bietet dem preußischen König die Krone an.

Webcode:
KH644681-036

Thema 2
Menschen- und Bürgerrechte

Bereiten Sie einen Vortrag über die Bedeutung von Revolutionen bei der Formulierung und Durchsetzung von Menschen- und Bürgerrechten vor.

Literaturtipp
Christine Schulz-Reiss, Nachgefragt: Menschenrechte und Demokratie, Bindlach 2008.

M2 Revolutionäre Spielkarten der französischen Republik, Radierung, 1793/94

Überprüfen Sie Ihre Kompetenzen

M 3 Die universelle Republik (Ausschnitt), Lithografie von Frédéric Sorrieu, um 1848

Sachkompetenz

1 Beschreiben Sie die Grundzüge der Geschichte des deutschen Nationalismus vom ausgehenden 18. Jahrhundert bis zur Revolution 1848/49.

2 Erörtern Sie, ob der monarchische Staat in Deutschland während der ersten Hälfte des 19. Jahrhunderts grundsätzlich ein konservativer, ja reaktionärer Staat war oder auch fortschrittliche Züge besaß.

Methodenkompetenz

3 Interpretieren Sie das Gemälde M 3. Beschreiben Sie zunächst die dargestellten Personen und Gegenstände. Erklären Sie im zweiten Schritt ihre symbolische Bedeutung. Formulieren Sie dann eine Gesamtaussage, die der Maler vermitteln möchte.

Urteilskompetenz

4 Nationalisten und Liberale – Bündnispartner oder Konkurrenten? Begründen Sie Ihre Einschätzung.

5 Die Jahrzehnte zwischen 1815 und 1848/49 werden mit den Begriffen „Restauration" und/oder „Vormärz" charakterisiert. Beurteilen Sie, ob diese Begriffe die politischen, gesellschaftlichen, wirtschaftlichen oder kulturellen Verhältnisse angemessen wiedergeben. Suchen Sie ggf. andere Begriffe zur Kennzeichnung der Epoche.

Zentrale Begriffe

Befreiungskriege
Deutscher Bund
Französische Revolution
Hambacher Fest
Liberalismus
Nationalismus
Paulskirche
Restauration
Revolution 1848/49
Rheinbund
Vormärz
Wiener Kongress

3 Entstehung einer modernen Industriegesellschaft

Kompetenzen erwerben

Sachkompetenz:	– die Begriffe „Industrialisierung", „Verstädterung" bzw. „Urbanisierung", „Pauperismus" und „soziale Frage" erläutern
	– die Reformvorschläge zur Lösung der „sozialen Frage" charakterisieren
	– den Urbanisierungsprozess erläutern
Methoden-kompetenz:	– historische Gemälde interpretieren
Urteilskompetenz:	– den Stellenwert der Industrialisierung für die moderne Gesellschaft bewerten
	– die Bedeutung der „sozialen Frage" sowie Möglichkeiten und Grenzen der unterschiedlichen Reformvorschläge zu ihrer Lösung beurteilen
	– Chancen und Risiken der Industrialisierung gegeneinander abwägen

Vom Agrarland zur Industriegesellschaft

Deutschland wandelte sich im 19. Jahrhundert vom Agrarland zur Industriegesellschaft. Das zeigte sich am deutlichsten an der Beschäftigtenstruktur: Immer weniger Menschen arbeiteten und lebten von und in der Landwirtschaft, immer mehr Menschen fanden ihr Auskommen in Gewerbe und Industrie oder im Dienstleistungssektor. Um 1800 waren mehr als 60 % der Menschen in der Landwirtschaft beschäftigt, während im gewerblichen und industriellen Bereich nur etwa 20 % der Bevölkerung arbeiteten. Alle anderen waren im Dienstleistungssektor tätig. Im beginnenden 20. Jahrhundert dagegen verdienten etwa 40 % der Menschen ihren Lebensunterhalt in Gewerbe und Industrie, ungefähr 30 % verrichteten Dienstleistungen und circa 30 % der Menschen sicherten ihre Existenz in der Landwirtschaft. Welche Entwicklungen prägten die Entstehung der modernen Industriegesellschaft in Deutschland und welche sozialen Folgen hatte der Prozess der Industrialisierung? Wie veränderte sich das gesellschaftliche Leben durch die Verstädterung bzw. Urbanisierung?

M1 Dampfmaschine von James Watt, kolorierter Holzstich, 1890

Industrialisierung

Die Industrialisierung auf kapitalistischer, marktwirtschaftlicher Grundlage veränderte das Leben, Arbeiten und Wirtschaften der Menschen in Deutschland nachhaltig. Hauptmerkmal der modernen Industriegesellschaft ist ein bis dahin unvorstellbar dauerhaftes und sich selbst tragendes Wirtschaftswachstum. Dieses wurde

- *erstens* durch Fortschritte im naturwissenschaftlichen Denken ermöglicht, die in technische Innovationen umgesetzt werden konnten. Neue Antriebs- und Arbeitsmaschinen wie die Dampfmaschine ersetzten zunehmend menschliche und tierische Arbeitskraft, die Erkenntnis chemischer Prozesse erleichterte die massenweise Ausbeutung natürlicher Rohstoffe.

- Das Fabriksystem* mit seiner maschinellen und arbeitsteiligen Herstellung von Gütern und Waren bot *zweitens* die Voraussetzung für eine ständige Ausdehnung der Produktion. Zur Steigerung der Produktion trugen auch spezialisierte und geregelte Lohnarbeit sowie rationaler Kapitaleinsatz durch marktwirtschaftlich kalkulierende Unternehmer bei.

> **Fabriksystem**
> Ein Unternehmer – oder später Manager – steuert die gesamte Produktion zentral. Die Herstellung der Güter und Waren wird dabei arbeitsteilig organisiert.

- *Drittens* beschleunigten neuartige Kommunikationsmöglichkeiten sowie die Modernisierung der Verkehrswege und -mittel (z. B. Eisenbahn, Automobil) die Entstehung nationaler und übernationaler Märkte.

- Mit der Industrialisierung verloren *viertens* althergebrachte Bindungen und Lebensweisen der traditionalen Agrargesellschaft an Bedeutung. Die Entfesselung der modernen Wirtschaftsgesellschaft, die heute längst keine Klassengesellschaft mehr ist, sondern eine mobile Berufs- und Leistungsgesellschaft, verlangte von den Menschen Flexibilität und Innovationsbereitschaft in einem bisher unbekannten Ausmaß.

Die Industrialisierung war und ist kein kontinuierlicher Wachstumsprozess. Das industrielle Wachstum vollzog sich weder flächendeckend noch zeitgleich. Als sich im England der 1770er-Jahre die Industrialisierung voll durchsetzte, war Deutschland noch im Stadium der Frühindustrialisierung. Erst seit den späten 1840er-Jahren bis 1873 entwickelte sich das Deutsche Reich zu einer Industriegesellschaft. Obwohl es auch danach immer wieder Wachstumsstörungen und Konjunkturkrisen gab, gelten die folgenden dreieinhalb Jahrzehnte bis zum Ersten Weltkrieg als Periode der Hochindustrialisierung, in der Deutschland endgültig zu einem der weltweit führenden modernen Industriestaaten wurde.

Urbanisierung

Die rasche Bevölkerungszunahme und die Binnenwanderung mündeten in die Verstädterung bzw. die Urbanisierung. In Gegensatz zur Gegenwart fehlten im 19. Jahrhundert in Deutschland sowohl wirksame soziale Sicherungssysteme als auch funktionierende Formen der Arbeitsvermittlung. Wer auf dem Land keine Arbeit fand, zog in die nächstgelegene Stadt, und wenn an diesem gewerblichen oder industriellen Standort keine Beschäftigung zu finden war, wanderte man weiter.

M 2 Mietskaserne in Berlin, Fotografie, um 1900

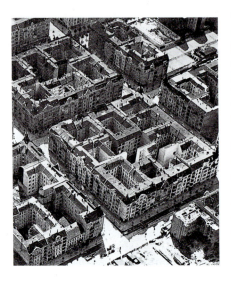

Verstädterung meint erstens die **Vergrößerung der Städte**. Immer mehr Menschen zogen während der Industrialisierung in die stark anwachsenden Städte. Zweitens verstehen die Historiker unter Urbanisierung **veränderte Lebensformen** in den Großstädten wie die individuelle Gestaltung des eigenen Lebens, ein verbessertes Bildungsangebot, neue und vermehrte kulturelle Entfaltungsmöglichkeiten, besondere Formen des intellektuellen Austauschs, aber auch eine besondere Empfindlichkeit für Reize, die nicht nur durch ein größeres Warenangebot oder von der Reklameflut ausgelöst wurden, sondern auch schlicht mit der Tatsache zu tun haben, dass der Stadtmensch einer immer größeren Anzahl von fremden Menschen begegnete. Eine Folge der Verstädterung bestand außerdem in der **Auflösung gewachsener regionaler, familiärer und konfessioneller Bindungen**. Weitere Folgen der Urbanisierung waren **Wohnungsnot und Slumbildung**.

Pauperismus und „soziale Frage"

Im beginnenden 19. Jahrhundert überstieg das rasche Bevölkerungswachstum die Fähigkeit der überlieferten Agrargesellschaft, für die immer größere Anzahl von Menschen ausreichende Nahrung bereitzustellen. Eine Folge war die **Massenverarmung**. Dieser Pauperismus (lat. *pauper* = arm) entwickelte sich von der Mitte der 1820er-Jahre bis 1848 zum allgemeinen Kennzeichen der Zeit.

Die moderne Geschichtswissenschaft sieht im Phänomen des Pauperismus noch eine **„Krise alten Typs"**. Kennzeichen dieses Krisentypus sind schlechte Getreideernten, die zu Ernährungsengpässen und Hungerunruhen führen. Im Verlauf der Industrialisierung verbesserte sich aber die Situation der Bevölkerung zunehmend, weil der Markt den wirtschaftlichen Austausch immer effektiver regeln konnte. Zwar kennt auch die moderne Industriegesellschaft Konjunkturschwankungen und Krisen, aber diese sind nicht mehr Hungerkrisen wegen Missernten, sondern wirtschaftliche Wachstumsstörungen.

Mit dem Begriff der „sozialen Frage" bezeichnen Historiker und Sozialwissenschaftler dagegen die Notlage und die ungelösten Probleme besonders der Industriearbeiter während der Industrialisierung. Das industrielle Wachstum reichte im 19. Jahrhundert lange Zeit nicht aus, um die Arbeiter von materieller Not zu befreien. **Elend und Rechtlosigkeit der Arbeiter,** des Proletariats, entwickelten sich als „soziale Frage" zum zentralen Problem der Industriegesellschaft. Hauptmerkmale waren unsichere Arbeitsplätze, häufige Arbeitslosigkeit, niedrige

Löhne bei langen Arbeitszeiten, Wohnungselend sowie fehlende Absicherung bei Krankheit, Invalidität und Tod. Verstärkt wurden die Probleme durch die Trennung von der alten Lebenswelt beim Umzug in die Städte und die ungewohnte Fabrikarbeit.

Reformvorschläge

Um ihre Interessen zu vertreten, mussten die Arbeiter ihre Marktposition stärken und Koalitionen bilden. Seit den 1840er-Jahren kam es zu ersten Zusammenschlüssen. Durch die Vereinigung des 1863 von Ferdinand Lassalle ins Leben gerufenen „Allgemeinen Deutschen Arbeitervereins" mit der 1869 von Wilhelm Liebknecht und August Bebel gegründeten „Sozialdemokratischen Arbeiterpartei" zur „Sozialistischen Arbeiterpartei" im Jahre 1875 besaß die Arbeiterbewegung eine schlagkräftige Partei, um die Politik mit parlamentarischen wie außerparlamentarischen Mitteln zu beeinflussen. Mitte des 19. Jahrhunderts schlossen sich die Buchdrucker und Zigarrenarbeiter, dann weitere Handwerksgesellen und Facharbeiter zu Gewerkschaften zusammen, um ihre Interessen besser gegenüber den Arbeitgebern durchzusetzen und durch gegenseitige Hilfe ihre Lebensbedingungen zu verbessern. Unter der Führung von Carl Legien bildeten 1890 die sozialistischen Gewerkschaften als Dachverband die Freien Gewerkschaften. Außerdem gab es Gründungen der Liberalen und seit 1895 christliche Gewerkschaften. Bei den Gewerkschaften besaß die soziale Absicherung am Arbeitsplatz Vorrang vor politischen Forderungen.

Zur Bewältigung der „sozialen Frage" gab es im 19. Jahrhundert unterschiedliche Lösungsvorschläge. Im „Kommunistischen Manifest" und seinem Buch „Das Kapital" (1867) erklärte Karl Marx* den Sozialismus zum gesellschaftspolitischen Ziel. Für Marx und seinen Mitstreiter Friedrich Engels* war der Kapitalismus mit seiner Garantie des Privateigentums an Produktionsmitteln die Ursache für das soziale Elend der Arbeiter. Deswegen forderten sie die revolutionäre Abschaffung des Privateigentums an Produktionsmitteln und deren Vergesellschaftung.

Bei ihrer Gründung verzichtete die „Sozialistische Arbeiterpartei" im „Gothaer Programm" zunächst auf einen revolutionären marxistischen Weg. Als jedoch Bismarck mit dem Sozialistengesetz die Sozialdemokratie unterdrückte, radikalisierten sich die deutschen Sozialisten. Im „Erfurter Programm" von 1891 forderte die neue „Sozialdemokratische Partei Deutschlands" die Vergesellschaftung der Produktionsmittel. Allerdings trat der Sozialdemokrat Eduard Bernstein schon bald für ein revidiertes Parteiprogramm ein, das Reformen den Vorzug vor revolutionären Zielen einräumte. Dagegen strebte der Kreis um Rosa Luxemburg weiterhin die Revolution mithilfe eines Generalstreiks an. Der SPD-Theoretiker Karl Kautsky vermittelte in diesem Konflikt und fand die Kompromissformel, dass die Sozialdemokratie eine revolutionäre, aber keine Revolution machende Partei sei. Seitdem war der Reformismus die beherrschende Strömung in der SPD, die darin auch von den Gewerkschaften unterstützt wurde.

Liberale Politiker wie Friedrich Hakort und Hermann Schulze-Delitzsch bevorzugten soziale Reformen zur Verbesserung der Lage der Arbeiter. Sie forderten z. B. bessere Bildungschancen für die Unter-

M 3 Karl Marx (1818–1883), Gemälde, um 1870

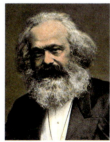

Der deutsche Philosoph begründete mit Friedrich Engels den wissenschaftlichen Sozialismus. 1843 emigrierte er nach Paris. 1845 wurde er ausgewiesen und siedelte nach Brüssel über. 1848 kehrte er nach Deutschland zurück, ging jedoch nach der gescheiterten Revolution 1848/49 nach London, wo er bis zu seinem Tod lebte.

M 4 Friedrich Engels (1820 bis 1895), Gemälde von G. Tscherbakow, um 1880

Der Kaufmann und Industrielle war der engste Weggefährte von Marx, theoretischer Mitbegründer des Marxismus sowie wichtiger Organisator der Arbeiterbewegung.

schichten und wirtschaftliche Selbsthilfevereine wie Versicherungs- oder Konsumvereine. Führende Wirtschaftswissenschaftler wie Gustav Schmoller und der von ihm 1872/73 mit hohen Beamten und einzelnen Unternehmern gegründete „Verein für Sozialpolitik" verlangten vom Staat, dass er sich als Schiedsrichter in den Konflikt zwischen Unternehmer und Arbeiter einmischen und vermitteln solle. Die „Kathedersozialisten" (lat. = Pult, Kanzel) forderten zudem politische Rechte für die Arbeiter.

In der **evangelischen Kirche** regte 1848 Johann Hinrich Wichern die Gründung des „Central-Ausschusses für die Innere Mission" an, der überall in Deutschland Einrichtungen für eine evangelische Sozialarbeit schuf. Auf **katholischer Seite** rief Adolph Kolping 1849 den ersten „katholischen Gesellenverein" ins Leben. Der Mainzer Erzbischof Freiherr von Ketteler trat für Sozialreform, Koalitions- und Streikrecht ein und prägte das Sozialprogramm der katholischen Zentrumspartei von 1870 ebenso mit wie die päpstliche Sozialenzyklika „Rerum Novarum" von 1891. Dort forderte der Vatikan eine gerechte Eigentumsordnung im Rahmen christlicher Ethik, verlangte vom Staat Maßnahmen zum Arbeitsschutz sowie die Garantie des Streik- und Koalitionsrechtes. Weil die Kirche aber die Gleichheitsforderungen der Arbeiterbewegung nicht übernahm, kam es nicht zu einer breiten Aussöhnung zwischen sozialistischer Arbeiterbewegung und Kirche.

Die Vorschläge einiger **Unternehmer** zielten auf die Einrichtung betrieblicher Unterstützungskassen für den Krankheitsfall, die Altersvorsorge sowie bei Unfällen und Invalidität. Überdies verringerten in manchen Unternehmen betriebliche Konsumvereine und Betriebswohnungen die Lebenshaltungskosten der Arbeiter, übernahmen Kindergärten die Betreuung der Arbeiterkinder. Allerdings verlangten die Unternehmer in patriarchalischem Stil für ihre Bemühungen als Gegenleistung absoluten Gehorsam und wurden daher von der Arbeiterbewegung scharf kritisiert.

Die **staatliche Reformpolitik** drängte nicht nur Auswüchse bei der Frauen- und Kinderarbeit zurück und baute die Arbeitsschutzgesetzgebung aus, sondern begann während der Bismarckzeit mit der **Einrichtung einer staatlichen Sozialversicherung**. Bismarck wollte damit, wie er 1881 erklärte, „dem Geist der Unzufriedenheit und der Ausbreitung der sozialistischen Bewegung" den Boden entziehen. Denn das ständige Anwachsen und die Wahlerfolge der sozialistischen Arbeiterbewegung in der zweiten Hälfte des 19. Jahrhunderts sowie deren radikale Opposition gegen die bestehende politische und gesellschaftliche Ordnung nährte bei den besitzenden Schichten die Furcht vor einem revolutionären Umsturz. Zur Stabilisierung der Gesellschaft unterdrückte der deutsche Staat nicht nur mithilfe des Sozialistengesetzes die Arbeiterbewegung. Er begann auch mit der Einführung der Krankenversicherung, der Unfallversicherung sowie der Invaliden- und Rentenversicherung.

Webcode:
KH644681-042

1 Arbeiten Sie die wichtigsten Veränderungen heraus, die den Übergang von der traditionalen Agrargesellschaft zur modernen Industriegesellschaft im 19. Jahrhundert prägten.

2 Fassen Sie die Entstehung der „sozialen Frage" und die Vorschläge zu ihrer Lösung zusammen.

Hinweise zur Arbeit mit den Materialien

Die Materialien dieses Kapitels befassen sich mit drei Schwerpunktthemen: Der Bildvergleich mithilfe von M 5 a, b erlaubt – erstens – eine intensive Beschäftigung mit dem Prozess der **Verstädterung**. M 6 bietet – zweitens – die Chance, die **Geschichte der Industrialisierung im 19. Jahrhundert**, ihre Entwicklungsstufen und Strukturen zu analysieren. Und M 7 gewährt – drittens – Einblicke in die **Entstehung staatlicher Sozialpolitik** bzw. des **entstehenden deutschen Sozialstaates** in der Bismarckzeit. Am Ende des Kapitels finden sich **weiterführende Arbeitsanregungen** und die Möglichkeit, die im Kapitel erworbenen **Kompetenzen zu überprüfen** (S. 46 f.).

M 5 Städtewachstum im Industriezeitalter, 1865 und 1905

a) Der Plärrer in Nürnberg, Fotografie, 1865

b) Der Plärrer in Nürnberg, Fotografie, 1905

1 Untersuchen Sie die Fotografien M 5 a und b:
    a) Vergleichen Sie die beiden Bilder, indem Sie feststellen, was 1865 die Begriffe Straße, Platz und Haus prägte und was man 1905 mit diesen Begriffen verband.
    b) Analysieren Sie den Horizont des Jahres 1865 und den des Jahres 1905. Wodurch wurde das Weichbild der Stadt charakterisiert? Erklären Sie die Unterschiede.
2 Erläutern Sie mithilfe der Fotografien M 5 a, b den Begriff der „Urbanisierung". Charakterisieren Sie dabei sowohl den Begriff der Verstädterung als auch den des städtischen Lebensstils.

M6 Der Historiker Jürgen Kocka über die deutsche Industrialisierung (2001)

Da waren (1) die vorindustriellen Jahrzehnte mit proto- und frühindustriellen Elementen vom späten 18. Jahrhundert bis in die 1840er-Jahre: Manche sprechen auch von
5 „Frühindustrialisierung" oder […] einer „Vorbereitungsphase" für die nachfolgende Industrialisierung. Die Wirtschaft blieb im Grunde vorindustriell, das Gewerbe fast durchweg handwerklich und heimgewerb-
10 lich organisiert, nur langsam wachsend. Doch die durch Französische Revolution und napoleonische Herausforderung angestoßenen Modernisierungsreformen in großen Teilen Deutschlands haben die rechtlich-
15 politischen Grundlagen für die spätere Industrialisierung gelegt. Sie brachten sie einen Sprung vorwärts auf dem in Deutschland fast überall Jahrzehnte dauernden Weg der Beendigung der Feudal- und der Zunftordnung,
20 der Herstellung von Gewerbe-, Niederlassungs- und Wanderfreiheit, der Überwindung staatlicher Zersplitterung zugunsten größerer Zollgebiete und damit der Herausbildung von überregionalen Märkten.
25 Gleichzeitig liefen die Reformen auf eine Zähmung des Absolutismus und eine Limitierung fürstlich-staatlicher Eingriffswillkür hinaus, mit der Folge verbesserter Rechtssicherheit und erweiterter Spielräume der Pri-
30 vatleute für wirtschaftliche Entfaltung. […]
Da war (2) die Durchbruchsphase der Industrialisierung, die Industrielle Revolution im engeren Sinn, von den 1840er-Jahren bis 1873. Die Frage, ob ihr Beginn wirklich ge-
35 nau festgelegt werden kann und wann er zu datieren sei, wird weiterhin unterschiedlich beantwortet. Doch in Abwägung aller Pro- und Contra-Argumente scheint doch unabweisbar zu sein, dass in Deutschland […] tat-
40 sächlich und trotz aller Kontinuitäten zur vorangehenden Phase so etwas wie ein „take-off" (Rostow) stattfand, also eine auf wenige Jahre zusammengedrängte Beschleunigung der wichtigsten Wachstumsdimensi-
45 onen […], und zwar als der investitionsintensive Eisenbahnbau in den 1840er-Jahren auf breiter Front in Gang kam, andere Branchen mitriss und dem Ausbau der Märkte eine neue Dynamik verschaffte.
50 Im folgenden Vierteljahrhundert wurde nicht nur die rechtliche Grundlegung der Industrialisierung zu Ende gebracht. Die Reste feudaler und ständisch-zünftischer Einschränkungen, beispielsweise die zum Teil in den 1840er-Jahren neu verstärkten Nieder- 55 lassungs- und Wanderungsbarrieren, fielen in den 60er-Jahren, ein industrialisierungsfreundliches Handels- und Wirtschaftsrecht entstand. Der Zollverein von 1834, der Norddeutsche Bund von 1866 und die Reichs- 60 gründung von 1871 brachten ein einheitliches Zollgebiet (ohne Österreich) hervor, das die Entwicklung großflächiger Märkte, anders als die frühere „Kleinstaaterei", nicht mehr hemmte. Die landwirtschaftliche Pro- 65 duktion nahm trotz Rückgangs des Anteils (nicht der absoluten Zahl) der landwirtschaftlich Beschäftigten weiter kräftig zu, nun weniger durch Landesausbau als durch die Verbesserung der landwirtschaftlichen 70 Methoden. Rasch kam die verkehrsmäßige Erschließung des Landes voran […]. Im gewerblichen Sektor drang die Industrie rasch auf Kosten des nun schrumpfenden Heimgewerbes und schneller als das (ebenfalls ex- 75 pandierende) Handwerk vor, die Zahl der in Fabriken, Bergwerken und anderen zentralen Betrieben arbeitenden Personen nahm sprunghaft zu, auf das Sechsfache zwischen 1835 und 1873. Während der Textilbereich 80 weiter die meisten Menschen beschäftigte, gewannen die bis dahin nur kleinen Branchen des Bergbaus, der Hüttenindustrie und der Metallverarbeitung rasch an Umfang und Gewicht. Sie waren, neben dem Eisen- 85 bahnbau, die Führungssektoren der Zeit, in denen die modernsten und größten Unternehmen entstanden […]. Die Phase der Industriellen Revolution endete mit einem beispiellosen Gründer-Boom seit 1866/67. […] 90
(3) Die Phase von 1873 bis 1914 lässt sich mit dem Begriff der „Hochindustrialisierung" überschreiben. Nach einer Phase ungleichmäßig verlangsamten Wachstums und sinkender Preise 1873–1896 folgte 1896– 95 1913 eine stürmische Aufstiegsphase mit leicht inflationärer Tendenz. Der industrielle Ausbau setzte sich fort, jetzt im Rahmen des Nationalstaats unter maßgeblicher Beteiligung der an Zahl, Umfang und Bedeutung 100 wachsenden Großunternehmen und mit kräftiger Tendenz zu neuen Formen der Organisation, z. B. in Kartellen und Verbänden.

Die Rolle der Wissenschaft wurde immer
105 wichtiger, die staatlichen Eingriffe in die
Marktwirtschaft nahmen wieder zu, seit den
80er-Jahren begann der Aufstieg des Sozial-
staats. […] Schon in den 1870er-Jahren verwandelte sich Deutschland – erstmals – aus
110 einem Agrarexport- in ein Agrarimportland.
Bis 1914 wurde Deutschland dann, auch
nach der Meinung vieler Zeitgenossen, eindeutig zum „Industriestaat", der zudem den
Vorsprung der einige Jahrzehnte vorher mit
115 der Industrialisierung beginnenden westeuropäischen Staaten durch sein auffallend
schnelles Wachstum eingeholt hatte. Doch
darf man darüber nicht vergessen, dass auch
am Vorabend des Ersten Weltkriegs in
120 Deutschland noch ein Drittel aller Erwerbs-
tätigen in der Landwirtschaft beschäftigt waren und auch im gewerblichen Sektor nur eine Minderheit der gewerblichen Arbeiter

und Angestellten in Großbetrieben (1907
22 % in Betrieben mit 200 und mehr Be- 125
schäftigten), die allermeisten dagegen in
kleinen und mittleren Handwerks- und In-
dustriebetrieben tätig waren.

*Jürgen Kocka, Das lange 19. Jahrhundert. Arbeit,
Nation und bürgerliche Gesellschaft, Klett-Cotta,
Stuttgart 2001 (= Gebhardt. Handbuch der deutschen
Geschichte, 10. völlig neu bearb. Aufl., Bd. 13),
S. 50–53.*

1 Analysieren Sie die zentralen Merkmale der
  drei unterschiedlichen Phasen der Industrialisierung. Tragen Sie Ihre Ergebnisse in eine
  Tabelle ein.
2 Diskutieren Sie, ausgehend von M 6, die
  Vor- und Nachteile der Begriffe „Industrialisierung" bzw. „Industrielle Revolution":
  War die Geschichte der Industrialisierung
  eher ein kurzfristiger, revolutionärer Vorgang oder ein lang gestreckter Prozess?

M 7 Die deutschen Sozialversicherungsgesetze 1883/1884/1889

	Krankenversicherung (1883)	Unfallversicherung (1884)	Invaliditäts- und Alters- sicherung (1889)
Betroffene	Arbeiter (ohne Familien- angehörige; seit 1900 ein- bezogen), ausgenommen Land- und Forstarbeiter	Arbeiter	Arbeiter Angestellte bis 2000 Mark Ver- dienst jährlich, Familienange- hörige nicht mit einbezogen
Leistungen	Freie ärztliche Behand- lung: Krankengeld in Höhe der Hälfte des orts- üblichen Tageslohnes bei Erwerbsunfähigkeit	Kosten für ein Heilverfahren Rente für Dauer einer Erwerbs- unfähigkeit Rente in Höhe von 2/3 des Ver- dienstes bei völliger Erwerbs- unfähigkeit	Invalidenrente bei dauernder oder länger als 1 Jahr währen- der Erwerbsunfähigkeit Altersrente ab 70. Lebensjahr Lohnklasse 1: 106 Mark jährl. Lohnklasse 4: 191 Mark jährl.
Dauer	Krankengeld für 13 Wo- chen	Heilverfahren und Rente ab 14. Woche	Wartezeit: Invalidenrente: 5 Beitragsjahre Altersrente: 30 Beitragsjahre
Beitrags- zahler	2/3 Versicherter 1/3 Arbeitgeber	Arbeitgeber	1/2 Arbeitnehmer 1/2 Arbeitgeber staatlicher Zuschuss von 50 Mark jährlich pro Rente
Träger	Ortskrankenkassen	Berufsgenossenschaften, geglie- dert nach Gewerbegruppen	Landesversicherungsanstalten

*Jost Cramer/G. Zollmann, Der Staat und die soziale Frage, in: Wirtschaft und
Gesellschaft, Bd. 2, Klett, Stuttgart o. J., M 102.*

1 Erläutern Sie Finanzierung, Leistungen und Leistungsempfänger der
  Bismarck'schen Sozialversicherung.
2 Erörtern Sie am Beispiel der deutschen Sozialversicherungsgesetze die
  Entstehung des deutschen Sozialstaates. Vergleichen Sie die Maßnahmen des 19. Jahrhunderts mit der Sozialgesetzgebung der gegenwärtigen Bundesrepublik Deutschland.

Erarbeiten Sie Präsentationen

Thema 1
Die Industrialisierung in meiner Region

In allen Regionen Deutschlands gibt es Untersuchungen und Veröffentlichungen zur Geschichte der lokalen oder regionalen Industrialisierung während des 19. Jahrhunderts. Hier bieten sich interessante Möglichkeiten, Geschichte konkret und anschaulich zu betrachten.

Erarbeiten Sie eine Präsentation über ein von Ihnen gewähltes lokales oder regionales Thema (z. B. die Geschichte eines örtlichen Unternehmens oder Unternehmers, die Veränderungen in einem bestimmten Dorf oder einer bestimmten Stadt bzw. eines Stadtviertels).

M 1 Neuankömmlinge bauen sich Notunterkünfte in Berlin, Holzstich, 1872

Webcode:
KH644681-046

Thema 2
Männerbilder – Frauenbilder: Die Veränderung der Geschlechterbilder in der Industrialisierung

Mit der Industrialisierung veränderten sich Familien- und Gesellschaftsstrukturen grundlegend.

Stellen Sie die Rollenzuschreibungen und Lebenswirklichkeit von Männern und Frauen unterschiedlicher Gesellschaftsschichten in der Industriegesellschaft vor. Verfassen Sie dazu auf Plakaten fiktive Personenbeschreibungen, die Sie mit passenden Bildern, Zitaten und anderen Materialien anreichern.

Literaturtipps

Andreas Gestrich/Jens-Uwe Krause/Michael Mitterauer, Geschichte der Familie, Kröner, Stuttgart 2003.

Karin Hausen und Heide Wunder (Hg.), Frauengeschichte – Geschlechtergeschichte, Campus, Frankfurt/Main 1992.

Thomas Kühne (Hg.), Männergeschichte – Geschlechtergeschichte: Männlichkeit im Wandel der Moderne, Campus, Frankfurt/Main 1996.

M 2 Unternehmerehepaar aus Siegburg (Rheinland), Fotografie, um 1860

Überprüfen Sie Ihre Kompetenzen

M 3 Adolph Menzel, Eisenwalzwerk („Moderne Cyklopen"), Gemälde 1875

Zentrale Begriffe

Industrialisierung
Industriegesell-
schaft
Pauperismus
„Soziale Frage"
Sozialstaat
Urbanisierung
Verstädterung

Sachkompetenz

1 Analysieren Sie die wesentlichen Merkmale industrieller Arbeit. Erläutern Sie dabei auch die Unterschiede zur Arbeit in der traditionellen Landwirtschaft und im Dienstleistungssektor.

2 Beschreiben Sie mithilfe kurzer Thesen die Entwicklung der deutschen Industrialisierung während des 19. Jahrhunderts.

3 Vergleichen Sie das städtische Leben im 19. Jahrhundert mit dem heutigen Leben in modernen Städten.

4 Charakterisieren Sie die „soziale Frage" in der Industriegesellschaft des 19. Jahrhunderts. Vergleichen Sie die soziale Situation des 19. Jahrhunderts mit der Gegenwart. Gibt es Gemeinsamkeiten und Unterschiede?

Methodenkompetenz

5 Analysieren Sie das Bild M 3:
a) Beschreiben Sie die auf dem Gemälde dargestellten Auswirkungen des modernen Fabriksystems auf die Menschen.
b) Begründen Sie, warum der (später hinzugefügte) Untertitel „Moderne Cyklopen" bereits eine Interpretation des Gemäldes ist.
c) Diskutieren Sie, ob es sich bei Menzels Gemälde um eine verherrlichende, realistische oder sozialkritische Darstellung des industriellen Arbeitsprozesses handelt.

Urteilskompetenz

6 Im „Kommunistischen Manifest" hat Karl Marx die Verschärfung des Klassenkampfes und das Ende der kapitalistischen Marktgesellschaft vorhergesagt. „Die ganze Gesellschaft spaltet sich mehr und mehr in zwei große feindliche Lager", schrieb er, „in zwei große, einander direkt gegenüberstehende Klassen: Bourgeoisie und Proletariat." Nehmen Sie Stellung zu den Aussagen von Marx.

Kompetenzen überprüfen

4 Deutsche Nationalstaatsbildung: Reichsgründung „von oben"

Sachkompetenz:
- die Entstehung des deutschen Nationalstaats von 1870/71 analysieren
- Strukturen und Prozesse beschreiben und untersuchen, die die Entstehung des deutschen Einheitsstaates gefördert haben
- den Charakter des Deutschen Reiches erläutern
- am Beispiel Polens die Geschichte einer „Nation ohne Staat" untersuchen und mit der deutschen Entwicklung vergleichen

Methoden-kompetenz:
- schriftliche Quellen interpretieren
- einen historischen Vergleich durchführen

Urteilskompetenz:
- die Entstehung moderner Nationalstaaten vergleichen und beurteilen
- die Verfassung eines modernen Nationalstaates charakterisieren

Nation und Kommunikation

Der Politikwissenschaftler Karl W. Deutsch hat die Bildung von Nationen als einen Prozess beschrieben, bei dem sich die Kommunikation zwischen Menschen in einem größeren geografischen Gebiet verdichtet. „Eine Nation ist", argumentierte er, „ein Volk im Besitze eines Staates. Um einen Staat in Besitz zu nehmen, müssen einige Mitglieder dieses Volkes den Hauptteil der Führungskräfte dieses Staates stellen, und eine größere Zahl von Volksangehörigen muss sich mit diesem Staat irgendwie identifizieren und ihn unterstützen." Unter Volk verstand er dabei keine ethnische Gruppe, sondern eine **Kommunikationsgemeinschaft**: „Ein Volk [...] ist ein ausgedehntes Allzweck-Kommunikationsnetz von Menschen. Es ist eine Ansammlung von Individuen, die schnell und effektiv über Distanzen hinweg und über unterschiedliche Themen und Sachverhalte miteinander kommunizieren können. Dazu müssen sie [...] gewöhnlich eine Sprache und immer eine Kultur als gemeinsamen Bestand von gemeinsamen Bedeutungen und Erinnerungen [...] teilen." Das folgende Kapitel untersucht, inwiefern diese Beschreibung Entstehung und Aufbau des Deutschen Kaiserreiches charakterisiert. Wie entstand in Deutschland 1870/71 ein deutscher Nationalstaat? Welche Strukturen und Prozesse förderten die Entstehung dieses Staates? Entsprach er den Zielen der deutschen Nationalbewegung oder musste sich diese mit einer anderen Staatsverfassung als der von ihr gewünschten abfinden?

Wirtschaftliche Integration

Die Sicht von Karl W. Deutsch beleuchtet, dass das Bewusstsein nationaler Zusammengehörigkeit in der deutschen Bevölkerung bereits vor der Gründung des Deutschen Reiches durch überregionale wie überstaatliche Verbindungen und Organisationen gestärkt worden war. So förderte der 1834 gegründete Deutsche Zollverein* nicht nur die Entstehung einer Marktwirtschaft, sondern auch die wirtschaftliche Integration zwischen verschiedenen Regionen und Ländern. Landwirte, Kaufleute und Industrielle knüpften ein immer dichteres Netz von persönlichen und organisatorischen Verbindungen über die 39 souveränen Einzelstaaten des Deutschen Bundes (s. S. 15 ff.) hinweg. Außerdem erweiterten sie ihre Forderungen nach wirtschaftlicher und politischer Freiheit zunehmend durch die Forderung nach nationaler Einheit.

Der Deutsche Zollverein

Unter preußischer Führung schlossen sich 1834 die meisten deutschen Staaten zu einem einheitlichen Wirtschaftsraum zusammen. Zuvor waren die 39 im Deutschen Bund organisierten deutschen Staaten in ebenso viele „souveräne" Wirtschaftsgebiete zersplittert, die keine gemeinsame Wirtschaftspolitik kannten.

Gesellschaftliche Integration

Auch das Engagement der deutschen Nationalbewegung (s. S. 14 ff.) trug entscheidend dazu bei, dass die deutsche Nation lange vor der Reichsgründung in den Köpfen einer immer größeren Zahl von Menschen existierte. Seit den 1840er-Jahren entstanden im Deutschen Bund nationale Massenbewegungen wie die Turner- und Sängerbewegung mit jeweils etwa hunderttausend Mitgliedern. Sie kämpften für die nationale Einheit und schufen durch ihre organisatorischen Verflechtungen nationale Verbindungen. War die deutsche Nationalbewegung bis zur Revolution 1848/49 vornehmlich eine städtische Bewegung, nahm danach die Zahl der Vereine auf dem Land und in kleinen Landstädten stark zu. Auch in den 1850er- und 1860er-Jahren wurde die deutsche Nationalbewegung durch neue Vereine verstärkt, die die deutsche Einheit voranbringen sollten. Hierzu gehörte der von 1859 bis 1867 bestehende Deutsche Nationalverein, in dem die nord- und mitteldeutschen Liberalen und Demokraten für eine preußisch-kleindeutsche Lösung* eintraten. Die süddeutschen Liberalen schlossen sich 1862 im Deutschen Reformverein zusammen und engagierten sich für die österreichisch-großdeutsche Lösung* der deutschen Frage. Der Verein löste sich nach 1866 auf.

Klein- bzw. großdeutsche Lösung

Im Entstehungsprozess des deutschen Nationalstaats wurde die Frage kontrovers diskutiert, ob Österreich in diesen einbezogen („großdeutsch") oder ausgeschlossen („kleindeutsch") sein sollte. Letztlich setzte sich die kleindeutsche Lösung mit Preußen als Führungsmacht durch.

Reichsgründung 1870/71

Der wirtschaftliche und gesellschaftliche Prozess der Nationsbildung mündete nicht automatisch in einen Nationalstaat. Die Entscheidung für die kleindeutsche Lösung wurde maßgeblich bestimmt durch die militärischen Siege Preußens zwischen 1866 und 1870. Eine herausragende Bedeutung bei der Entstehung und politischen Gestaltung des Deutschen Reiches kam außerdem dem preußischen Ministerpräsidenten Otto von Bismarck* zu, auf den die Reichsverfassung zugeschnitten war. Auf Bismarcks Politik ist es zurückzuführen, dass das Deutsche Reich kein freiheitlich-parlamentarischer Nationalstaat, sondern ein autoritärer Macht-, Obrigkeits- und Militärstaat war. Weil sie Freiheit und Einheit angestrebt hatte, waren weite Teile der deutschen Nationalbewegung enttäuscht über das Deutsche Reich. Nach der Reichsgründung mussten die verschiedenen Rechts- und Wirtschaftsordnungen vereinheitlicht werden. Dabei konnte Bismarck auf die vom Zollverein und Norddeutschen Bund geleisteten Vorarbeiten aufbauen. Wichtige Schritte auf dem Weg zur wirtschaft-

M 1 Otto von Bismarck (1815 bis 1898), Fotografie, 1859

lichen und rechtlichen Einheit waren die Verabschiedung des Handelsgesetzbuches (1865), des Strafgesetzbuches (1872) und des Bürgerlichen Gesetzbuches (1900).

Verfassung

Das Deutsche Reich war eine konstitutionelle Monarchie. Laut Verfassung* besaß der Kaiser die politische und militärische Führung. Der **Kanzler**, sein oberster Beamter, musste zwar die kaiserlichen Anordnungen gegenzeichnen, war aber gänzlich vom Kaiser abhängig. Der **Reichstag** wurde nach einem gleichen, geheimen, direkten Mehrheitswahlrecht für Männer über 25 Jahre gewählt, diese Volksvertretung nahm in der Verfassung jedoch nur eine schwache Stellung ein. Wenn der Kaiser zustimmte, konnte der aus den Bevollmächtigten der Bundesstaaten zusammengesetzte **Bundesrat** den Reichstag auflösen. Der Bundesrat musste den Gesetzen zustimmen, die der Reichstag aufgrund seines Gesetzesinitiativrechtes verabschiedete. Der Reichstag besaß das Recht der jährlichen Haushaltsbewilligung; allerdings konnte er nicht über alle Einnahmen und Ausgaben, besonders den Militäretat, frei verfügen. Der Kanzler war dem Reichstag nur theoretisch verpflichtet, in der Praxis musste er lediglich einer Auskunftspflicht genügen. Der Reichstag durfte ihm nicht das Misstrauen aussprechen und hatte bei auswärtigen Verträgen nur dann ein Mitwirkungsrecht, wenn es um Handel, Verkehr oder Zölle ging. Selbst Kriegserklärungen waren allein Sache des Kaisers und des Bundesrates. Der Schwäche der Volksvertretung gegenüber der Monarchie entsprach das Fehlen von Grundrechten in der Reichsverfassung.

Deutsch-französische „Erbfeindschaft"

Nach der Französischen Revolution, vor allem aber mit dem anschwellenden Nationalismus im 19. Jahrhundert wühlten Kriege die gesamte Nation auf. Es entstanden nationale Stereotype*, die sich zu wirkungsmächtigen Feindbildern entwickelten. Seit den napoleonischen Kriegen und dem Deutsch-Französischen Krieg bzw. der **Reichsgründung 1870/71** bildete sich die Legende von der deutsch-französischen „Erbfeindschaft" heraus. Nach der militärischen Niederlage entwickelten sich in Frankreich Hassgefühle und Revanchegedanken, die durch die hohen deutschen Reparationsforderungen verstärkt wurden. Auf deutscher Seite begünstigten der militärische Sieg, die Annexion von Elsass-Lothringen und die Kaiserkrönung Wilhelms I. in Versailles die Entstehung von Überheblichkeitsgefühlen.

Verfassung
Grundgesetz eines Staates, das Vorrang vor allen anderen Gesetzen oder Verordnungen besitzt; legt die politisch-staatliche Grundordnung fest, regelt also die Herrschaftsausübung sowie die Rechte und Pflichten der Bürger

Nationale Stereotype
Stereotype sind schematisierte Selbst- und Fremdbilder, die in ungerechtfertigt vereinfachender und verallgemeinernder Weise und mit emotional wertender Tendenz einer Gruppe von Personen bestimmte Eigenschaften oder Verhaltensweisen zu- oder absprechen.

1 Überprüfen Sie mithilfe des Darstellungstextes die These: Die Geschichte der modernen deutschen Nation begann nicht erst mit der Gründung des Deutschen Reiches an der Jahreswende 1870/71, sondern bereits im ausgehenden 18. Jahrhundert.

2 „Spickzettel": Verfassen Sie einen „Spickzettel" im DIN-A4-Format, auf dem Sie die wichtigsten Strukturen und Prozesse, die die Reichsgründung vorangetrieben haben, nennen. Notieren Sie auch Ihre offenen Fragen.

Webcode:
KH644681-050

Hinweise zur Arbeit mit den Materialien

Die Materialien beschäftigen sich im ersten Teil mit der Reichsgründung. M 2 zeigt die verschiedenen **Möglichkeiten zur Bildung eines deutschen Einheitsstaates** sowie die Chancen zu ihrer Verwirklichung auf. Am Beispiel des **Deutschen Zollvereins** verdeutlicht M 3 die Wirkungen der wirtschaftlichen Integration auf die nationale Einheit, M 4 veranschaulicht das Engagement des für eine großdeutsche Lösung eintretenden **Reformvereins**. Der Reformverein war die Konkurrenzorganisation **zum Deutschen Nationalverein**, dessen Ziele auf den Methodenseiten, S. 63 ff., dokumentiert werden. Mithilfe dieser Quellenauswertung lassen sich die Methoden bei der Interpretation von schriftlichen Quellen einüben. Die Geschichte der **Reichsgründung**, besonders die **Einigungskriege**, behandelt M 5. Die **Kaiserproklamation in Versailles** veranschaulicht das Bild M 6, die Karte M 7 zeigt die **territorialen Veränderungen**, die die Reichsgründung mit sich brachte. Das **Verfassungsschema** M 8 ist geeignet für die Beschäftigung mit Staatsaufbau und Machtverteilung im 1870/71 gegründeten Deutschen Reich. Wie der erste deutsche Nationalstaat von den **Zeitgenossen wie von der modernen Geschichtswissenschaft** beurteilt wird, lässt sich mithilfe von M 9 a, b und M 10 a, b erkennen und bewerten. Die Reichsgründung veränderte auch die Selbst- und Fremdbilder zwischen Frankreich und Deutschland. Das wird offensichtlich an der Entstehung der These von der **deutsch-französischen „Erbfeindschaft"**, mit der sich M 11 bis M 13 befassen. Die **Vertiefungsseiten zu Polen**, S. 66 ff., bieten einen Vergleich zwischen der polnischen und der deutschen Nationalstaatsbildung. Am Ende des Kapitels finden sich **weiterführende Arbeitsanregungen** und die Möglichkeit, die im Kapitel erworbenen **Kompetenzen zu überprüfen** (S. 78 f.)

M 2 Lösungsmöglichkeiten für die deutsche Einigung – ein Überblick

Der Historiker Hagen Schulze schreibt 1985:
[Deutscher Bund]
Es gab viele Lösungsmodelle für die deutsche Frage. Der Deutsche Bund von 1815 war eins davon, und dafür sprächen gewichtige Tatsachen: die verbliebenen Reste der Reichstradi-
5 tion, die Rücksichtnahme auf bestehende Herrschaftsinteressen, die Ausgewogenheit der Bundesakte, die realistischerweise den beiden Vormächten ein erhebliches Gewicht zumaß, ohne es ihnen aber zu ermöglichen,
10 die übrigen deutschen Staaten zu majorisieren[1], und nicht zuletzt das Interesse der europäischen Mächte an der Aufrechterhaltung des Gleichgewichts der Kräfte, das durch jeden mitteleuropäischen Einigungs-
15 prozess gefährdet schien. Dass der Deutsche Bund dennoch nicht von Dauer sein konnte, lag in erster Linie an der Pattsituation zwischen Österreich und Preußen, die jede Modernisierung des Bundes, aber auch jede
20 Machtzentralisierung verhinderte, und an der ideologischen Rückständigkeit dieses Staatengebildes, dessen Machtlegitimation und Machterhaltungssystem quer zu den

massenwirksamen und sinnstiftenden Strömungen des Jahrhunderts standen. 25
[Moderner zentralistischer Nationalstaat]
Die zweite Lösungsmöglichkeit wurde 1848/49 durchprobiert: die Begründung eines modernen deutschen, zentralistischen Nationalstaates auf den Grundlagen von 30 Volkssouveränität und Menschenrechten. Auch dieses Modell erwies sich nicht als lebensfähig – es scheiterte an der sozialen und ideologischen Heterogenität seiner liberalen und nationalen Trägerschichten ebenso wie 35 am Widerstand der europäischen Mächte, die ein Ausgreifen des deutschen Nationalismus über die Grenzen des Deutschen Bundes als Revolution gegen die europäische Gleichgewichtsordnung empfanden. [...] 40
[Großdeutscher Gedanke]
An weiteren Möglichkeiten war auch nach dem Scheitern der 48er-Revolution kein Mangel, sie wurden seit dem Wiedererwachen der Nationalbewegung um 1859 heiß 45 diskutiert, und jede besaß ihr Lager. Da war der großdeutsche Gedanke, von allen Konzepten das berauschendste, weil umfänglichste und durch die Erinnerung an eine verklärte Reichsgeschichte emotional an- 50 sprechendste. Dennoch war dieser Gedanke

auch schon aus der Perspektive der frühen Sechzigerjahre der hoffnungsloseste; dagegen sprach zwar nicht unbedingt der preußi-
55 sche Hegemonieanspruch – das war hauptsächlich Sache der hohen preußischen Bürokratie, während König und hochkonservativer Adel die habsburgischen Vorrechte sehr wohl respektierten. Aber dagegen
60 sprach zum einen angesichts der fortgeschrittenen wirtschaftlichen Integration des Zollvereins, der relativen Rückständigkeit der Donaumonarchie und deren vorsintflutlicher merkantilistischer Wirtschaftspolitik
65 die ökonomische Vernunft und zum anderen die längst angetretene Wanderung Österreichs aus Deutschland hinaus, seine Verwicklungen auf dem Balkan und in Italien in außerdeutsche Konflikte, die Multinationali-
70 tät der Verfassung, die bei einem Aufgehen des Habsburgerstaats in einen deutschen Nationalstaat zu unlösbaren Problemen geführt hätte.
[Dualistische Hegemonie Preußens und Öster-
75 *reichs]*
Eine andere Möglichkeit war die einer dualistischen² Hegemonie beider Vormächte im Deutschen Bund, wie sie Preußen zeitweise favorisierte und in Bundesreform-Konzepte
80 zu gießen suchte. Das lief auf eine Teilung Deutschlands längs der Mainlinie hinaus, mit einem preußisch-norddeutschen Bund im Norden und einer süddeutschen, von Wien aus regierten Donauföderation im Sü-
85 den. Noch 1864 hat Bismarck diese Lösung der deutschen Frage vorgeschlagen, die zugleich eine Lösung des ein Jahrhundert alten preußisch-österreichischen Dauerkonflikts gewesen wäre: eine realistische Alternative
90 der deutschen Geschichte, die allerdings daran scheiterte, dass Österreich nicht ganz grundlos der preußischen Selbstbescheidung misstraute und immer neue Forderungen der Berliner Regierung fürchtete.
95 *[Trias-Idee]*
Und da war die Trias-Idee der deutschen Mittelstaaten, die vor einer preußischen Hegemonie ebenso zurückschraken wie vor einem preußisch-österreichischen Duum-
100 virat³. Das Konzept eines „Dritten Deutschland" gehörte zu den großen Gestaltungselementen der deutschen Geschichte seit Jahrhunderten: der Zusammenschluss der kleinen und mittleren Territorien mit dem

105 Ziel der Abwehr hegemonialer Großmachtbestrebungen und der Bewahrung der überkommenen Libertäten. [...] Seit 1859 regte sich das „Dritte Deutschland" wieder [...]. Allerdings zeigte sich schnell, dass die baye-
110 rischen, sächsischen und badischen Bundesreform-Pläne zu weit auseinandergingen, um zu einem einheitlichen Vorgehen der Mittelstaaten zu führen, doch die Trias war stark genug, um zwischen Österreich und Preußen
115 zu manövrieren und die beiden deutschen Großmächte im Bundestag gegeneinander auszuspielen. [...]
[Kleindeutsche Lösung]
Die kleindeutsche Lösung der deutschen Frage unter preußischen Vorzeichen war also
120 nur eine Option unter vielen, und wenn sie auch durch Zollverein, österreichische Schwäche und zeitweilige liberale Sympathien begünstigt war, so war doch ihre Verwirklichung nicht vorgezeichnet. Zweierlei muss-
125 te hinzukommen: eine internationale Ausnahmesituation, die den Interventionsmechanismen der europäischen Balanceordnung im Fall einer mitteleuropäischen Machtballung außer Kraft setzte, und eine
130 preußische Staatsführung, die die Gunst der Stunde erkannte und ihr gemäß handelte. Was das Erste anging, so war in der Tat das europäische Konzert seit dem Krimkrieg (1853–1856) gestört. Die europäischen Flü-
135 gelmächte, England und Russland, waren weit auseinandergerückt; eine gemeinsame Intervention wie noch 1848 anlässlich der deutschen Frontwendung gegen Dänemark war unwahrscheinlicher geworden. Und das
140 Frankreich Napoleons III. hofierte Wien wie Berlin in schöner Unparteilichkeit und hoffte, im Fall eines deutschen Entscheidungskampfes als lachender Dritter dazustehen. Die Manövrierfähigkeit Preußens war also
145 vergrößert, ohne dass aber die neuen Bewegungsgrenzen klar gezogen waren. Die Risiken der Grenzüberschreitung bei Strafe des Rückfalls auf den Status einer zweitrangigen Macht blieben enorm.
150

Hagen Schulze, Der Weg zum Nationalstaat. Die deutsche Nationalbewegung vom 18. Jahrhundert bis zur Reichsgründung, dtv, München 1985, S. 110–113.

---

1 majorisieren: überstimmen
2 dualistisch: gegensätzlich, entgegengesetzt
3 Duumvirat: Zweierherrschaft

1 Arbeitsteilige Gruppen- oder Partnerarbeit: Bilden Sie sechs Arbeitsgruppen. Jede Arbeitsgruppe beschäftigt sich mit je einer Lösungsmöglichkeit der deutschen Frage:
a) Charakterisieren Sie dieses Lösungsmodell,
b) erörtern Sie Chancen und Risiken bei seiner Verwirklichung und
c) präsentieren Sie Ihre Ergebnisse.

M3 Der Historiker Jürgen Angelow über den Deutschen Zollverein (2003)

Mit dem In-Kraft-Treten des „Deutschen Zollvereins" (1.1.1834) wurden Schlagbäume abgebaut und Zollhäuser geschlossen. Der neue Zollverein war zunächst nicht
5 mehr als ein wirtschaftlicher Nebenbund im Deutschen Bund. Zwar basierte die überragende Stellung Preußens in diesem nicht auf politischer Hegemonie, sondern auf wirtschaftlicher Vorrangstellung, dennoch dien-
10 te er auch der politischen Verklammerung Preußens mit dessen Mitgliedsstaaten. Zweifellos befand sich Berlin gerade zu Beginn der 1830er-Jahre deutschlandpolitisch im Fahrwasser der Metternich'schen Restaurati-
15 onspolitik. Dennoch hielt es unvermindert am Zollverein fest, obwohl der österreichische Staatskanzler diesen als preußischen Alleingang zur Schaffung eines „Bundes im Bund" ablehnte. Der Zollverein war nicht
20 nur imstande, einen Großteil des wirtschaftlichen Protestpotenzials innerhalb der kleineren Bundesglieder zu neutralisieren, er trug darüber hinaus zu deren finanzieller Sanierung und damit innenpolitischen Stabili-
25 sierung bei. Als Projektionsfläche nationaler Sehnsüchte kompensierte er ganz offensichtlich die fehlende nationale Einheit und wirkte sogar, gewollt oder ungewollt, als ein wichtiges Instrument der nationalen Inte-
30 gration, indem er liberale Wirtschaftsinteressen mit denen des preußischen Obrigkeitsstaates deckungsgleich erscheinen ließ. Neben den kurzfristigen finanziellen Wirkungen, die aus der Umlage der gemeinsa-
35 men Einnahmen entsprechend der Einwohnerzahl resultierten, sollten sich die integrativen Faktoren des Zollvereins aber erst mittel- und langfristig herausstellen: Zum ersten Mal hatten deutsche Regierun-
gen freiwillig auf bedeutende Bereiche ihrer 40 Souveränität im Interesse einer Gemeinschaft verzichtet. […] Darüber hinaus erwies sich der Verein gerade in den Pauperismuskrisen der 1840er-Jahre als praktikables Mittel der Krisensteuerung und förderte nicht 45 zuletzt – namentlich angesichts der immer machtvoller einsetzenden Industrialisierung – die wirtschaftliche Verflechtung seiner Mitglieder. […]
Dass der Zollverein unter diesen Umstän- 50 den in der liberalen Öffentlichkeit mehrheitlich positiv bewertet wurde, liegt auf der Hand. Während der Deutsche Bund überwiegend abwehrend oder sogar repressiv in Erscheinung trat, wies der von Preußen geführ- 55 te Zollverein eine Dynamik auf, die den strukturellen Wandel der Gesellschaft in konstruktiver Weise aufnahm. In diesem Sinne betrachteten gemäßigte Liberale […] den Zollverein als Vorstufe eines deutschen Zoll- 60 parlaments auf dem Weg in die politische Einheit der Nation. Solange sich die Hohenzollernmonarchie machtpolitisch zurückhielt, wurden ihre zollpolitischen Leistungen ganz vorherrschend begrüßt. Erst als 65 Preußen im Nachklang der Revolution von 1848 […] begann, den handelspolitischen Akkord für weitergehende deutschlandpolitische Ambitionen auszunutzen, führte dies zu öffentlicher Kritik. […] 70
[N]achdem in den 1850er-Jahren durch den preußisch-österreichischen Handelsvertrag vom 19.2.1853 für einige Zeit sogar eine alle Bundesglieder umfassende Lösung in Reichweite zu liegen schien, stellte der preu- 75 ßische Handelsvertrag mit Frankreich vom 29.3.1862 vollends die Weichen in Richtung auf eine wirtschaftspolitische Ausgrenzung der Habsburgermonarchie. Die Proteste Österreichs und den Einspruch vieler dem Zoll- 80 verein angehörender Mittel- und Kleinstaaten beantwortete Berlin am 15.12.1863 mit der […] Kündigung des Zollvereins und dessen Neuverhandlung auf dezidiert freihändlerischer Grundlage. Nun zeigte sich, wie 85 stark die wirtschaftliche Sogwirkung des Vereins auch politisch zu disziplinieren imstande war. Mit dem Abschluss der Neuverhandlungen am 12.10.1864 und dem In-Kraft-Treten des neuen Zollvereinsvertra- 90 ges am 16.5.1865 war Österreich – mit gravierenden politischen Folgen – zum handels-

politischen Ausland geworden. Der Krieg von 1866 ließ den Zollverein unberührt. Die
95 Einnahmen wurden wie eh und je geteilt, unabhängig davon, welcher Partei das jeweilige Zollvereinsmitglied angehörte. Nach der Entscheidung von 1866 reorganisiert, erhielt der Zollverein 1867 ein Zollparlament, bevor
100 er durch die Herstellung der deutschen Wirtschaftseinheit infolge der Reichseinigung von 1871 gegenstandslos wurde und seine Tätigkeit einstellte.

Jürgen Angelow, Der Deutsche Bund, Wissenschaftliche Buchgesellschaft, Darmstadt 2003, S. 64–67.

1 Beschreiben Sie mithilfe von M 3 die Auswirkungen des Deutschen Zollvereins als Mittel
a) zur Integration und
b) zur Disziplinierung der Staaten des Deutschen Bundes.

2 Diskussion: Diskutieren Sie, ausgehend von M 3, ob und inwieweit der Deutsche Zollverein eine direkte Vorstufe des 1871 gegründeten Deutschen Reiches war. Erörtern Sie dabei den Beitrag des Zollvereins zur deutschen Nationsbildung.

M 4 **Programm des Deutschen Reformvereins, 28. Oktober 1862**
Der Reformverein war das Gegenstück zum Nationalverein (s. M 1, S. 64).

1. Die Reform der Verfassung des Deutschen Bundes ist ein dringendes und unabweisliches Bedürfnis, sowohl um die Machtstellung nach außen als die Wohlfahrt und
5 bürgerliche Freiheit im Innern kräftiger als bisher zu fördern.

2. Diese Reform muss allen deutschen Staaten das Verbleiben in der vollen Gemeinsamkeit möglich erhalten.

10 3. Sie findet ihren Abschluss nur in der Schaffung einer kräftigen Bundes-Exekutiv-Gewalt mit einer nationalen Vertretung.

4. Als die nach den bestehenden Verhältnissen allein mögliche Form einer Bundes-
15 Exekutiv-Gewalt stellt sich eine konzentrierte kollegiale Exekutive mit richtiger Ausmessung des Stimmenverhältnisses dar.

5. Als ein erster Schritt zur Schaffung einer nationalen Vertretung ist die von acht Regie-
20 rungen beantragte Delegiertenversammlung[1] anzuerkennen. Hierbei wird vorausgesetzt, dass die Regierungen keine Zeit

verlieren, jene Versammlung zu einer periodisch wiederkehrenden Vertretung am Bunde mit erweiterter Kompetenz zu gestalten. 25

6. Um ihr die nötige moralische Geltung zu sichern, ist eine größere Zahl von Mitgliedern erforderlich. Der Gesetzgebung der einzelnen Staaten ist die Art und Weise der Wahl zu überlassen, jedoch die Wählbarkeit 30 nicht auf die Mitglieder der einzelnen Landesvertretungen zu beschränken.

7. Die Reform ist nur auf der Grundlage der bestehenden Bundesverfassung durch Vereinbarung herbeizuführen. 35

8. Wenngleich ein Bundesgericht, dessen Unabhängigkeit gesichert ist, als eine Einrichtung von wesentlichstem Nutzen sich darstellt, so erscheint doch der neueste in dieser Beziehung gemachte Vorschlag nicht 40 zweckmäßig.

Zit. nach: Hartwig Brandt/Werner Grütter (Hg.), Nationalstaat und Nationalismus im 19. Jahrhundert, Schöningh, Paderborn 1985, S. 41.

1 Dazu Antrag von Österreich, Bayern, Sachsen, Hannover, Württemberg, Kurhessen, Hessen-Darmstadt und Nassau vom 14. August 1862 an den Bundestag auf „Einberufung einer aus den einzelnen deutschen Ständekammern durch Delegation hervorgehenden Versammlung, zunächst zur Beratung der Gesetzentwürfe über Zivilprozess und Obligationenrecht".

1 Untersuchen Sie M 4:
a) Welchen deutschen Nationalstaat wollte der Verein? Welche Staaten des Deutschen Bundes sollten dem deutschen Nationalstaat angehören?
b) Wie sollte dieser Staat aufgebaut sein? Welche Verfassung wollten die Vereine für den deutschen Nationalstaat?
c) Wie und von wem sollte der neue Nationalstaat geschaffen werden?

2 Vergleichen Sie Ihre Ergebnisse mit denen der Auswertung von M 1 auf den Methodenseiten, S. 64 ff., dieses Kapitels und präsentieren Sie Ihre Erkenntnisse.

3 Erklären Sie die Unterschiede und Gemeinsamkeiten aus den politisch-ideologischen Interessen ihrer Vereinsmitglieder.

M 5 Der Historiker Jörg Fisch über die Gründung des Deutschen Reiches 1870/71 (2002)

Die einzigartige Stellung Otto von Bismarcks […] in der Geschichte der nationalen Einigung Deutschlands ergab sich daraus, dass er […] die Frage der Einigung konsequent als
5 Machtfrage behandelte. Zunächst gelang es ihm, den Deutschen Bund, und mit ihm Österreich, 1864 in einen Krieg gegen Dänemark hineinzuziehen, der sich eine nationale Interpretation lieh. Dänemark ver-
10 suchte, das überwiegend deutschsprachige Schleswig-Holstein (Holstein gehörte zum Deutschen Bund) stärker zu integrieren und verletzte dadurch internationale Vereinbarungen. Der Deutsche Bund errang einen
15 raschen Sieg und eroberte Schleswig-Holstein. Über der Frage der Behandlung der eroberten Gebiete provozierte Bismarck 1866 den Bruch zwischen Preußen und Österreich. Der Dualismus, der die deutsche Frage
20 so lange blockiert hatte, sollte nun gewaltsam aufgelöst werden. […] Die kleineren norddeutschen Staaten schlossen sich überwiegend Preußen an; die mittelgroßen norddeutschen und die süddeutschen Staaten
25 hielten zu Österreich. Preußen warf die feindlichen norddeutschen Staaten nach Kriegsbeginn (15. Juni) in kürzester Zeit nieder und konzentrierte sich dann auf Österreich, dessen Heer es schon am 3. Juli beim
30 böhmischen Königgrätz eine kriegsentscheidende Niederlage beibrachte. Damit hatte Preußen innerhalb des – inzwischen aufgelösten – Deutschen Bundes freie Hand für eine kleindeutsche Lösung.
35 Durch den Krieg war aber die deutsche Frage wesentlich zu einer europäischen geworden. Je länger die Auseinandersetzungen dauerten und je umfangreicher die Machtverschiebungen zugunsten Preußens wur-
40 den, umso größer wurde die Wahrscheinlichkeit eines Eingreifens der Großmächte, insbesondere Frankreichs, das traditionell Wert auf ein zersplittertes Deutschland legte. Bismarck setzte deshalb, gegen heftigen Wi-
45 derstand König Wilhelms I. und der Militärs, einen geradezu blitzartigen Friedensschluss mit Österreich durch, um Frankreich jeden Vorwand für eine Einmischung zu entziehen. […]

Bismarck verzichtete darauf, die klein-
50 deutsche Einigung konsequent zu Ende zu führen. […] Nördlich des Mains annektierte Preußen mit Hannover, Kurhessen, Nassau und Frankfurt einen Teil der unterworfenen Staaten. Die übrigen sowie die Bundesgenos-
55 sen schloss es im von ihm dominierten Norddeutschen Bund zusammen, der nun nicht mehr wie der Deutsche Bund staatenbündisch, sondern bundesstaatlich aufgebaut war und einen wirklichen Nationalstaat
60 bildete, ohne dessen Namen zu führen. Die Staaten südlich des Mains blieben selbstständig. Doch sie wurden so eng an den Norddeutschen Bund gekettet, dass die Weichen in Richtung Anschluss unwiderruflich ge-
65 stellt waren. Bayern, Württemberg, Baden und Hessen-Darmstadt mussten mit Preußen Militärbündnisse abschließen. Sie waren außerdem Mitglieder des Zollvereins, der zentralisiert wurde und politische Strukturen in
70 Form eines Parlaments und einer Exekutive erhielt. Trotz alledem war noch nicht einmal das Minimalprogramm einer kleindeutschen Einigung verwirklicht. Deren Abschluss war mehr als zuvor zu einer außenpolitischen
75 Frage geworden, zu deren Lösung Frankreich den Schlüssel in der Hand hielt […]. Es war klar, dass Napoleon III. für seine Zustimmung zu einem deutschen Nationalstaat einen Preis verlangen würde […]. […] [D]ie
80 Wahrscheinlichkeit einer gewaltsamen Lösung [war] groß. Dazu kam es im Zusammenhang der spanischen Thronfolgekrise von 1870. Die regierenden spanischen Generäle boten dem Erbprinzen Leopold von Hohen-
85 zollern-Sigmaringen, dem Angehörigen einer katholischen Seitenlinie der preußischen Dynastie, den Thron an. Bismarck förderte die Kandidatur unter der Hand. Trotzdem lehnte Leopold schließlich ab. Doch Frank-
90 reich verlangte nun einen förmlichen preußischen Verzicht auf alle Zeiten – ein Ansinnen, das Preußen von sich wies. Das führte am 19. Juli zur französischen Kriegserklärung. Die Frage, in welchem Umfang Bis-
95 marck Frankreich bewusst zum Krieg provoziert hat, ist bis heute umstritten. 1870 aber war in den Augen der Welt Frankreich der Angreifer. […] Die preußisch-deutsche Armee zeigte sich erneut überlegen. Sie warf
100 das kaiserliche Frankreich bis zum 2. September nieder, benötigte dann allerdings noch

bis zum Februar, um das republikanische
Frankreich, dessen Widerstandskraft nicht
105 zuletzt durch die deutsche Forderung nach
Elsass-Lothringen angestachelt wurde, zu be-
siegen. In dieser Zeit erfolgte, durch den Beitritt der süddeutschen Staaten, die Ausweitung des Norddeutschen Bundes zum
110 Deutschen Reich, das am 18. Januar 1871 in
Versailles gewissermaßen von außen ausge-
rufen wurde. Die kleindeutsche Einigung
war zu ihrem Abschluss gelangt. Sie hatte
sich durch zwei Besonderheiten ausgezeich-
115 net.

　　1. Die Einigung war das Resultat von drei
Kriegen. Damit war sie in der Tat nach Bismarcks berühmtem Ausspruch mit „Eisen
und Blut" herbeigeführt worden. […]
120 　　2. An der Wiege des deutschen Nationalstaats stand keine Einigung, sondern eine
potenzielle Teilung: der Ausschluss Österreichs und damit vor allem der deutschspra-
chigen österreichischen Gebiete vom Natio-
125 nalstaat, obwohl deren Bewohner sich
bislang in nicht geringerem Maße als Deutsche verstanden hatten als die Deutschen
des neuen Reiches.

Jörg Fisch, Europa zwischen Wachstum und Gleich-
heit 1850–1914, UTB, Stuttgart 2002, S. 80–82.

1 **Schaubild:** Erstellen Sie ein Schaubild mit
den wichtigsten Phasen des Reichsgrün-
dungsprozesses. Notieren Sie für jede Phase
zentrale Ereignisse, Entscheidungen, Personen und Vorgänge. Vergleichen Sie mit Ihrem „Spickzettel" (s. S. 50): Gibt es Widersprüche, haben sich Ihre Fragen geklärt?

2 Nicht durch Reden und Mehrheitsbeschlüsse würden die großen Fragen der Zeit entschieden, sondern „durch Eisen und Blut",
erklärte der preußische Ministerpräsident
Otto von Bismarck am 30. September 1862
vor der Budgetkommission des Abgeordnetenhauses.

a) Erörtern Sie die Chancen und Risiken
dieses Bekenntnis vor dem Hintergrund der
Entstehung des Deutschen Reiches.

b) Referat/Facharbeit: Untersuchen Sie,
ob dieses Zitat die Persönlichkeit und Politik
Otto von Bismarcks während der Reichsgründung charakterisiert. Ziehen Sie weitere Literatur hinzu.

Literaturtipps:
• Beate Althammer, Das Bismarckreich 1871–
1890, Paderborn 2009.
• Christian Jansen, Gründerzeit und Nationsbil-
dung 1849–1871, Paderborn 2011.
• Volker Ullrich, Otto von Bismarck, Reinbek bei
Hamburg 1998.

M6 Kaiserprokla-
mation in Ver-
sailles, Gemälde
von Anton von
Werner, Öl auf
Leinwand, 1885
(3. Fassung zu Bis-
marcks 70. Geburts-
tag)

1 Interpretieren Sie
diese Darstellung
der Kaiserprokla-
mation. Achten
Sie u. a. auf Bild-
komposition, Fi-
gurendarstellung
und besondere
Farb-/Lichteffekte.

M 7 Deutschland von 1834 bis 1871

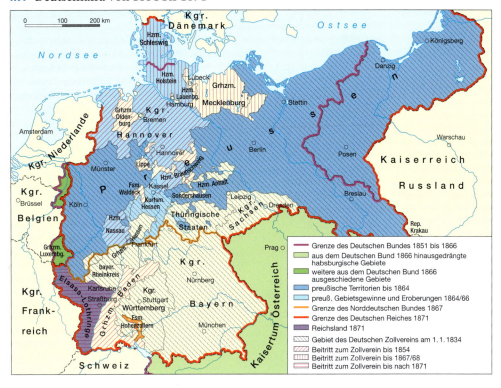

Grenze des Deutschen Bundes 1851 bis 1866
aus dem Deutschen Bund 1866 hinausgedrängte habsburgische Gebiete
weitere aus dem Deutschen Bund 1866 ausgeschiedene Gebiete
preußische Territorien bis 1864
preuß. Gebietsgewinne und Eroberungen 1864/66
Grenze des Norddeutschen Bundes 1867
Grenze des Deutschen Reiches 1871
Reichsland 1871
Gebiet des Deutschen Zollvereins am 1. 1. 1834
Beitritt zum Zollverein bis 1854
Beitritt zum Zollverein bis 1867/68
Beitritt zum Zollverein bis nach 1871

1 Beschreiben und charakterisieren Sie mithilfe der Karte M 7 den Wandel vom Deutschen Bund zum Deutschen Reich.

M 8 Die Verfassung des Deutschen Reiches von 1871

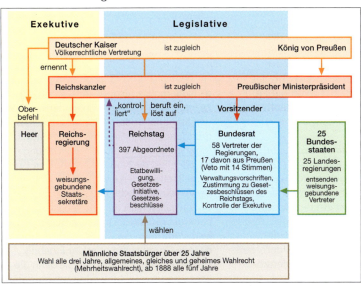

1 Charakterisieren Sie mithilfe von M 8 die Staatsorganisation und Machtverteilung im Deutschen Reich.

M9 Zeitgenössische Bewertungen der Reichsgründung

a) Der württembergische Landtagsabgeordnete Moritz Mohl (1870)
Man kann der Ansicht sein, es wäre besser, wenn Deutschland Ein Staat wäre. Wir teilen diese Ansicht zwar nicht, wir glauben viel-
5 mehr, dass die Summe von Bildung, Gesit-tung, Wohlstand, die Masse zivilisierender, humanitärer Anstalten [Universitäten, poly-technische Schulen usw.], das eng verfloch-tene Netz von Verkehrswegen, und so viele weitere Vorzüge Deutschlands vor Frank-
10 reich und vor anderen großen Reichen ihren Grund in der Mehrheit von Ausstrahlungs-punkten und in dem Wetteifer der Einzel-staaten in Deutschland haben. [...] Dass aber die Freiheit, die geistige und die politische,
15 in einem mehrgliedrigen Deutschland eine bessere Heimat hat, als sie in einer Einheits-monarchie gefunden hätte, wird wohl ohne-hin kein Aufrichtiger bestreiten. [...] Unbe-dingt abzulehnen dagegen ist der Zustand,
20 in den man uns versetzen will: das Verhält-nis von Untertanenländern eines großen Staates [...] zu Hintersassen eines herrschen-den Volkes. Dies ist aber der Charakter, wel-cher unsern Ländern aufgedrückt würde
25 durch den Eintritt in den Norddeutschen Bund. [...] Der Norddeutsche Bund ist nur dem Namen nach ein Bund; dem Wesen nach ist er ein Reich, in dem der König, die Regierung und die Volksvertretung eines gro-
30 ßen Staates sich eine Anzahl von Vasallen-ländern untergeordnet haben, welche das Gesetz von dem großen Staate empfangen, und deren Lage eine umso schlimmere ist, weil sie die Lasten des herrschenden und des
35 dienenden Staates zugleich zu tragen haben, ohne in dem ersteren eines irgend erhebli-chen Einflusses zu genießen [...].

b) Der Historiker Wilhelm Maurenbrecher in einer Festrede der Universität Königsberg (1871)
Die Regierung unseres erlauchten Königs hat nun die Wünsche und Hoffnungen der deut-schen Patrioten erfüllt. Es ist ein deutsches Reich, mit freier Zustimmung aller deut-
5 schen Fürsten und aller deutschen Einzel-staaten ins Leben getreten; als Symbol der deutschen Einheit trägt Preußens Heldenkö-nig die Kaiserkrone des deutschen Reichs.

Und mit frischer Zuversicht knüpfen wir alle unsere Hoffnungen an dies neue emporstei-gende Reich. [...] 10
Wir wissen es, gerade in der Zusammen-fassung der nationalen Kräfte, nicht in unbe-friedigtere Eroberungslust soll der Bestand und die Dauer des neuen Kaisertums gefes-tigt werden; in kühler, objektiver Scheidung 15 kirchlicher und staatlicher Fragen soll der Geist modernen Lebens alle Verhältnisse durchdringen mit vollem Bewusstsein, in ernster Arbeit, in pflichtgetreuer Teilnahme aller Volksgenossen soll das neue deutsche 20 Kaiserreich die Abwege vermeiden des römi-schen Imperatorentums, des mittelalterli-chen Universalreichs, des gallischen Cäsaris-mus. Auf den gelegten Grundlagen im Anschluss an den festesten Kern Deutsch-25 lands, den preußischen Staat der Hohenzol-lern, erwachse das neue Reich zum bleiben-den Segen unseres deutschen Volkes.
M8a und b: Helmut Böhme (Hg.), Die Reichsgrün-dung, dtv, München 1967, S. 34 f.

1 **Placemat:** Bilden Sie Kleingruppen und wählen Sie jeweils einen der beiden Texte aus. Nutzen Sie ein DIN-A3-Papier (s. Muster).

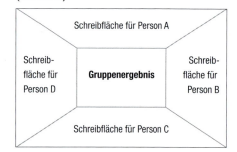

a) Notieren Sie stichpunktartige Antworten zu folgenden Aspekten: Charakterisieren Sie den Standpunkt des Verfassers zur Reichs-gründung, fassen Sie seine Argumente zu-sammen und erklären Sie seine Haltung.
b) Jeder liest die Notizen der anderen Grup-penteilnehmenden und stellt Rückfragen bei Verständnis- oder Leseschwierigkeiten.
c) Formulieren Sie gemeinsam ein Grup-penergebnis, das Sie in der Mitte des Blattes festhalten.
d) Jede Gruppe präsentiert ihr Ergebnis kurz im Plenum. Vergleichen Sie dann die Positionen von Mohl und Maurenbrecher.

2 Diskussion: Erläutern und diskutieren Sie über das Verständnis von Nationalismus, das in M 8 a und 8 b formuliert wird.

M 10 Geschichtswissenschaftliche Urteile über die Reichsgründung

a) Der Historiker Ernst Rudolf Huber über die Verfassung des Deutschen Reiches (1978)
Wie der Deutsche Bund von 1815, so erschien danach [nach der Präambel der Verfassung von 1871] auch das Reich von 1871 als ein Staatskörper, der nicht dem Willen
5 der Gesamtnation, sondern dem Willen der Einzelstaaten entstammte. Nach der Präambel der Reichsverfassung waren es die Landesherren, unter ihnen der preußische König als Repräsentant der norddeutschen Fürsten
10 und Stadtsenate, die anstelle des aufgelösten einen neuen Bund begründeten. Das Reich war nach dieser Lesart kein unitarischer[1] Nationalstaat als Träger der verfassunggebenden Gewalt, des *pouvoir constituant*,
15 erschien nicht das Volk als Einheit, sondern die Vielheit seiner Fürsten und freien Städte. Eben deshalb galt als höchstes Reichsorgan nicht der Kaiser oder der Reichstag, sondern die im Bundesrat verkörperte Gesamtheit
20 der verbündeten Regierungen, in deren Mitte der Kaiser nicht als Träger monarchischer Vollgewalt, sondern nur als Inhaber des Bundespräsidiums und damit als *primus inter pares* stand.
25 In Wahrheit beschrieb die Präambel der Reichsverfassung den Gründungsvorgang von 1871 und damit auch die Struktur des Reichs nur unvollkommen. Die Reichsverfassung und das Reich waren nicht das bloße
30 Resultat einer Vereinbarung zwischen Herrschern, die sich zu einem „Bund" vereinigten. Ohne den beharrlichen Einheitswillen der Nation, ohne den durch ständigen Druck der Nationalbewegung schließlich bewirkten
35 Eintritt Preußens in seine nationalhegemoniale Funktion, ohne die Zustimmung der gewählten Nationalrepräsentation zu dem ihr vorgelegten Verfassungsentwurf wäre das Reich nicht zustande gekommen. Diesen
40 starken nationalunitarischen Anteil an der Reichsgründung überging die Präambel geflissentlich. Soweit die These vom Reich als Fürstenbund einen historischen Vorgang oder einen politischen Zustand beschreiben
45 wollte, war sie eine offenkundige Verkürzung und Entstellung der Wahrheit. Aber auch als staatsrechtliche Norm war die These vom Reich als Fürstenbund unhaltbar; denn die in der Präambel ausgesprochene Deu-
50 tung stand mit dem institutionellen Gehalt der Reichsverfassung in offenem Widerspruch. Der Verfassungstext trug in seinen Vorschriften über den Kaiser, den Reichstag, die Reichsgewalt der nationalunitarischen
55 Reichswirklichkeit nämlich vollauf Rechnung.
Ernst Rudolf Huber, Deutsche Verfassungsgeschichte seit 1789, Bd. 3, Kohlhammer, 2. Aufl., Stuttgart 1978, S. 788 f.

---

1 unitarisch: die Einigung bezweckend
2 hegemonial: vorherrschend, dominant

---

b) Der Historiker Dieter Langewiesche über die These von der „Revolution von oben" (1989)
Was nach dem Stand heutiger sozialgeschichtlicher Forschung „Revolution von oben" bedeuten kann, soll deshalb mit Blick auf die deutsche Nationalstaatsgründung und auf die Rolle Bismarcks dabei [...] erläu-
5 tert werden. [...] Ich ordne die nationalstaatliche „Revolution von oben" nicht dem zu, was die Kollegen aus der DDR „bürgerliche Umwälzung" nennen oder was in der nicht-marxistischen Geschichtswissenschaft mit
10 „Entwicklung der industriekapitalistischen Gesellschaft" oder mit ähnlichen Formulierungen umschrieben wird. Diese Prozesse müssen selbstverständlich intensiv einbezogen werden, wenn man die Voraussetzungen
15 für die Nationalstaatsgründung in der Form einer Revolution von oben analysieren will, aber als alleinige oder vorrangige Erklärung ist der Verweis auf diese generellen Entwicklungstrends des 19. Jahrhunderts viel zu un-
20 spezifisch. Denn die säkulare Entwicklung hin zum Industriekapitalismus grundierte alles, was sich im vergangenen Jahrhundert veränderte, aber daraus musste nicht notwendigerweise ein preußisch-hegemonialer
25 deutscher Nationalstaat hervorgehen. Erklärt werden muss vielmehr, warum 1866 ein innerdeutscher Staatenkrieg die Gründung eines kleindeutschen Nationalstaats auslösen konnte. Warum waren so viele Menschen
30 damals bereit, das Kriegswerk staatlicher

Machthaber als eine nationale Revolution von oben zu akzeptieren und so den Nationalstaat zu ermöglichen? Verständlich wird diese Haltung nur, wenn man sich vor Augen hält, dass im 19. Jahrhundert die Idee der Nation unter allen politisch-gesellschaftlichen Leitbildern eine konkurrenzlose Bedeutung besaß. […]

Erstens eine *wirtschaftliche Ebene:* Die wirtschaftliche Verklammerung der deutschen Staaten ging der staatlichen Einheit voraus. Als Stichworte müssen hier genügen: der Zollverein, der Bau der Eisenbahnen, die Durchsetzung einer marktrationalen kapitalistischen Wirtschaft, die anlaufende Industrialisierung, die beginnende Verstädterung, die großen Bevölkerungsverschiebungen, die sich im 19. Jahrhundert vollzogen. Alle diese Entwicklungen überschritten die Grenzen der deutschen Einzelstaaten, ohne dass aber die wirtschaftliche Verklammerung die staatliche Einheit notwendigerweise erzwungen hätte. […]

Eine zweite Ebene des Nationalbildungsprozesses können wir die *sozialkulturelle Integration* nennen. Damit ist ein Bündel von Entwicklungen in den verschiedensten Bereichen angesprochen, die alle in eine Richtung verliefen: die „Nationalisierung" von Lebenswelten und Lebenserfahrungen. Auch dieser Vorgang kann hier nur mit einigen Stichworten angedeutet werden. Seit dem Beginn des 19. Jahrhunderts wurde der Einzelne immer stärker in größere Ordnungsgefüge eingebunden – wirtschaftlich, politisch und auch sozialkulturell. Als besonders wichtig erwies sich die Ausweitung des sozialkulturellen Horizonts von immer mehr Menschen. Horizonterweiterung ist ganz wörtlich zu nehmen. Der Blick des Einzelnen ging zwangsweise über den Kirchturm hinaus, als die relativ abgeschlossene lokale Lebenswelt aufgebrochen wurde. Daran wirkten vielfältige Maßnahmen mit, etwa staatliche Normen, die nun immer intensiver auf den Einzelnen durchgriffen, zum Beispiel in der Form neuer Steuern oder eines veränderten Heirats- und Gemeindebürgerrechts oder durch den Abbau von Zunftordnungen. Solche staatlichen Maßnahmen entgrenzten sozialkulturelle Lebenswelten. Aber nicht nur staatliche Maßnahmen wirkten daran mit. Die verbesserte Schulbildung

trieb in die gleiche Richtung, ebenso das vermehrte Angebot an Zeitungen und Zeitschriften oder die verbesserten Reisemöglichkeiten, die vor allem seit dem Eisenbahnbau entstanden sind. […]

Und schließlich ist als dritte Ebene die *politische* zu nennen. Die politische Nationalbewegung war eingebunden in den ökonomischen und den sozialkulturellen Nationsbildungsprozess, ohne den sie die Massen nicht hätte bewegen können. Die Idee der Nation stiftete eine neue Ordnungsvorstellung, die an die Stelle der alten, zunehmend entwerteten Erfahrungen trat und der immer stärker großräumig organisierten Gesellschaft angemessenere Bezugspunkte bot als das alte, langsam zerfasernde Geflecht lokaler Bindungen.

Vor dem Hintergrund dieser grundlegenden gesellschaftlichen Entwicklungen lässt sich nun Bismarcks nationalpolitischer Ort in der deutschen Geschichte sozialgeschichtlich bestimmen: Erst der weit vorangeschrittene Prozess der inneren Nationsbildung erlaubte es der preußischen Politik, die Einigungskriege zu führen. Es waren keine Eroberungskriege alter Art mehr, keine dynastischen Kriege, sondern nationale Einigungskriege. Damit wird nicht behauptet, Bismarck habe die Kriege als Einigungskriege geplant. Es kommt hier nur auf die Wirkung dieser Kriege an. Die Kriege gegen Dänemark, dann gegen Österreich und schließlich gegen Frankreich konnten zu Einigungskriegen werden, weil der Prozess der gesellschaftlichen Nationsbildung weit genug vorangeschritten war. Diese Möglichkeit gesehen und genutzt zu haben, ist die große historische Leistung Bismarcks, sein Anteil an der Revolutionierung der staatlichen Ordnung zwischen 1866 und 1871. […]

Bismarcks Diplomatie hat die Gefahr des europäischen Krieges vermieden, und sein – begrenztes – Zusammenwirken mit der nationalen Bewegung hat es ermöglicht, aus den Staatenkriegen Reichseinigungskriege werden zu lassen. Auch das war keineswegs selbstverständlich. Dieser hohe Anteil Bismarcks und der preußischen Politik an der Nationalstaatsgründung rechtfertigt es, mit den Zeitgenossen von einer Revolution von oben zu sprechen, aber – noch einmal – sie wurde nur möglich aufgrund des vorange-

gangenen Prozesses der inneren Nationsbildung. Insofern ist die Reichsgründung als
140 eine Symbiose zwischen der von Bismarck
geführten Revolution von oben und den
gesellschaftlichen Bewegungen zu verstehen. […] Dieser innere Ausbau wurde […]
vorangetrieben […] von der Gesellschaft, die
145 im Parlament ihren politischen Wirkungsort
besaß. Dieses gesellschaftliche Fundament
der Gründung und des Ausbaus des deutschen Nationalstaats gehört unbedingt mit
zum Begriff der „Revolution von oben",
150 sonst würde man ihn missverstehen als eine
unangebrachte Heroisierung der in der Tat
großen nationalpolitischen Leistung Bismarcks. Der Begriff „Revolution von oben",
bezogen auf die Reichsgründung, scheint
155 mir dann sinnvoll zu sein, wenn er in doppelter Weise als Einschränkung verstanden
wird: Er begrenzt Bismarcks individuellen
Anteil und den des Krieges an der Nationsbildung, indem er auf die gesellschaftlichen Vo-
160 raussetzungen der als Revolution verstande-
nen Nationalstaatsgründung verweist; und

der Begriff schärft zugleich den Blick für die
Grenzen, die den gesellschaftlichen Mitwir-
kungschancen, und damit auch den Parla-
mentarisierungs- und Demokratisierungs- 165
chancen, durch diese Form der deutschen
Nationalstaatsgründung gezogen wurden. In
dieser Präzisierung halte ich es für sinnvoll,
die Reichsgründung als eine Revolution von
oben zu bezeichnen. 170

*Dieter Langewiesche, „Revolution von oben"? Krieg
und Nationalstaatsgründung in Deutschland, in: ders.
(Hg.), Revolution und Krieg. Zur Dynamik historischen Wandels seit dem 18. Jahrhundert, Schöningh,
Paderborn 1989, S. 128–133.*

1 a) Nennen Sie das Problem, mit dem sich
Huber (M 10 a) beschäftigt.
b) Fassen Sie Hubers Argumente und seine
Position mit eigenen Worten zusammen.
2 a) Arbeiten Sie mithilfe von M 10 b die
wichtigsten Argumente heraus, mit denen
Langewiesche die Reichsgründung als „Revolution von oben" charakterisiert.
b) Diskutieren Sie die These Langewiesches.
Formulieren Sie ggf. eine eigene These.

M 11 Im Etap-
penquartier
vor Paris, Öl-
gemälde von
**Anton von
Werner, 1894.**
*Anton von Wer-
ner (1843–1915)
nahm als Maler
im offiziellen
Auftrag am
Deutsch-Franzö-
sischen Krieg teil.*

1 „Die Szene mit deutschen Soldaten in einem französischen Schloss bei Paris 1870 thematisiert
eine in der damaligen Zeit gängige Vorstellung von der deutschen Kulturüberlegenheit gegenüber den Franzosen." Erörtern Sie diesen Bildkommentar zu M 11 aus dem Jahr 2009.

M 12 „Adieu!" – „Nein, auf Wiedersehen. Besuche erwidert man." Karikatur in der französischen Zeitschrift „Le Charivari", 31. März 1871

1 Interpretieren Sie das Bild M 12 als Gegenbild zu M 11: Untersuchen Sie dabei, wie die französische Karikatur die „Erbfeindschaft" sieht.

M 13 Der Politikwissenschaftler Gilbert Ziebura über die Ideologie der deutsch-französischen „Erbfeindschaft" (1997)

Dabei kann kein Zweifel herrschen, dass das Geschichtsbild der deutsch-französischen „Erbfeindschaft" tatsächlich nicht mehr als eine Ideologie im primitivsten Sinne des
5 Wortes war, nämlich falsches Bewusstsein, das überdies noch künstlich erzeugt werden musste. Die Wirklichkeit sah ganz anders aus. Eine unbefangene Betrachtung ergibt, dass der Antagonismus[1] als konstanter, die
10 Beziehungen zwischen Deutschland und Frankreich beherrschender struktureller Faktor erst ab 1870/71 existiert hat, ja vorher gar nicht existieren konnte, weil es seine wichtigste Voraussetzung nicht gab: den Aufein-
15 anderprall zweier Nationalitäten, die dadurch gekennzeichnet waren, dass jede sich weitgehend nur als Negation der anderen zu begreifen vermochte.
   Wie immer in der Geschichte kam auch
20 dieses Ergebnis nicht aus heiterem Himmel.

Es gab vorher unterschiedliche Interessen, abweichende Denkformen und kriegerische Konflikte. Entscheidend war aber, dass die Situation offen blieb, dass nichts, was immer geschehen mochte, geeignet war, eine defi-
25 nitive Verkrampfung hervorzurufen. Vor 1870/71 gab es für die Herausbildung einer Ideologie der „Erbfeindschaft" vielleicht dieses oder jenes Indiz, aber sie war weder das Leitmotiv der herrschenden Klassen, noch
30 hatte sie die breiten Massen diesseits wie jenseits des Rheins durchdrungen. Erst nachdem das Kind in den Brunnen gefallen war, tat man alles, um es darin zu lassen. Dazu gehörte das Bemühen, dieses Ereignis nun als
35 zwangsläufig, als unvermeidbar, als Folge säkularer Konstellationen, als Preis der deutschen Einigung zu interpretieren. So kam es, dass die Ideologie der „Erbfeindschaft" *post festum*[2] zu dem Zweck konstruiert wurde, sie
40 zum integralen Bestandteil politischen Denkens und Handelns zu machen, wobei die weniger gefestigte deutsche Nationalität sie nötiger brauchte und damit schärfer artikulierte als die französische. Zwischen dem sich
45 nun zum ersten Mal herauskristallisierenden objektiven Interessenkonflikt und seiner Überhöhung durch die Ideologie der „Erbfeindschaft" bestand ein unentwirrbarer dialektischer Zusammenhang, indem das eine
50 das andere beeinflusste. Das Ergebnis jedenfalls war klar: die deutsch-französischen Beziehungen als Freund-Feind-Verhältnis, das, wie immer in der internationalen Politik, im besten Fall eine prekäre Koexistenz erlaubt.
55

Gilbert Ziebura, Die deutsch-französischen Beziehungen seit 1945. Mythen und Realitäten, Verlag Günter Neske, Klett-Cotta, Stuttgart 1997, S. 16 f.

---

1 Antagonismus: Gegensatz, Widerstreit
2 *post festum*: im Nachhinein

---

1 Erläutern Sie mithilfe von M 13 die These, die Behauptung von der deutsch-französischen „Erbfeindschaft" sei eine Ideologie. Beleuchten Sie dabei den historischen Kontext sowie die Funktion dieser Ideologie.

Schriftliche Quellen interpretieren

In der Gegenwart zeigt sich die Geschichte in Form von Quellen. Sie bilden die Grundlage unserer historischen Kenntnisse. Doch nicht die Quellen selbst stellen das Wissen dar, erst ihre systematische Analyse ermöglicht eine adäquate Rekonstruktion und Deutung von Geschichte. Daher gehört es zu den grundlegenden Kompetenzen im Geschichtsunterricht, Quellen angemessen erschließen und interpretieren zu können.

Die bedeutsamsten Quellen für die Rekonstruktion von Vergangenheit sind schriftliche Zeugnisse. Sie werden unterteilt in **erzählende Quellen**, die zum Zweck der Überlieferung verfasst wurden, z. B. Chroniken, Geschichtsepen, Mono- und Biografien, sowie in **dokumentarische Quellen**, z. B. Urkunden, Akten, Gesetzestexte und Zeitungen, die gesellschaftliche und private Ereignisse und Prozesse unmittelbar und meist unkommentiert wiedergeben.

Bei der Untersuchung schriftlicher Quellen kommt es darauf an, zusätzlich zur Analyse formaler und inhaltlicher Aspekte deren Einordnung in den historischen Kontext vorzunehmen und ihren Aussagegehalt kritisch zu beurteilen. Nur wenn der Interpretierende Subjektives und Objektives abwägt und Tatsachen und Meinungen unterscheidet, ist das Ergebnis der Quellenarbeit eine weitgehende Annäherung an die historische Wirklichkeit.

Webcode
KH644681-063

Arbeitsschritte für die Analyse

1. Leitfrage	– Welche Fragestellung bestimmt die Untersuchung der Quelle?
2. Analyse	*Formale Aspekte* – Wer ist der Autor (ggf. Amt, Stellung, Funktion, soziale Schicht)? – Wann und wo ist der Text entstanden bzw. veröffentlicht worden? – Um welche Textart handelt es sich (z. B. Brief, Rede, Vertrag)? – Was ist das Thema des Textes? – An wen ist der Text gerichtet (z. B. Privatperson, Institution, Machthaber, Öffentlichkeit, Nachwelt)? *Inhaltliche Aspekte* – Was sind die wesentlichen Textaussagen (z. B. anhand des gedanklichen Aufbaus bzw. einzelner Abschnitte)? – Welche Begriffe sind von zentraler Bedeutung (Schlüsselbegriffe)? – Wie ist die Textsprache (z. B. sachlich, emotional, appellativ, informativ, argumentativ, manipulierend, ggf. rhetorische Mittel)? – Was ist die Kernaussage des Textes?
3. Historischer Kontext	– In welchen historischen Zusammenhang (Ereignis, Epoche, Prozess bzw. Konflikt) lässt sich die Quelle einordnen?
4. Urteilen	*Sachurteil* – Welchen politisch-ideologischen Standpunkt nimmt der Autor ein? – Welche Intention verfolgt der Verfasser der Texte? – Inwieweit ist der Text glaubwürdig? – Enthält er Widersprüche? – Welche Wirkung sollte der Text bei den Adressaten erzielen? *Werturteil* – Wie lässt sich der Text im Hinblick auf die Leitfrage aus heutiger Sicht bewerten?

Übungsbeispiel

M 1 Aus einer Erklärung des Deutschen Nationalvereins vom 19. Juli 1859

Das Verlangen nach einer mehr einheitlichen Verfassung Deutschlands unter Beteiligung von Vertretern des deutschen Volks an der Leitung seiner Geschicke musste daher
5 immer größer werden. Nur eine größere Konzentrierung der militärischen und politischen Gewalt, verbunden mit einem deutschen Parlament, wird eine Befriedigung des politischen Geistes in Deutschland, eine rei-
10 che Entwicklung seiner inneren Kräfte und eine kräftige Vertretung und Verteidigung seiner Interessen gegen äußere Mächte herbeiführen können. Solange das deutsche Volk an einer Reform seiner Verfassung noch
15 nicht verzweifelt und nicht allein von einer revolutionären Erhebung Rettung vor inneren und äußeren Gefahren sucht, ist der natürlichste Weg, dass eine der beiden großen deutschen Regierungen die Reform unserer
20 Bundesverfassung ins Leben zu führen unternimmt.
Österreich ist dazu außerstande. Seine Interessen sind keine rein deutschen, können es auch niemals werden. Daneben wird die
25 neuerdings selbst von der Regierung als notwendig anerkannte Reform seiner inneren Zustände Österreichs volle Aufmerksamkeit auf lange Jahre in Anspruch nehmen. [...]
Unsere Hoffnung richten wir daher auf
30 Preußens Regierung, welche durch den im vorigen Jahre aus freiem Antriebe eingeführten Systemwechsel ihrem Volke und ganz Deutschland gezeigt hat, dass sie als ihre Aufgabe erkannt hat, ihre Interessen und die
35 ihres Landes in Übereinstimmung zu bringen [...]. Die Ziele der preußischen Politik fallen mit denen Deutschlands im Wesentlichen zusammen. Wir dürfen hoffen, dass die preußische Regierung immer mehr in der Er-
40 kenntnis wachsen wird, dass eine Trennung Preußens von Deutschland und die Verfolgung angeblich rein preußischer Großmachtzwecke nur zu Preußens Ruin führen kann. Und das deutsche Volk hat in den letz-
45 ten Wochen in den meisten Teilen unsers Vaterlandes mit Einmütigkeit zu erkennen gegeben, dass für die Zeiten der Gefahr und des Krieges die Vertretung unserer Interessen und die Leitung unserer militärischen Kräfte
50 vertrauensvoll in Preußens Hände gelegt werden solle, sobald nur klare Ziele, eine feste Leitung und ein entschiedenes Handeln von Preußen zu erwarten ist. [...]
Ein großer Teil von Deutschland – und
55 wir mit ihm – hegt daher die Erwartung, dass Preußen in der Zeit der Ruhe und Vorbereitung, welche uns jetzt vielleicht nur für kurze Zeit gewährt ist, die Initiative für eine möglichst rasche Einführung einer einheit-
60 lichen und freien Bundesverfassung ergreift. [...]
Die deutschen Bundesregierungen werden freilich dem Ganzen Opfer bringen müssen, wenn eine mehr konzentrierte Verfas-
65 sung in Deutschland eingeführt werden soll. Schwerlich werden sie aber angesichts der bevorstehenden Krisen sich lange der Überzeugung verschließen, dass für die Interessen des Vaterlandes nicht allein, sondern auch
70 für ihre eigenen eine einheitlichere Gewalt in Deutschland eine Notwendigkeit ist. Umgeben von autokratisch regierten, stark zentralisierten Militärstaaten können in Mitteleuropa nur straffer organisierte Völker und
75 Staaten ihre Unabhängigkeit und Existenz auf die Dauer retten. Und besser ist es doch, einen Teil seiner Regierungsbefugnisse auf eine deutsche Bundesgewalt zu übertragen, als sie ganz an Frankreich oder Russland zu
80 verlieren. Groß sind die Gefahren für Europa und Deutschland. Nur rasche Entschlüsse können Hilfe bringen. Möge daher Preußen nicht länger zögern, möge es offen an den patriotischen Sinn der Regierungen und den
85 nationalen Geist des Volkes sich wenden und schon in nächster Zeit Schritte tun, welche die Einberufung eines deutschen Parlaments und die mehr einheitliche Organisation der militärischen und politischen Kräfte
90 Deutschlands herbeiführen, ehe neue Kämpfe in Europa ausbrechen und ein unvorbereitetes und zersplittertes Deutschland mit schweren Gefahren bedrohen.

Zit. nach: Hagen Schulze, Der Weg zum Nationalstaat. Die deutsche Nationalbewegung vom 18. Jahrhundert bis zur Reichsgründung, dtv, München 1985, S. 165–167.

1 Interpretieren Sie diesen Text unter der Fragestellung, welche Gestalt der deutsche Nationalstaat nach Ansicht des Deutschen Nationalvereins annehmen sollte.

Lösungshinweise

1. Leitfrage
Wie soll der deutsche Nationalstaat geschaffen werden und wie soll er aussehen?

2. Analyse
Formale Aspekte
Autor: Die Erklärung trug 25 Unterschriften, davon stammten 20 von Abgeordneten der Zweiten Hannoverschen Kammer. Zu den Unterzeichnern gehörten führende Persönlichkeiten wie Rudolf von Benningsen und Johannes Miquel.
Entstehung: Der Text entstand 1859 in Hannover. Er wurde von freisinnigen Vaterlandsfreunden verfasst und veröffentlicht. Der Text ist eine öffentliche Erklärung.
Thema des Textes ist die Schaffung eines deutschen Einheitsstaates und sein Aufbau. Im Mittelpunkt steht die Frage, wer diesen deutschen Nationalstaat herstellen soll: Preußen mit Unterstützung einer deutschen Volksbewegung oder Österreich.
Adressat: Der Text richtet sich an die preußische Regierung und zudem an die patriotische deutsche Bevölkerung, die die Einigungsbemühungen unterstützen sollte.

Inhaltliche Aspekte
Textaussagen:
– Ein deutscher Einheitsstaat muss geschaffen werden, um die innere Entwicklung Deutschlands voranzutreiben und gegen äußere Feinde zu schützen.
– Allein Preußen kann Deutschland einigen, Österreich ist dazu nicht in der Lage.
– Preußen soll dem deutschen Nationalstaat eine einheitliche und freie Verfassung mit einem Parlament geben.
– Die Einzelstaaten des Deutschen Bundes müssen Opfer bringen, d. h. auf Rechte verzichten, um den deutschen Nationalstaat zu ermöglichen.
Kernaussage: Der deutsche Nationalstaat muss von Preußen als kleindeutsch-preußischer Nationalstaat geschaffen werden.
Textsprache: Der Text ist sachlich und nüchtern aus der Sicht der deutschen Bevölkerung geschrieben. Er soll den Eindruck erwecken, dass die Bevölkerung auf einen kleindeutsch-preußischen Einheitsstaat hofft. Insofern besitzt der Text auch appellative Züge; er soll

die preußische Regierung motivieren, die deutsche Einheit im Interesse des deutschen Volkes voranzutreiben. Die Volksbewegung soll diesen Prozess unterstützen.
Schlüsselbegriffe:
– einheitliche Verfassung Deutschlands
– Reform der deutschen Verfassung
– Österreich
– Preußen, preußische Regierung
– deutsche Bundesregierungen
– Gefahren für Europa und Deutschland

3. Historischer Kontext:
Der Text ist geschrieben worden nach dem Scheitern der deutschen Revolution 1848/49, in der Gründerzeit des Deutschen Reiches, vor den Einigungskriegen Preußens unter Bismarck. Er sollte die Einigung Deutschlands vorantreiben.

4. Urteilen
Sachurteil
Die Autoren sind führende Persönlichkeiten mit liberaler Überzeugung, die einen kleindeutsch-preußischen Nationalstaat anstreben. Die preußische Regierung soll zu solchem Handeln aufgefordert werden. Der Text ist für den Anhänger des kleindeutsch-preußischen Nationalstaats insgesamt glaubwürdig und widerspruchsfrei. Das gilt nicht für die Verfechter der großdeutsch-österreichischen Lösung. Diese werden ausgeblendet. Deswegen sprechen die Autoren des Textes weder für die gesamte deutsche Bevölkerung noch für alle deutschen Bundesstaaten. Die süddeutschen Staaten und Österreich besaßen eine andere Position (s. M 4, S. 54). Der Text sollte die preußische Regierung zum Handeln bewegen für einen preußisch-kleindeutschen Nationalstaat; die nationale Volksbewegung sollte diese Bemühungen lediglich unterstützen.

Werturteil
Diese Sicht entspricht durchaus der Wirklichkeit der deutschen Reichseinigung „von oben", die in weiten Teilen der deutschen Nationalbewegung Enttäuschung hervorrief. Diese wollte doch eher einen freiheitlichen Einheitsstaat und keinen autoritären Machtstaat. Insofern präsentiert der Text nur eine Sicht der Gründerzeit, allerdings eine, die siegreich war.

Nationalstaatsbildung im Vergleich: das Beispiel Polens

Typen der Nationsbildung

Die europäischen Nationalstaaten haben unterschiedliche Entstehungsgeschichten. Das **Selbstverständnis von Nationen** wie Frankreich oder England ist **durch moderne Revolutionen** geprägt worden. In diesen Nationalstaaten fielen Staat und Nation zusammen; außerdem setzte sich die Idee von der demokratischen Nation durch und entwickelte sich weiter. In Abgrenzung dazu mussten sich in Deutschland – ähnlich wie in Italien – während des 19. Jahrhunderts die **kulturell und sprachlich nahestehenden Einwohner** erst einen gemeinsamen Nationalstaat erkämpfen. Das geschah 1870/71 in der deutschen Reichsgründung durch die Vereinigung bisher staatlich getrennter Landesteile zum Deutschen Reich. Und schließlich entstanden neue Nationalstaaten, die sich aus **zerfallenden Großreichen oder Vielvölkerstaaten** organisierten. Seit dem Auseinanderbrechen Österreich-Ungarns nach dem Ersten Weltkrieg 1918 entstand von der Ostsee bis zur Adria ein breiter Staatengürtel u. a. aus der Tschechoslowakei, Ungarn, Jugoslawien und Österreich sowie Polen. Diese Vielfalt in der europäischen Geschichte von Nationen, Nationalismus und Nationalstaatsbildung bietet sich für historische Vergleiche an. Ein geeignetes Beispiel dafür ist der Nachbar Deutschlands **Polen**.

Im Mittelpunkt dieses Kapitels steht daher die Frage, welche Strukturen und Prozesse die Geschichte der polnischen Nation im 19. Jahrhundert prägten. Nach dem Untergang der polnisch-litauischen Adelsrepublik* und der Aufteilung des Landes zwischen Russland, Österreich und Preußen im ausgehenden 18. Jahrhundert lebten die Polen in einer Nation ohne Staat. Erst nach dem Ersten Weltkrieg konnte die Mehrheit der polnischsprachigen Bevölkerung ab 1918 in einem eigenen Nationalstaat zusammenleben. Das polnische Nationalbewusstsein blieb dabei während des gesamten 19. Jahrhunderts wach.

Adelsrepublik
So bezeichnen die Historiker seit dem 16. Jahrhundert den polnisch-litauischen Staat.

Das polnische „Teilungstrauma"

Die 1569 mit der sogenannten Union von Lublin beschlossene **Vereinigung des Königreiches Polen mit dem Großherzogtum Litauen** schuf ein riesiges Doppelreich, das in Konkurrenz zu Russland stand. Das große Reich war seit 1572 eine Wahlmonarchie, in der der gesamte Adel das Wahlrecht besaß. In dieser adelsrepublikanischen Staatsform wurde die königliche Macht zunehmend geschwächt. Diesen Prozess verstärkte das seit 1652 respektierte Recht jedes Landboten (Abgeordneter des Adels), mit seinem Einspruch (*Liberum veto*) den Reichstag beschlussunfähig zu machen. Das wiederum erleichterte den Nachbarstaaten, die an einer Schwächung Polens interessiert waren, die Einflussnahme. Im 17. und 18. Jahrhundert entwickelte sich Polen dadurch immer stärker zum Spielball der Politik benachbarter Großmächte. Innere Konflikte um Staatsreformen sowie Kriege zwischen den europäischen Großmächten eröffneten Russland, Preußen und Österreich die Chance zur Aufteilung Polens. In den **drei polnischen Teilungen** (1772, 1793 und 1795) teilten diese Mächte das polnische Territorium unter sich auf und beendeten 1795 die Existenz des polnischen Staates.

Polen wehrte sich gegen diese Entwicklung, konnte sie jedoch nicht verhindern. Um den polnischen Staat zu erhalten, modernisierte ein „Vierjähriger Sejm*" (1788–1792) am 3. Mai 1791 die staatliche Ordnung. Die neue Verfassung war die **erste geschriebene Verfassung Europas** und sah eine konstitutionelle Monarchie vor. Auch die Gewaltenteilung zwischen Legislative, Exekutive, Judikative, ein nach dem Mehrheitsprinzip entscheidender Reichstag sowie eine aus Kronrat und Ministern gebildete Regierung gehörten zu den Prinzipien moderner Staatsverfassungen. Doch die russische Zarin unterstützte den Kampf des polnischen Adels, der seine Vorrechte beschnitten sah, gegen die Mai-Verfassung. Russland intervenierte gegen die Staatsreform mit einer 100 000 Mann starken Armee, während Preußen mit dem russischen Hof über eigene Gebietsansprüche verhandelte. Das Ergebnis war die zweite Teilung Polens 1793. Sie führte zu einem allgemeinen Volksaufstand, der allerdings im Oktober 1794 zusammenbrach. Russland, Preußen und Österreich nahmen diesen Aufstand zum Anlass, um den kaum noch lebensfähigen polnischen Rumpfstaat endgültig zu zerschlagen. In der dritten Teilung 1795 wurde das restliche Polen diesen drei Großmächten zugeschlagen und verschwand damit von der politischen Landkarte Europas. Das geteilte Polen war seitdem eine **Nation ohne Staat**. Dieser Verlust der politischen Selbstständigkeit im Zeitalter der Nationalstaatsbildung ist ein entscheidender Schlüssel zum Verständnis polnischer Geschichte: „Das sogenannte Teilungstrauma sollte", schrieb der Historiker Rudolf Jaworski 2000, „in diesem Land weit über das 19. Jahrhundert hinaus zum alles bestimmenden Ausgangspunkt politischen Denkens und Handelns werden [...]. Auch der daraus resultierende Gegensatz von Staat und Gesellschaft in Polen hat hier seinen Ursprung [...]. Das 19. Jahrhundert dauerte in Polen eigentlich bis zum Ende des Ersten Weltkrieges, als ein souveräner polnischer Staat wiedergegründet werden konnte."

Nation ohne Staat

Der Wiener Kongress 1814/15 löste das 1807 von Napoleon geschaffene Großherzogtum Warschau auf und gründete das aus den polnischen Zentralgebieten gebildete **Königreich Polen** (Kongresspolen*). Es war durch Personalunion mit Russland verbunden, sodass der russische Zar nun auch zugleich König von Polen war. Die Einwohner Kongresspolens versuchten die einsetzende russische Willkürherrschaft durch **Aufstände** (1830/31, 1863) abzuschütteln. Doch die russische Besatzungsmacht unterdrückte diese nationale Freiheitsbewegung mit rücksichtslosen Strafmaßnahmen und mit einer brutalen Russifizierungspolitik. Das führte zum Verschwinden des Namens „Königreich Polen" und zur Auflösung aller polnischen Verwaltungseinrichtungen; ein russischer Generalgouverneur übernahm ab 1874 die Herrschaft. Aber auch die preußischen Behörden verschärften nach der Reichsgründung 1870/71 den **Kulturkampf gegen das Polentum** in Posen/Westpreußen.

Sejm
Der Sejm ist das polnische Parlament. Es entstand Ende des 15. Jahrhunderts aus regionalen Versammlungen, besteht aus zwei Kammern, dem Abgeordnetenhaus und dem Senat, und trat zunächst alle zwei Jahre zusammen. Daneben waren auch außerplanmäßige Reichstage möglich. Der letzte Sejm im alten polnisch-litauischen Staat fand 1793 statt. 1919 knüpfte man an die alte Tradition an.

Kongresspolen
Bezeichnung für das russisch besetzte Königreich Polen, das auf dem Wiener Kongress 1815 aus Teilen des früheren Großherzogtums Warschau geschaffen und in Personalunion mit Russland verbunden wurde

Nationalstaat Polen

Erst die bolschewistische Revolution in Russland 1917 sowie die Niederlage Deutschlands und Österreich-Ungarns im Ersten Weltkrieg ermöglichten die Wiedererrichtung eines unabhängigen Polens. Nach der politischen Neugestaltung bzw. dem Zusammenbruch dieser ehemaligen Teilungsmächte entstand im November 1918 wieder ein polnischer Nationalstaat. Nach der deutschen Kapitulation konnte Józef Piłsudski (1867–1935), der Führer der gemäßigten Sozialisten, am 11. November 1918 die Macht in dem bis dahin von deutschen Truppen besetzten Warschau übernehmen. Der neue polnische Staat umfasste allerdings Gebiete, in denen neben anderen Minderheiten auch Deutsche lebten. Dies und die Abtrennung der einstmals preußischen Ostgebiete – ein Großteil Posens und Westpreußens sowie große Teile Oberschlesiens – wurde in Deutschland als ungerecht empfunden. Die Weimarer Republik war nicht bereit, die neue polnische Westgrenze anzuerkennen.

Webcode:
KH644681-068

1 Beschreiben Sie die Grundlinien der polnischen Geschichte vom ausgehenden 18. Jahrhundert bis in die Zeit nach dem Ersten Weltkrieg.

M1 Polen im „langen" 19. Jahrhundert – ein Überblick in Daten

1772	1. Teilung Polens zwischen Russland, Preußen und Österreich
1791	3. Mai: Verabschiedung der ersten schriftlichen Verfassung Europas
1792	Die russische Zarin Katharina II. gewinnt polnische Adlige für den Kampf gegen die Verfassung.
1793	2. Teilung Polens
1794	Ein Aufstand gegen die Teilung Polens wird niedergeschlagen.
1795	3. Teilung, Abdankung des Königs, Ende der Staatlichkeit Polens
1807	Bildung des halbsouveränen Großherzogtums Warschau durch Napoleon
1815	Wiener Kongress hält an den Teilungen Polens fest: Das Großherzogtum wird zum Königreich Polen (Kongresspolen) unter russischer Herrschaft umgewandelt, Galizien wird Österreich und das Großherzogtum Posen wird Preußen zugeschlagen.
1830/31	Novemberaufstand im Königreich Polen; Niederschlagung durch Russland; Beginn der „Großen Emigration"
1846	Aufstand und Bauernunruhen in Galizien
1848	Unruhen im preußischen und österreichischen Teilungsgebiet („Völkerfrühling")
1863/64	Januaraufstand im russischen Teilgebiet wird niedergeschlagen; Königreich Polen wird russische Provinz.
1867	Polnische Selbstverwaltung in Galizien
1871	Zunehmende Germanisierung im preußischen Teilungsgebiet nach der Reichsgründung
1871–78	Preußischer Kulturkampf gegen die katholische Kirche im Deutschen Reich wirkt sich in Posen negativ auf die polnische Bevölkerung aus.
1886	Ansiedlungskommission für Westpreußen und Posen verfolgt das Ziel, durch Landkauf und Ansiedlung den Anteil der Deutschen gegenüber den Polen zu vergrößern.
1914	Beginn des Ersten Weltkriegs
1915	Eroberung des zu Russland gehörenden Teils Polens; er wird zwischen Deutschland und Österreich-Ungarn in zwei Okkupationszonen geteilt.

1916	5. November: Proklamation des „Königreichs Polen" durch die Mittelmächte
1918	8. Januar: US-Präsident Wilson hält ein unabhängiges Polen mit Zugang zum Meer für notwendig.
	3. März: Sonderfrieden von Brest-Litowsk: deutsche Oberhoheit über die von Russland abgetretenen Gebiete
	11. November: Waffenstillstand, Wiederbegründung des polnischen Staates; Piłsudski wird Staatsoberhaupt, Beginn der Zweiten Republik; Staatsform und Grenzen sind noch nicht festgelegt.
1918/19	Siegreicher polnischer Aufstand in Posen; Kampf um den Verlauf der polnischen Westgrenze, die 1919 im Versailler Vertrag festgelegt wird: Teile von Posen und Westpreußen kommen zu Polen.
1919–21	Krieg zwischen Polen und Sowjetrussland: Polen besetzt Gebiete, die vor den Teilungen zur polnisch-litauischen Adelsrepublik gehörten (Teile der Ukraine, Weißrusslands und Litauens). Am 15. August 1920 schlägt Polen die Offensive der Roten Armee vor Warschau zurück.
	Drei polnische Aufstände in Oberschlesien und Volksabstimmung über die staatliche Zugehörigkeit (40,4 % für Polen, 59,6 % für das Deutsche Reich). Nach einer Entscheidung der alliierten Botschafterkonferenz wird Oberschlesien geteilt, ein Viertel des Abstimmungsgebietes mit 42,5 % der Bevölkerung und den wichtigsten Bodenschätzen kommt zu Polen.
1921	17. März: Verabschiedung der Verfassung der Zweiten Polnischen Republik
	18. März: Festlegung der polnisch-sowjetischen Grenze im Friedensvertrag von Riga

M2 Polen im 18. und 20. Jahrhundert

a) Die Teilung Polens im 18. Jahrhundert

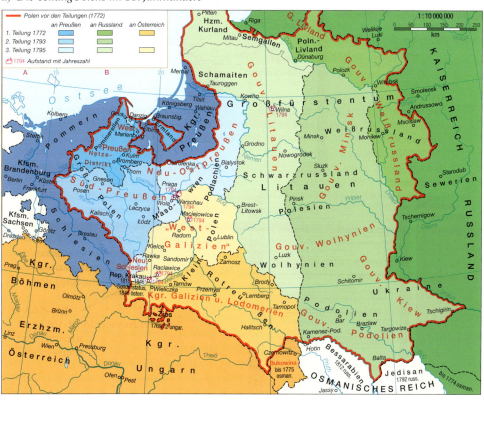

b) Polen im 20. Jahrhundert

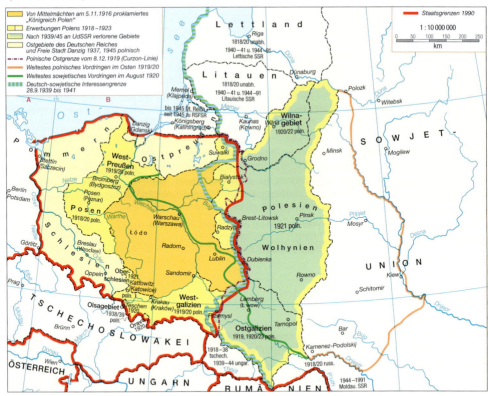

Legende:
- Von Mittelmächten am 5.11.1916 proklamiertes „Königreich Polen"
- Erwerbungen Polens 1918–1923
- Nach 1939/45 an UdSSR verlorene Gebiete
- Ostgebiete des Deutschen Reiches und Freie Stadt Danzig 1937, 1945 polnisch
- ·–·–· Polnische Ostgrenze vom 8.12.1919 (Curzon-Linie)
- Weitestes polnisches Vordringen im Osten 1919/20
- Weitestes sowjetisches Vordringen im August 1920
- Deutsch-sowjetische Interessengrenze 28.9.1939 bis 1941
- Staatsgrenzen 1990

1 : 10 000 000
0 50 100 150 200 250 km

1 **Kurzreferat:** Erarbeiten Sie ein Kurzreferat über die polnische Geschichte vom Mittelalter bis ins ausgehende 18. Jahrhundert. Stützen Sie sich dabei vor allem auf Handbücher und Lexika (siehe Tipps).

Literaturtipps:
- Der große Ploetz. Die Enzyklopädie der Weltgeschichte, 35. Aufl., Göttingen 2008.
- Imanuel Geiss, Geschichte griffbereit, Bd. 5: Staaten. Die nationale Dimension der Weltgeschichte, Reinbek 1980, S. 168–174.
- Rudolf Jaworski, Christian Lübke und Michael G. Müller, Eine kleine Geschichte Polens, Suhrkamp, Frankfurt/M. 2000, S. 151–252.

2 „Nation ohne Staat – das geteilte Polen (1795–1918)" – so lautet eine Überschrift in einem Buch über die polnische Geschichte während des 19. Jahrhunderts. Erläutern Sie, ausgehend von M 1 und M 2 a, b, diese Überschrift. Konzentrieren Sie sich dabei auf das Verhältnis von Staat und Nation.

M 3 König Friedrich II. von Preußen über die Schwäche der polnischen Adelsrepublik (1752)

Die Republik hält an der alten feudalen Regierungsform fest, die alle anderen Mächte Europas schon abgeschafft haben. Ihre Nachbarn sind daran interessiert, die republikanische Monarchie im Zustand der Schwäche zu erhalten, unterstützen die Freiheit und Unabhängigkeit der Großen gegen den Ehrgeiz der Könige. Die Republik wird nur beunruhigt bei Gelegenheit der Königswahl. In zwei mächtige Parteien gespalten ist sie für niemanden gefährlich, und ihre Nachbarn sind beinahe gesichert gegen alles, was sie unternehmen würden, weil nichts leichter ist, als ihre Reichstage zu sprengen.

Zit. nach: Felix Esche, Jürgen Vietig (Hg.), Deutsche und Polen. Eine Chronik. Begleitbuch zur vierteiligen ARD-Fernsehreihe Deutsche und Polen, Nicolai, Berlin 2002, S. 71.

M4 Aus der Präambel der polnischen Verfassung vom 3. Mai 1791

Im Namen Gottes des Allmächtigen! Stanislaus August, von Gottes Gnaden und kraft des Willens der Nation König von Polen, Großherzog von Litauen […] gemeinschaft-
5 lich mit den konföderierten Ständen, die in gedoppelter Zahl versammelt sind, die polnische Nation zu repräsentieren.
   Da Wir überzeugt sind, dass unser aller gemeinschaftliches Schicksal einzig und allein
10 von der Gründung und Vervollkommnung der Nationalverfassung abhängt, und durch eine lange Erfahrung die verjährten Fehler unserer Regierungsverfassung kennen gelernt haben; da wir die Lage, worin sich Eu-
15 ropa befindet, und den zu Ende eilenden Augenblick, der uns wieder zu uns selbst gebracht hat, zu benutzen wünschen; da wir frei von den schändenden Befehlen auswärtiger Übermacht, die äußere Unabhängigkeit
20 und innere Freiheit der Nation, deren Schicksal unsern Händen anvertraut ist, höher schätzen als unser Leben und unsere persönliche Glückseligkeit; da wir uns zu gleicher Zeit auch die Segnungen und die
25 Dankbarkeit unserer Zeitgenossen und der künftigen Geschlechter zu verdienen wünschen; so beschließen wir, ungeachtet der Hindernisse, welche bei uns selbst Leidenschaft entgegenstellen könnte, der allgemei-
30 nen Wohlfahrt wegen, zur Gründung der Freiheit, zur Erhaltung unseres Vaterlandes und seiner Grenzen, mit der festesten Entschlossenheit unseres Geistes gegenwärtige Verfassung, und erklären sie durchaus für
35 heilig und unverletzbar, bis die Nation in der gesetzlich vorgeschriebenen Zeit, durch ihre ausdrückliche Willenserklärung, die Abänderung dieses oder jenes Artikels für notwendig erachten wird. Eben dieser Verfassung sollen
40 auch alle ferneren Beschlüsse des jetzigen Reichstages in jeder Rücksicht angemessen sein.

Zit. nach: www.verfassungen.eu/pl/verf91.htm (Download vom 13. Februar 2013)

1 Analysieren Sie mithilfe von M3 und M4 die politische Lage der polnischen Adelsrepublik im ausgehenden 18. Jahrhundert.
2 Erläutern Sie anhand von M4 Ursachen und Funktion der Verfassung von 1791.

M5 Aus den Stellungnahmen Russlands, Preußens und Österreichs zur Teilung Polens von 1772

a) Die russische Zarin Katharina II.:
In ihrem gemeinsamen Vorgehen gegen Polen haben sich die drei Höfe weniger von Eroberungslust leiten lassen als von großen und praktischen Gesichtspunkten. Sie wollten Ordnung und Ruhe, wie der Wohlstand 5 und die Sicherheit ihrer eigenen Grenzen sie erforderten, in ein Land bringen, das oft genug Wirren, ja der Anarchie ausgesetzt war. Die so herbeigezwungene Teilung hat zu einer wohl abgewogenen Vergrößerung der 10 drei Mächte geführt, der wahrhaft nobelsten und imposantesten Tat, die Europa mit einem solchen Unternehmen überhaupt geschenkt werden konnte.
Zit. nach: A. Ritter von Arneth (Hg.), Joseph II. und Katharina von Russland. Ihr Briefwechsel, Wilhelm Braumüller, Wien 1869, S. 3.

b) Der preußische König Friedrich II.:
Es bedurfte des Zusammentreffens einzigartiger Umstände, um diese Teilung herbeizuführen […]; sie musste erfolgen, um einem allgemeinen Kriege vorzubeugen. Man stand vor der Wahl, Russland im Laufe seiner ge- 5 waltigen Eroberungen aufzuhalten, oder, was klüger war, daraus auf geschickte Weise Nutzen zu ziehen. […] Um das Gleichgewicht zwischen den nordischen Mächten einigermaßen aufrechtzuerhalten, musste sich 10 der König [von Preußen] an dieser Teilung notwendig beteiligen. […] Er [Friedrich II.] ergriff also die Gelegenheit, die sich darbot, beim Schopfe, und durch Verhandlungen und Ränke gelang es ihm, seine Monarchie 15 durch die Einverleibung Westpreußens für ihre früheren Verluste zu entschädigen. Diese Erwerbung war eine der wichtigsten, die man machen konnte.
Zit. nach: Gustav B. Volz (Hg.), Die Werke Friedrichs des Großen, Bd. V, Hobbing, Berlin 1913, S. 36.

c) Die österreichische Kaiserin Maria Theresia (sie hatte die Verhandlungen über die polnischen Teilungen ihrem Sohn und Mitregenten Joseph II. überlassen):
Ich bekenne, dass es mich ein Opfer kostet, mich über eine Sache zu entscheiden, von deren Gerechtigkeit ich keineswegs versi-

chert bin, selbst wenn sie nutzbringend wä-
5 re. […] Ich begreife nicht die Politik, welche
erlaubt, dass, wenn zwei sich ihrer Überlegenheit bedienen, um einen Unschuldigen
zu unterdrücken, der Dritte […] die gleiche
Ungerechtigkeit nachahmen und begehen
10 kann und soll; mir scheint dies vielmehr unhaltbar zu sein. […] Alles, was uns zufallen
könnte, wird an Größe und an Zweckmäßig-
keit niemals auch nur die Hälfte des Anteils
der anderen erreichen; man muss sich also
15 nicht mehr dabei aufhalten und sich nicht
ködern lassen durch eine ungleiche Teilung.
[…] Ich wage mich noch weiter vor, indem
ich sage, es ist nicht eine Handlung der
Großmut, sondern nur eine Wirkung echter
20 Grundsätze, niemand Unrecht zu tun. […]
Unsere Monarchie kann verzichten auf

eine Vergrößerung dieser Art. […] Trachten
wir doch lieber danach, die Begehren der anderen zu vermindern, statt daran zu denken,
mit ihnen auf so ungleiche Bedingungen hin 25
zu teilen. Suchen wir eher für schwach als für
unredlich zu gelten.

*Zit. nach: Eberhard Büssem, Michael Neher (Hg.),
Arbeitsbuch Geschichte. Neuzeit. 1. Quellen, UTB,
München 1977, S. 333 ff.*

1 Arbeiten Sie aus M 5 a–c die Gründe heraus,
die die Nachbarmächte für die Teilung Polens angaben.
2 Vergleichen Sie die Argumente der Nachbarstaaten miteinander.
3 Beurteilen Sie die Argumente vor dem Hintergrund der Interessen der Nachbarmächte im ausgehenden 18. Jahrhundert.

M 6 Die Lage des Königreiches
Polen im Jahr 1773, Kupferstich von Johann E. Nilsson,
nach 1773.
*In dieser symbolischen Darstel-
lung beraten Kaiserin Katharina
II. von Russland, der österreichische Staatskanzler Fürst Kaunitz,
Kaiser Josef II. und König Friedrich
II. von Preußen über die erste Teilung Polens im Jahr 1772. Diese
Teilung war juristisch begründet
worden. Auf den Fähnchen standen daher die Inschriften: „Rechte
des Königs von Böhmen und Ungarn in Polen" (d.h. des Kaisers),
„Rechte der russischen Kaiserin in
Polen" und „Rechte des Königs
von Preußen in Polen".*

1 Untersuchen Sie, wie das Bild
die Situation der Polen nach
der ersten Teilung darstellt.

M 7 Geheimartikel des Teilungsvertrags vom 15./26. Januar 1797 zwischen Russland, Österreich und Preußen

Da die beiden kaiserlichen Höfe ebenso wie Seine Majestät der König von Preußen es für notwendig erachten, alles zu zerstören, was die Erinnerung an die Existenz des König-
5 reichs Polen zurückrufen könnte, [...] kommen die Hohen Vertragsschließenden Parteien überein und verpflichten sich, niemals in Ihre Titel die Benennung oder die Zusatzbezeichnung ‚Königreich Polen' aufzuneh-
10 men, eine Bezeichnung, die von jetzt an und für immer unterdrückt bleiben muss.

Zit. nach: Frédéric de Martens; Recueil des Traites et Conventions conclus par la Russie avec les Puissances etrangires, Bd. 2, St. Petersbourg 1875, S. 303 f., übers. v. Hans Henning Hahn, in: Hilke Günther-Arndt, u. a. (Hg.), Geschichtsbuch Oberstufe, Bd. 1, Cornelsen, Berlin 2006, S. 381.

> **1** Beurteilen Sie die Motive der Teilungsmächte zum Abschluss des Geheimartikels.

M 8 Adam Mickiewicz und das polnische Nationalbewusstsein (1832)

Die Teilungen Polens führten zur Herausbildung eines besonders starken Nationalbewusstseins der polnischen Bevölkerung. So erhob Polens bedeutendster Dichter Adam Mickiewicz (1798 bis 1855) sein Land zum „gekreuzigten Messias der Welt", als er schrieb:
Denn das polnische Volk ist nicht gestorben; sein Körper liegt im Grabe, und seine Seele wanderte aus der Erde, d. h. dem öffentlichen Leben der Völker, in die Hölle, d. h.
5 dem Alltagsleben der Völker, die Sklaverei leiden im eigenen Lande und außerhalb, um ihre Leiden zu sehen. Aber am dritten Tage kehrt die Seele wieder zurück in ihren Körper, und das Volk wird auferstehen und alle
10 Völker Europas von der Sklaverei befreien. [...] Und so wie mit der Auferstehung Christi auf der ganzen Erde die Blutopfer aufhörten, so werden mit der Auferstehung des polnischen Volkes in der Christenheit die Kriege
15 aufhören.

Zit. nach: Die Bücher des polnischen Volkes, in: Adam Mickiewicz, Dichtung und Prosa. Ein Lesebuch von Karl Dedecius, Suhrkamp, Frankfurt/M. 1994, S. 316; Übersetzer: Manfred Mack.

> **1 a)** Diskutieren Sie die Metapher des „gekreuzigten Messias".
> **b)** Erörtern Sie, inwieweit sich diese Metapher auch für das weitere Schicksal Polens nach der Zeit Mickiewicz' bzw. bis ins 20. Jahrhundert aufrechterhalten lässt.
> **2** Diskutieren Sie das Verhältnis von National- und Freiheitsbewegung im Polen des 19. Jahrhunderts.

M 9 Aus dem Tagebuch von Józef Alfons Potrykowski (21. Januar 1832)

Potrykowski war Teilnehmer der polnischen Aufstände in Litauen 1830/31.
Drei Meilen nach Eilenburg überschritten wir die preußische Grenze, d. h. die Grenze, die der Wiener Kongress zwischen Sachsen und Preußen gezogen hat und damit Sachsen Gebiete weggenommen und sie Preußen 5 gegeben hat. Kaum hatten wir die neue Grenze Sachsens überschritten, als wir sofort eine große Anzahl sächsischer Jugend, Arbeiter, vor allem aber Studenten und Schüler vorfanden, die uns entgegenkamen. Rufe: 10 „Es leben die Polen, es lebe Polen!" hallten zum ersten Mal um unsere Ohren [...]. In dem Maße, wie wir uns der Stadt näherten, vergrößerte sich die Volksmenge und wurde schließlich so zahlreich, dass wir mit unse- 15 ren Fuhrwerken keinen Schritt mehr weiterfahren konnten, die Hochrufe wurden aber zu einem einzigen unablässigen Ruf. Hier wurden plötzlich aus allen Fuhrwerken die Pferde ausgespannt und die Jugend, zum 20 größten Teil die akademische Jugend, bei ihnen aber auch sehr hübsch gekleidete Damen, Fräuleins, dazu Handwerker und Bürger unterschiedlichen Standes und Alters zogen unsere Wagen, wobei sie niemandem 25 von uns erlaubten auszusteigen. Man kann ohne die kleinste Übertreibung sagen, dass die ganze Stadt uns entgegenkam, uns hochleben ließ und uns Kusshände zuwarf. So wurden wir zu einem Platz gebracht. [...] Auf 30 diesem Platz wurden wir eine Zeit lang umarmt und geküsst mit solcher Freude, mit so viel Begeisterung, wie es keinem Mächtigen der Welt [...] je entgegengebracht wurde. Unsere Kolonne bestand zu dieser Zeit aus 35 280 Personen. Wir wurden in Gruppen zu je 20 aufgeteilt und zu den ersten und besten

Hotels, d. h. Gasthäusern geführt und dort wurden die Wirte angewiesen, es uns an
40 durchaus nichts fehlen zu lassen und uns so gut zu essen zu geben und zu versorgen, wie nur irgend möglich. [...]

In dieser Stadt verweilten wir in Lustbarkeiten und Festlichkeiten fast fünf Tage. [...]
45 Am besten gefiel mir ein Transparent, auf dem eine Deutsche dargestellt war, die die Ketten Polens sprengt und zermalmt, mit der Aufschrift: „Noch ist Polen nicht untergegangen und es wird nicht untergehen, solan-
50 ge Deutsche leben."

Zit. nach: Józef Alfons Potrykowski, Das Exil der Polen in Frankreich. Tagebuch eines Emigranten, Bd. 1, Kraków 1974, S. 55 f., übers. von H. H. Hahn, in: Hilke Günther-Arndt u. a. (Hg.), Geschichtsbuch Oberstufe, Bd. 1, Cornelsen, Berlin 2006, S. 382.

1 Analysieren Sie mithilfe von M 9 die Träger der deutschen „Polenfreundschaft".

M 10 Aus der Proklamation des Polnischen Nationalkomitees in Paris an die Deutschen und den Deutschen Pressverein (1832)

Die Freiheit ist nicht Anteil eines Volkes; sie gehört der ganzen Menschheit. Von welcher Seite des Erdballs daher auch ihre Stimme erscholl, sie klang wieder ohne Unterschied in
5 allen edlen Herzen und forderte sie auf, überall die Bemühungen zu teilen, welche das feurige Geschlecht im Kampf mit der verglimmenden Vergangenheit aufbietet.

Dein Aufruf, o Deutschland! wird wider-
10 hallen überall, wo die Rechte wieder errungen werden sollen. Pressfreiheit ist das sicherste Mittel dazu. Deshalb streben Europas Tyrannen und Despoten nach ihrer Vernichtung; die Völker reichen sich die Hände, um
15 sie zu erhalten und die mörderischen Angriffe auf die Freiheit abzuwehren.

Wir, Trümmer eines betörten und verratenen Volkes, schöpften aus unseren Erfahrungen mehr als je die Überzeugung, dass das
20 Schicksal, das Glück des teuren Vaterlandes und des polnischen Volkes nicht früher gesichert wird, bis andere Völker ihre Selbstständigkeit so wie ihre ganze und vollkommene Freiheit gesichert haben würden. [...] Die
25 Völker wünschen anderen Völkern Glück. Deshalb pochen wir an die Tore der europäi-

schen Zivilisation, im Namen der Millionen Polen, welche auf Despotismus gegründete Privilegien in niedriger Knechtschaft erhalten wollen. Wir glauben nämlich, dass es
30 kein Volk und keine Nationalität gebe, wenn man aus ihr eine Masse, ein Volk ausstößt. Diese Völkerrechte werden in Euch, wie Euer Aufruf bekundet, tapfere, aufopfernde Verteidiger finden. Wir verbinden damit unsere
35 Wünsche und unsere Tat und alsdann wird durch das freie, demokratische Deutschland die Wiedergeburt des demokratischen Polens erfolgen.

Zit. nach: Wilhelm Binder, Diplomatische Geschichte der Polnischen Emigration, Cast, Stuttgart 1842, S. 313 f.

M 11 Der deutsche Publizist Richard Otto Spazier über Deutsche und Polen (1832)

Wir glauben so wahr wie an einen Gott, dass das polnische Volk, dessen Seele bereits erstand und in den Herzen der edelsten Bewohner des Weltteils lebt, über kurz oder
5 lang auch als Körper dastehen werde in jugendlicher Kraft und Frische und mit Lorbeer geschmückt unter seinen *freien* Brüdern in Europa. Denn wir glauben, dass ein Paradiesesmorgen über unseren Weltteil hereinbrechen, dass aber der Ruf: *Polen ist erstan-*
10 *den*, erst der Frühruf zu diesem Tag sein werde. Wir glauben, Polens Wiederherstellung sei, wie die heiligste Schuldabtragung, so das erste Unterpfand für die Ruhe und das Glück Europas; dass so lange der Fluch der
15 Sünde, das Bewusstsein eines Mordes den Weltteil niederdrücke.

Dies ist unser politisches Glaubensbekenntnis und es ist ein rationalistisches; denn der *Verstand* und die Lehren der *Ge-*
20 *schichte* verbinden sich dazu mit dem Glauben unseres Herzens.

Richard Otto Spazier, Über die letzten Ereignisse in Polen, besonders seit der Schlacht von Ostrolenka, mit einem Sendschreiben an Herrn Professor Krug, Altenburg 1832, S. 7 f.; zit. nach der Microfiche-Ausgabe, München, Saur, 1994.

1 Erarbeiten Sie aus M 9 bis M 11 die übereinstimmenden politischen bzw. nationalen und freiheitlichen Grundsätze von Deutschen und Polen. Erklären Sie diese Übereinstimmungen.

M 12 Der demokratische Exilpolitiker Ludwik Mierosławski in einer Rede in Paris (1845)

Die Revolution ist das Aufrufen aller erstarrten nationalen Kräfte zur Realisierung des uns verpflichtenden staatlichen Ideals. Und da unser Ideal ein geografisch unteilba-
5 res, sozial gleichberechtigtes und politisch allmächtiges Polen ist, so wird nach unseren Begriffen Polen im Revolutionszustand bleiben, bis es zu den äußersten Landesgrenzen von der Fremdherrschaft, bis in die letzten
10 sozialen Tiefen von Privilegien und in seinem ganzen Mechanismus von Kraftlosigkeit befreit wird.

M 13 Der Pole Z. Miłkowski in einer in Paris erscheinenden Exilzeitschrift (1858)

Weder Regierungen noch Völker, weder reguläre Kriege noch fremde Revolutionen werden den politischen Wiederaufbau Polens bewirken: In Friedenszeiten will niemand an
5 uns denken, während des Krieges oder einer Revolution kann man es nicht tun oder man hat keine Zeit dazu. Frankreich wird immer zu weit sein, England zu egoistisch, die Türkei zu schwach, die Völker viel zu sehr von
10 inneren Angelegenheiten in Anspruch genommen und die deutsche (sic!) und die moskowitische Regierung sind trotz aller Reform unseren Interessen zu sehr entgegengesetzt, als dass wir in unserer Sklavenlage eine
15 unmittelbare Hilfe erhoffen dürften. Dafür können aber alle diese Elemente, unsere Feinde inbegriffen, uns sogar unwillkürlich die Gelegenheit bieten, durch eigene Energie und Opfermut die uns im europäischen Staa-
20 tenbund entrissene Stellung zu erkämpfen.
M 12 und M 13 zit. nach: Wilhelm Feldmann, Geschichte der politischen Ideen in Polen seit dessen Teilungen (1795–1914), Oldenbourg, München 1917 (Nachdruck Osnabrück 1964), S. 182 f. u. 192.

> **1** Erarbeiten Sie aus M 12 und M 13 die Ziele und die Methoden der polnischen Politiker im Exil.
> **2** Diskutieren Sie die in M 12 und M 13 vertretenen Positionen zum Zusammenhang von polnischer Frage und Revolution sowie polnischer Frage und europäischer Politik.

M 14 Aus dem Manifest des Nationalen Zentralkomitees anlässlich des „Januaraufstandes" im russischen Teilungsgebiet vom 22. Januar 1863

Polen will und kann sich nicht widerstandslos dieser schändlichen Gewalt unterwerfen; es muss energischen Widerstand leisten, will es nicht vor der Nachwelt schmachvoll da-
stehen. Die Schar der tapferen, opferwilligen 5 Jugend, belebt von heißer Vaterlandsliebe und unerschütterlichem Glauben in die Gerechtigkeit und Hilfe Gottes, hat geschworen, das verfluchte Joch abzuwerfen oder unterzugehen. Ihr nach, polnische Nation, ihr 10 nach! Nach der schrecklichen Schmach der Unfreiheit, nach unerhörten Qualen der Unterdrückung ruft das Nationale Zentralkomitee, jetzt deine einzige legale Nationalregierung, dich auf zur schon letzten Schlacht, 15 auf das Feld des Ruhms und des Sieges. […] Dem wiedererstehenden Vaterland gibst du ohne Bedauern, Schwachheit oder Zögern dein Blut, dein Leben und deine gesamte Habe, die es benötigt. Dafür gibt dir das Natio- 20 nale Zentralkomitee die Zusage, […] dass dein Opfer nicht umsonst sein wird. […]
Sofort am ersten Tag seines öffentlichen Auftretens, als ersten Akt des heiligen Kampfes erklärt das Nationale Zentralkomi- 25 tee alle Söhne Polens ohne Unterschied des Glaubens und des Stammes, der Herkunft und des Standes zu freien und gleichen Bürgern des Landes. Der Boden, den das ackerbauende Volk bisher als Zinsbauer oder Fron- 30 bauer bearbeitete, wird von diesem Augenblick an sein bedingungsloses Eigentum mit dem Recht ewiger Erblichkeit sein. […]
Und jetzt wenden wir uns an dich, mos- 35 kowitische Nation: unsere traditionelle Losung ist die Freiheit und Brüderlichkeit der Völker; deshalb verzeihen wir dir sogar den Mord an unserem Vaterland. […] Wir verzeihen dir, denn auch du bist erbärmlich und 40 gequält, traurig und gemartert […]. Aber wenn du in dieser Entscheidungsstunde nicht Gewissensbisse empfindest für die Vergangenheit und heilige Sehnsucht für die Zukunft, wenn du Unterstützung gewährst 45 im Ringen mit uns dem Tyrannen, der uns tötet und dich mit Füßen tritt – wehe dir! Denn vor dem Angesicht Gottes und der

ganzen Welt verfluchen wir dich für die
50 Schmach ewiger Untertänigkeit und die
Qual ewiger Unfreiheit und fordern dich heraus zu einem schrecklichen Vernichtungs-
kampf – zur letzten Schlacht der europäischen Zivilisation mit der wilden Barbarei
55 Asiens.

*Übers. von H. H. Hahn; zit. nach: Hilke Günther-
Arndt u. a. (Hg.), Geschichtsbuch Oberstufe, Bd. 1,
Cornelsen, Berlin 2006, S. 384.*

1 a) Untersuchen Sie die in M 14 genannten
Ziele und Methoden des nationalen Frei-
heitskampfes der Polen.
b) Erklären Sie die politische Konzeption
aus dem Verhältnis zwischen russischer Regierung und polnischer Bevölkerung und
zeigen Sie die Folgen des Aufstandes für die
Polen auf. Ziehen Sie dafür M 1 mit heran.

M 15 Der polnische Historiker Jerzy Holzer über die unterschiedliche Stellung Polens und Deutschlands nach 1918 (1993)

Polen war zwar als unabhängiger Staat wie-
dererstanden. Ihm fehlten aber unzweideutig festgeschriebene Grenzen, es stritt sich
außerdem nicht allein mit Deutschland, son-
5 dern so gut wie mit allen seinen übrigen
Nachbarn. Polens Stellung in der europäischen Politik war schwach. Und selbst als es
zum Völkerrechtssubjekt geworden war,
blieb es doch meistenteils lediglich ein Ob-
10 jekt der internationalen ‚Realpolitik‘. Umgekehrt lag der Fall bei Deutschland. Freilich
hatte es seine Souveränität mit der Kapitulation infrage gestellt, wurde auch im Innern
von Revolution und Konterrevolution, von
15 Verfallserscheinungen und schließlich extre-
mistischen Bestrebungen gebeutelt und erschüttert, doch sein Potenzial blieb weithin
ein gewaltiges. Demnach war es zwar eine
zusammengebrochene Großmacht, hörte
20 aber [...] nicht auf, ein Grundpfeiler der internationalen Ordnung zu sein.

*Jerzy Holzer, 1918. Das Ende des Ersten Weltkrieges,
Deutschlands Zusammenbruch und die erste Wieder-
herstellung des polnischen Staates, in: Nordost-Archiv.
Zeitschrift für Regionalgeschichte, NF, Bd. 11, 1993,
H. 1, S. 7–18.*

1 Charakterisieren Sie die politische Stellung
Polens und Deutschlands nach 1918.

M 16 Streitpunkte zwischen Polen
und Deutschen nach dem Ersten Weltkrieg

*a) Deutsches Wahlplakat zur
Volksabstimmung in Schlesien, 1921*

*b) Polnisches Wahlplakat zur Volksabstim-
mung in Schlesien, 1921*

1 Beurteilen Sie anhand der Plakate M 16 a und b die Mittel und Methoden, mit denen Deutsche und Polen für sich warben.

c) Der Breslauer Geograf Wilhelm Volz zu den Volksabstimmungen von 1921 in Oberschlesien (1922):

Von höchstem Interesse ist es nun, die Abstimmung ins Einzelne zu verfolgen. Da ergibt sich, dass in den Gebieten sozialen Tiefstands die polnischen Stimmen zahlreich
5 sind; an den großen Verkehrslinien wird deutsch gestimmt, wo es keine alten Verkehrsstraßen, keine Eisenbahn gibt, dagegen polnisch, wo der Hüttenarbeiter, der in sozial besserer Lage ist, vorherrscht, gibt es deut-
10 sche Majoritäten; wo der Grubenarbeiter dagegen die Mehrheit hat, finden wir starke polnische Stimmenzahlen; wo besserer Boden zwischen Latifundien auf kleinsten Wirtschaften der Landmann sich plagen
15 muss, um sein Leben zu fristen, sind polnische Majoritäten. Also je höher der soziale Stand der Bevölkerung, desto mehr deutsche Stimmen. [...] Damit aber wird die ganze oberschlesische Frage zur kulturellen, zur so-
20 zialen Frage! Es ist ein grober Irrtum, in ihr ein nationales Problem zu sehen.

Wilhelm Volz, Oberschlesien und die oberschlesische Frage, Breslau 1922, zit. nach Jörg Luer, Die Oberschlesier im preußisch-deutschen Denken, in: Gesellschaft für interregionalen Kulturaustausch e. V. (Hg.), Wach auf, mein Herz, und denke. Zur Geschichte der Beziehungen zwischen Schlesien und Berlin-Brandenburg von 1740 bis heute, Berlin 1995, S. 85.

1 Bewerten Sie die Aussage in M 16 c: „Damit aber wird die ganze oberschlesische Frage zur kulturellen, zur sozialen Frage! Es ist ein grober Irrtum, in ihr ein nationales Problem zu sehen." Berücksichtigen Sie für Ihre Erörterungen auch M 16 a und b.

M 17 Der Historiker Heinrich August Winkler über das deutsch-polnische Verhältnis in der Zwischenkriegszeit 1918 bis 1939 (2003)

Auf der Ebene der populären Klischees blieb für Polen „der" Deutsche in der Zwischenkriegszeit ein martialisches Wesen, das entweder eine preußische Pickelhaube oder den
5 Mantel der Kreuzritter trug. Umgekehrt wur-

den die Polen in deutschen bildlichen Darstellungen häufig als heruntergekommenes Diebsgesindel gekennzeichnet und mit Schweinen und Läusen, Ratten und Wölfen verglichen. „In den antipolnischen Feindbil-
10 dern der Weimarer Republik mischt sich ohnmächtige Wut und tiefe Verachtung für den neuen Nachbarn im Osten", urteilt der deutsche Historiker Rudolf Jaworski. „Der polnische ‚Saison- und Räuberstaat' wurde
15 nicht einmal als ebenbürtiger Kontrahent anerkannt, geschweige denn als möglicher Partner. Dass sich ausgerechnet dieser Staat ehemals preußische Territorien einverleibt hatte und sich auch noch zu den Sieger-
20 mächten zählen durfte, wurde als besondere Demütigung empfunden. Denn hier glaubte man ein in jeder Beziehung niedriger stehendes Volk über die große Kulturnation und ehemalige Weltmacht Deutschland unge-
25 straft triumphieren zu sehen." [...]

Die Arroganz gegenüber Polen, die sich in Deutschland lange vor 1918 eingebürgert hatte, war ein Teil jener kollektiven Gefühlslage, die den Nationalsozialismus erst
30 möglich machte. Der Nationalsozialismus steigerte die kulturelle Verachtung Polens bis zur physischen Vernichtung der polnischen Intelligenz. Am Ende des von Hitler entfesselten Zweiten Weltkrieges stand der Verlust
35 des deutschen Ostens. Es vergingen Jahrzehnte, bis die Deutschen in ihrer überwältigenden Mehrheit die Endgültigkeit dieses Verlustes akzeptierten. Inzwischen tun sie es.

Heinrich August Winkler, Im Schatten von Versailles. Das deutsch-polnische Verhältnis während der Weimarer Republik, in: Deutsche und Polen. Geschichte, Kultur, Politik, hg. v. Andreas Lawaty u. Hubert Orlowski, Deutsches Polen-Institut im Auftrag der Robert Bosch Stiftung, C. H. Beck, München 2003, S. 66 f.

1 Untersuchen Sie mithilfe von M 17 die deutsch-polnischen Vorurteile in der Zwischenkriegszeit.
2 Beschreiben Sie das deutsch-polnische Verhältnis.

Erarbeiten Sie Präsentationen

Thema 1
Historische Belastungen und nationale Vorurteile
Nationale Vorurteile drücken sich häufig in Karikaturen aus, wobei die Karikaturisten oft das Leid der Nationen und ihrer Bevölkerungen kritisieren.

Sammeln Sie Bildbeispiele zum deutsch-polnischen Verhältnis und erstellen Sie daraus eine Präsentation.

M 1 „Noch ist Polen nicht verloren!",
Karikatur der Zeitschrift Humoristische Blätter, Wien, 7. Februar 1886.
Bismarck wirft dem österreichischen Minister-präsidenten Taaffe Säcke mit Polen zu.

Thema 2
Das Niederwald-Denkmal bei Rüdesheim
Das Niederwald-Denkmal wurde 1877 bis 1883 als deutsches Nationaldenkmal zur Erinnerung an die Reichsgründung von 1871 erbaut. Mit einer Höhe von 38,18 m zählt es zu den größten Denkmälern des 19. Jahrhunderts in Deutschland.

Erstellen Sie eine Präsentation, in der Sie zunächst das Denkmal mit seinen einzelnen Elementen und deren Aussage vorstellen. Vergleichen Sie im zweiten Schritt das Niederwald-Denkmal mit anderen Nationaldenkmälern, z. B. der Siegessäule in Berlin (1873), dem Hermanns-Denkmal im Teutoburger Wald (1875), dem Kyffhäuser-Denkmal in Thüringen (1896) oder dem Völkerschlacht-Denkmal in Leipzig (1913). Berücksichtigen Sie dabei folgende Aspekte: Aussehen, Größe und Lage des Denkmals; Auftraggeber, Funktion und Entstehungsanlass; Darstellung und Gestaltungsmittel; Wirkung.

M 2 Das Niederwald-Denkmal bei Rüdesheim am Rhein, Schulwandbild, Farblithografie, um 1890

Webcode:
KH644681-078

Überprüfen Sie Ihre Kompetenzen

M 3 „Kommt es unter einen Hut? Ich glaube, 's kommt eher unter eine Pickelhaube!" Österreichische Karikatur, 1870

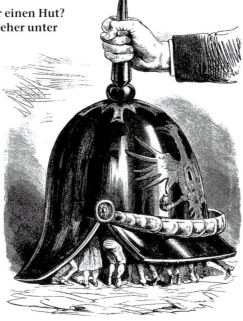

Zentrale Begriffe

Bismarck, Otto von
„Erbfeindschaft"
Macht-, Obrig-
keits- und Militär-
staat
Nation
Nationalbewegung
Nationalismus
Nationalstaat
Reichsgründung
Polnische Teilun-
gen
Deutscher Zoll-
verein

Sachkompetenz

1 Überprüfen Sie am deutschen und polnischen Beispiel die These von Karl W. Deutsch (S. 48): „Eine Nation ist ein Volk im Besitze eines Staates." Arbeiten Sie Gemeinsamkeiten und Unterschiede heraus.

2 „Einheit und Freiheit" war die zentrale Forderung der deutschen Nationalbewegung. Diskutieren Sie, ob dieses Ziel mit der Reichs-gründung 1870/71 erreicht wurde.

3 Erläutern Sie Inhalt sowie Ursachen, Wirkungen und Folgen des polnischen „Teilungstraumas".

Methodenkompetenz

4 Interpretieren Sie M 3.

Urteilskompetenz

5 Der 1870/71 gegründete deutsche Nationalstaat galt vielen For-schern lange Zeit als eine im Vergleich zu England oder Frankreich „verspätete Nation". Und die polnische Geschichte des 19. Jahr-hunderts wird bis heute oft mit dem Begriff „Nation ohne Staat" bezeichnet:
a) Erläutern Sie den Inhalt dieser Begriffe.
b) Diskutieren Sie, ob diese Begriffe die deutschen und polni-schen Verhältnisse angemessen kennzeichnen.
c) Vergleichen Sie zusammenfassend die deutsche mit der polni-schen Nationalgeschichte im 19. Jahrhundert. Formulieren Sie ggf. eigene Begriffe, um diese Entwicklungen zu charakterisieren.

5 Gesellschaft im Kaiserreich

Vielfalt und Widersprüchlichkeit des Nationalismus

Der **moderne Nationalismus** war und ist eine **vielgestaltige und widersprüchliche Bewegung.** Der Wille zur Nation und zum Nationalstaat kann sich sowohl mit der Forderung nach politischer und sozialer Liberalisierung und Demokratisierung als auch mit antiliberalen und antidemokratischen Bestrebungen zur Entrechtung und Ausgrenzung von politischen und sozialen Minderheiten verbinden.

In der Innenpolitik des Kaiserreiches führten nationalistische Denkhaltungen und -handlungen zu Konflikten. Solche Auseinandersetzungen entstehen, wenn in einer Gesellschaft Bevölkerungsgruppen und Minderheiten leben, die von staatlichen Institutionen oder politisch-sozialen Gruppen als integrationsunfähig oder integrationsunwillig angesehen werden. Dann richten sich Aggressionen gegen diese Bevölkerungsschichten, die als nicht zur Nation gehörig wahrgenommen werden. Diese Aggressionen können zur Ausgrenzung, zum Ausschluss oder zu anderen Formen der Feindschaft führen. Im Kaiserreich zeigten sich solche **Gegensätze und Spannungen** beispielsweise im „Kulturkampf" Bismarcks mit den Katholiken, im Verbot der sozialistischen Bewegung durch das Sozialistengesetz oder in den Schwierigkeiten im Zusammenleben mit nationalen Minderheiten wie Dänen oder Polen (s. S. 67 ff.) sowie im Entstehen eines modernen Antisemitismus (s. S. 109 ff.).

Indemnitätsstreit und Spaltung der Liberalen

Konflikte gab es in der deutschen Gesellschaft bereits vor der Reichsgründung. Ein herausragendes Beispiel dafür ist der Streit um die Indemnität* und die Spaltung der liberalen Fortschrittspartei (1866) durch Gründung der Nationalliberalen Partei (1867). Obwohl die Notwendigkeit einer Heeresreform in Preußen grundsätzlich unumstritten war, entwickelte sich aus der Debatte um die Modernisierung des Heeres eine tief greifende Kontroverse zwischen König Wilhelm und den Konservativen einerseits und den Liberalen andererseits über Militär und Verfassung. Die liberalen Mitglieder des Abgeordnetenhauses betrachteten das Budgetrecht als wichtigstes Parlamentsrecht, auf das sie keinesfalls verzichten wollten. Für 1860 und 1861 bewilligten sie daher nur einen provisorischen Haushalt. Sie befürchteten, der König wolle gemeinsam mit den Konservativen eine eigene „Parteiarmee" aufbauen, um die Verbürgerlichung des Militärs zu verhindern und die Militarisierung der Gesellschaft voranzutreiben. Der Konflikt spitzte sich 1861/62 zu: Als der preußische König abdanken wollte, weil die neue Regierung weitere Wahlen für sinnlos hielt, erbot sich der preußische Gesandte in Paris, der konservative Politiker Otto von Bismarck, das Amt des preußischen Ministerpräsidenten zu übernehmen. Am 22. September 1862 ernannte Wilhelm Bismarck zum Ministerpräsidenten. Er war der Einzige, der sich diese Aufgabe zutraute.

Als das Abgeordnetenhaus den Militärhaushalt ablehnte, erklärte sich Bismarck bereit, notfalls auch ohne Budget zu regieren. Aus seiner Sicht sah die Verfassung für einen solchen Konflikt zwischen Regierung und Parlament keine Lösung vor. Aber als Verfassunggeber habe der König ein Notrecht zur letzten Entscheidung, mit der er die „Lücke" in der Verfassung durch eigenes Handeln fülle (Lückentheorie). Außerdem war Bismarck fest davon überzeugt, dass „die großen Fragen der Zeit nicht durch Reden und Mehrheitsbeschlüsse, sondern durch Blut und Eisen entschieden werden".

Indemnität
Im Staatsrecht Bezeichnung für die nachträgliche parlamentarische Billigung einer von Regierungen in Notlagen begangenen rechtswidrigen Tat. Die Indemnität schließt den Schutz vor Verfolgung ein.

M 1 Bismarck-Karikatur aus der französischen Zeitung „Figaro" von 1870.
Die Bildunterschrift lautete: „Entschieden ist er – und ein gewaltiger Redner, das muss man ihm lassen."

In den nächsten Jahren wurde der Konflikt mit großer Erbitterung weitergeführt: Die Regierung arbeitete ohne gesetzlichen Haushalt, erklärte die Landtagsbeschlüsse für ungültig, löste 1863 erneut den Landtag auf und setzte einzelne Liberale Schikanen und Prozessen aus. Bis 1866 berief die Regierung den Landtag nicht mehr ein. Für die liberale Partei war diese Politik verfassungswidrig und absolutistisch. Die Regierung Bismarck saß im Verfassungskonflikt jedoch am längeren Hebel. Um ihre Ziele zu verwirklichen, nutzte sie die nationale Begeisterung über den militärischen Sieg über Österreich 1866. Die folgende Auflösung des Deutschen Bundes und die Weichenstellung zu einer Reichsgründung über den Norddeutschen Bund wurden von linken wie rechten Zeitgenossen als „Revolution von oben" verstanden. Die Konservativen wandten sich von Bismarck ab, weil er in ihren Augen die nationale Politik der Liberalen betrieb. Und die Liberalen, die in der nationalen Frage in Großdeutsche und Kleindeutsche (s. S. 20) gespalten waren und die Einigung nach der Erringung der Freiheit durch Verhandlungen anstrebten, betrachteten ihre Politik als gefährdet. Bismarck unterbreitete nach dem militärischen Erfolg von 1866 den Liberalen ein Versöhnungsangebot. Er schlug dem Landtag ein Gesetz vor, das den Haushalt der vergangenen Jahre nachträglich legalisieren sollte. Diese Indemnitätsvorlage fand eine Mehrheit, weil auch die Hälfte der Abgeordneten des Fortschritts zustimmte.

In diesem Konflikt spaltete sich von der liberalen Fortschrittspartei eine rechtsliberale Gruppe, die Nationalliberalen, ab. Sie räumten der nationalen Einheit den höchsten Rang ein. Die Nationalliberalen waren bereit, auf eine Führungsposition im Parlament bzw. in der Regierung zu verzichten und Kompromisse mit der konservativen Regierung einzugehen, wenn der nationale Einheitsstaat geschaffen würde. Den schrittweisen Ausbau des Verfassungsstaates und der bürgerlichen Gesellschaft wollten sie durch ihre Regierungsbeteiligung erreichen.

Kaiserlicher Macht-, Obrigkeits- und Militärstaat

Obrigkeitsstaat
autoritäre Herrschaft, in der die Regierung und die Beamten dazu neigen, die Bürger wie Untertanen zu verwalten, zu versorgen und zu reglementieren

Das 1870/71 gegründete Deutsche Reich war kein freiheitlich-parlamentarischer Nationalstaat, sondern ein autoritärer Macht-, Obrigkeits*- und Militärstaat (s. S. 49). Dieser autoritäre Staat behandelte seine Bürger nicht wie mündige Staatsbürger, die in politischen Angelegenheiten mitreden durften. Die Schwäche der Volksvertretung, des Reichstages, trug hierzu ebenso bei wie das Fehlen von Grundrechten in der Verfassung. Die Obrigkeit – Monarch, Regierung, Beamtenapparat – war überzeugt, die Bürger seien in erster Linie als Untertanen zu behandeln, also zu verwalten, zu versorgen und zu reglementieren. Das zeigte sich besonders bei den Gegnern des Reiches. Zwar besaß die Regierung keine einheitliche und gleichbleibende Konzeption, wie sie mit ihnen umgehen wollte. Aber in einigen Fällen gewährte der Staat seinen Bürgern keine Nachsicht und Toleranz, sondern zog Unterdrückung und Kampf vor. Die Katholiken wurden zeitweilig intensiv abgelehnt und bekämpft. Die Sozialisten mussten sogar das Verbot ihrer Organisationen und Propaganda hinnehmen. Nationale Minderheiten sahen sich aus der deutschen Nation ausgegrenzt. Auch die Juden wurden von den Antisemiten diskriminiert (s. S. 109 ff.).

M 2 Gruß von der Kaiserparade, Postkarte, 1909

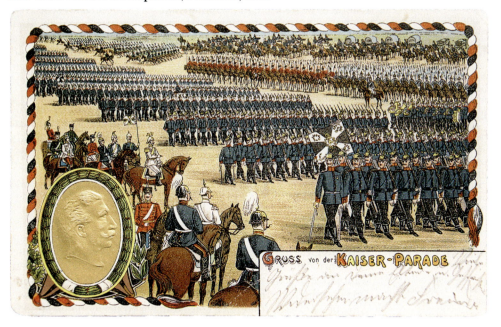

Der Staat des Deutschen Reiches gilt nicht nur als Macht- und Obrigkeitsstaat, sondern auch als Militärstaat. Tatsächlich besaß das **Militär eine Sonderstellung**. Sie beruhte auf der nahezu unbeschränkten Verfügungsgewalt des Kaisers über das Heer und einer uneingeschränkten über die Marine. Der Monarch entschied über Krieg und Frieden sowie über den Einsatz des Militärs in der Innenpolitik. Das Militär nahm auch in der Gesellschaft eine besondere Position ein. Die Schulerziehung bemühte sich intensiv um die Vermittlung militärischer Disziplin, Normen und Werte. In bürgerlichen und kleinbürgerlichen Schichten besaß das Militär ein hohes Ansehen. Es entwickelte sich zu einem wichtigen Bestandteil des Reichsgründungsmythos der Nation. Wegen dieser **Militarisierung von Politik und Gesellschaft** sprachen sozialdemokratische Kritiker des Reiches vom Militarismus des Deutschen Reiches. Aber auch einige Historiker verwenden den Militarismusbegriff* zur Kennzeichnung der kaiserlichen Gesellschaft.

Kampf gegen Katholiken

Nach der Reichsgründung bekämpfte Bismarck die Katholiken, da er bei der katholischen Zentrumspartei eine reichsfeindliche Haltung vermutete und deren Verbindung zu den preußischen Polen und den Elsässern beargwöhnte. Unterstützung fand Bismarck bei den Liberalen, die in der Zentrumspartei die Gegenaufklärung und den Sachwalter des Papstes erblickten. Der **preußische Kanzelparagraf** wurde auf das Reich ausgedehnt und damit das Behandeln staatlicher Angelegenheiten „in einer den öffentlichen Frieden gefährdenden Weise" im

Militarismus
(lat. *militaris* = soldatisch, kriegerisch) Vorherrschen militärischer Werte, Normen, Ziele und Einrichtungen im politischen, gesellschaftlichen und wirtschaftlichen Leben eines Landes. Zeichen dafür können sein:
– ungerechtfertigte Einmischung des Militärs in die Innen- und Außenpolitik
– gesteigerte Rüstung
– militärische Erziehungsansprüche gegenüber der Bevölkerung (z. B. Missbrauch der Autorität)

Jesuitenorden
Mitglieder der 1534 gegründeten katholischen Ordensgemeinschaft Gesellschaft Jesu. Neben Armut, Ehelosigkeit und Gehorsam verpflichten sich die Ordensangehörigen zu besonderem Gehorsam gegenüber dem Papst.

Zivilehe
Die Ehe als Rechtsinstitut des bürgerlichen und damit des staatlichen Rechts – im Gegensatz zur religiösen Ehe. Staatliche Instanzen betrachten dabei nur diejenigen als Eheleute, die entsprechend den Vorschriften des Bürgerlichen Gesetzbuches („standesamtlich") geheiratet haben.

geistlichen Amt zum Straftatbestand erhoben. 1871 wurde der Jesuitenorden* in Deutschland verboten und 1875 die obligatorische Zivilehe* eingeführt. Oppositionelle Geistliche konnten aus dem Reich verbannt werden. Obwohl der Staat damit alle Mittel ausschöpfte, geriet diese Machtprobe mit der katholischen Kirche – „Kulturkampf" genannt – zu einer schweren Niederlage. So waren zwar 1876 alle preußischen katholischen Bischöfe verhaftet oder ausgewiesen und ein Viertel der Pfarreien verwaist. Aber in den Landtags- und den Reichstagswahlen 1873/74 konnte das Zentrum seine Sitze verdoppeln und wurde 1881 sogar die stärkste Partei im Reichstag. 1879/80 legte Bismarck den Kulturkampf in Form eines Kompromisses bei: Die Kirchengesetze wurden gemildert, Kanzelparagraf und Zivilehe hingegen blieben erhalten.

Sozialistengesetz

Beim Kampf gegen die Sozialdemokratie verfolgte Bismarck eine **Doppelstrategie**: Mit seiner Sozialpolitik wollte Bismarck die Anhänger der Partei mit dem Staat versöhnen und in die Gesellschaft integrieren, während das Verbot sozialistischer Vereine, Versammlungen und Druckschriften die Handlungsmöglichkeiten der sozialistischen Bewegung beschränken sollte. Der Reichskanzler erblickte in den Sozialisten die stärkste Gefahr für das neue Reich. Um den Reichstag aufzulösen und das sogenannte **Sozialistengesetz** durchzusetzen, nutzte er zwei Attentate auf Kaiser Wilhelm I. im Mai und Juni 1878 aus, die allerdings der Sozialdemokratie nicht anzulasten waren. Das Gesetz verbot nicht nur sozialistische Organisationen und Propaganda, sondern ermöglichte auch die Ausweisung sozialistischer Agitatoren aus Orten und Bezirken und verschärfte polizeiliche Kontrollen.

Dennoch wies das Sozialistengesetz Lücken auf. Es war befristet, musste daher immer wieder verlängert werden und berührte weder das aktive noch das passive Wahlrecht. Die Sozialdemokratie konnte deswegen ihre Kandidaten zur Wahl stellen, ihre gewählten Vertreter repräsentierten die Partei im Reichstag, die Zahl ihrer Wähler stieg stetig an. Mit 1 427 000 Stimmen erhielt die Sozialdemokratie 1890 mehr als jede andere Partei. Die Sozialdemokraten führten ihre Parteiarbeit in der Illegalität in vielfältiger Form weiter: Ausweichmöglichkeiten boten Vereine für Sport, Bildung, Gesang, Musik, Wandern und Unterstützungsvereine. Die staatliche Unterdrückung förderte gleichzeitig die Radikalisierung der Partei, spontane Aktionen und Streiks nahmen zu.

Nationalitäten
Völkerrechtliche Bezeichnung für nationale (ethnische) Minderheiten in einem Staat. Als Nationalitätenstaaten werden solche Staaten bezeichnet, in denen eine Vielzahl von Nationalitäten leben, im 19. Jh. z. B. die Vielvölkerstaaten Österreich-Ungarn oder Russland. Siehe auch S. 110.

Nationale Minderheiten und Juden

Auch die nationalen Minderheiten* bzw. Nationalitäten* im kaiserlichen Deutschland, allen voran Polen, Dänen, Elsässer und Lothringer, wurden ausgegrenzt. Eine Sprachpolitik, die das Deutsche für alle zur Schul-, Geschäfts- und Amtssprache erhob, missachtete die nationalen Eigenarten. Polen (s. S. 67 ff.) und Dänen wehrten sich gegen die **Germanisierungspolitik** und wollten das Reich verlassen, die Lothringer ihr französisch geprägtes Leben bewahren. Weil die Verfassung keinen

Minderheitenschutz kannte, verschärfte sich die Nationalitätenproblematik im letzten Drittel des 19. Jahrhunderts, als sich ein aggressiver Nationalismus ausbreitete.

Aber nicht nur die nationalen Minderheiten, sondern auch die Juden sahen sich seit den 1870er-Jahren **antisemitischer Diskriminierung** ausgesetzt (s. S. 109 ff.), obwohl die Reichsverfassung ihre Gleichstellung rechtlich geregelt hatte.

Webcode:
KH644681-085

M 3 Gruß aus dem „Kölner Hof", Postkarte, 1879

1 Charakterisieren Sie den Staat des Deutschen Reiches.
2 Stellen Sie Unterschiede und Gemeinsamkeiten zwischen den unterschiedlichen Konflikten in Deutschland heraus: Indemnitätsstreit, „Kulturkampf" gegen Katholiken, Verbot sozialistischer Organisationen und Propaganda, Bekämpfung nationaler Minderheiten, Diskriminierung der Juden.
3 Erläutern Sie die Vielfalt und Widersprüchlichkeit des Nationalismus.

Hinweise zur Arbeit mit den Materialien

Die Materialien beschäftigen sich – erstens – mit dem **Staat des Deutschen Reiches**. M 4 zeigt den autoritären Charakter des kaiserlichen Obrigkeitsstaates und M 6 und M 7 verdeutlichen die besondere Stellung des Militärs in Politik und Gesellschaft. Die Befürworter und Gegner des Bismarckreiches und damit dessen Integrationsprobleme thematisiert M 5. Die Texte M 8 a–d befassen sich – zweitens – mit dem **Indemnitätsstreit und der Spaltung der Liberalen** in der Reichsgründungszeit. M 9 a, b und M 10 erlauben – drittens – die Analyse des „**Kulturkampfes**" mit der katholischen Kirche, während M 11 bis M 13 die Untersuchung des **Sozialistengesetzes**, seiner Folgen und politischen Ursachen anregen. In dem Dokument M 14 geht es – viertens – um die Situation der **Nationalitäten** im deutschen Nationalstaat. Und M 15 bietet – fünftens – die Chance einer zusammenfassenden Reflexion der **Vielfalt und Widersprüchlichkeit des Nationalismus** in der deutschen Geschichte.

Die Vertiefungsseiten zur **politischen Partizipation von Frauen**, S. 96 ff., beschäftigen sich mit dem weiblichen Kampf um Emanzipation und politische Mitsprache im 19. Jahrhundert. Die Vertiefungsseiten zum **Antisemitismus im Kaiserreich**, S. 109 ff., beschäftigen sich mit dem Emanzipationsprozess der deutschen Juden auf der einen Seite und mit dem Entstehen des modernen Antisemitismus auf der anderen Seite. Am Ende des Kapitels finden sich **weiterführende Arbeitsanregungen** und die Möglichkeit, die im Kapitel erworbenen **Kompetenzen zu überprüfen** (S. 122 f.)

M 4 Der Historiker Wolfgang J. Mommsen über den „autoritären Nationalstaat" des Deutschen Kaiserreiches (1992)

Das deutsche Kaiserreich bildet auch heute noch einen Fixpunkt für die nationale Identität der Deutschen. Obwohl es nicht aus einem freien Willensakt seiner Bürger, sondern
5 aus einer „Revolution von oben" hervorgegangen ist, wurde es mit den Jahren in den Augen seiner Bürger zur Verkörperung des deutschen Nationalstaats. […] Die Spuren seiner obrigkeitlichen Entstehung, dank der
10 souveränen Machtpolitik Bismarcks, hat das deutsche Kaiserreich zeit seines Bestehens niemals abschütteln können. Zwar verdankten sich die Gründung des Reichs und insbesondere die Reichsverfassung einem Kom
15 promiss zwischen den von Bismarck repräsentierten konservativen Kräften, insbesondere Preußens, das auch unter den neuen Verhältnissen ein Hort obrigkeitsstaatlicher Politik darstellte, und dem Libera
20 lismus, aber die Hoffnungen des liberalen Bürgertums, dass man das Reich nach und nach gemäß fortschrittlichen Grundsätzen werde ausbauen können, blieben unerfüllt. Die autoritären Elemente des deutschen Na
25 tionalstaats, der in seinem Kern eine Schöpfung staatlicher Machtpolitik war, blieben in Teilen sogar noch nach dem Sturz der Hohenzollern am Ende des Ersten Weltkrieges erhalten; sie haben es verhindert, dass sich nach der Revolution von 1918/19 eine wirk 30 lich lebensfähige demokratische Ordnung bilden und unter widrigen politischen und wirtschaftlichen Verhältnissen behaupten konnte. […]

Das insbesondere seit Anfang der 1890er- 35 Jahre immer stärker hervortretende „neudeutsche" nationale Pathos, das sich die bürgerlichen Schichten immer stärker zu eigen machten, war in mancher Hinsicht ein Surrogat [= Ersatz] echter politischer Selbstbe 40 stimmung, wie sie der Nation kraft der besonderen Struktur der Reichsverfassung, aber auch der politischen und gesellschaftlichen Verhältnisse bis zum Ende des Kaiserreichs vorenthalten blieb. Das Spannungsverhält 45 nis von autoritärer Staatsführung und freiheitlicher parlamentarischer Willensbildung durchzieht die Geschichte des deutschen Kaiserreichs in allen Lebensbereichen: in der inneren Politik, der Parteienstruktur, der 50 Wirtschaftsordnung, in Kunst, Literatur und Wissenschaft ebenso wie in der äußeren Politik. […] Eine Reform des Verfassungssystems blieb jedoch aus, und so wurde der Graben zwischen der politischen und der gesell 55 schaftlichen Verfassung immer tiefer und stellte schließlich sogar die Regierungsfähigkeit des Kaiserreichs selbst infrage. Unter den Nachfolgern Bismarcks gelang es immer weniger, einen Ausgleich der Interessen und Zielsetzungen der Führungseliten und der öffentlichen Meinung zu erreichen. Unter diesen Umständen wurden große Teile der bürgerlichen Schichten von immer radikaleren nationalistischen Begehrlichkeiten erfasst, die zunehmend die politischen Realitäten hinter sich ließen. Die Regierung sah sich jedoch in wachsendem Maße außerstande, hier steuernd einzugreifen, weil sie fürchtete, dass dies ihre eigene Autorität erschüttern und die bestehende halbautoritäre Staatsordnung untergraben würde. Unter solchen Umständen wurde das Kaiserreich 1914 in den Ersten Weltkrieg hineingetrieben, an dessen Ende der Zusammenbruch der Hohenzollernmonarchie und die Revolution von 1918/20 standen.

Wolfgang J. Mommsen, Der autoritäre Nationalstaat. Verfassung, Gesellschaft und Kultur im deutschen Kaiserreich, Fischer, Frankfurt/M. 1992, S. 7–9.

1 Arbeiten Sie mithilfe von M 4 die zentralen Merkmale des autoritären Nationalstaates des deutschen Kaiserreiches heraus.

M 5 Der Historiker Hans-Peter Ullmann über die Integrationsprobleme des kaiserlichen Deutschland (1999)

Das Deutsche Reich war ein Nationalstaat, und die Integration war sein drängendstes Problem, stand doch die Bevölkerung nicht einmütig hinter ihm: Während die einen den neuen Staat positiv sahen, lehnten andere ihn ab; und viele hatten seine Existenz noch kaum zur Kenntnis genommen. Für die Anhänger der Nationalbewegung war ein lange erstrebtes Ziel erreicht, zwar nur in kleindeutschem Rahmen, im Bündnis mit Preußen und deshalb um den Preis erheblicher Abstriche an liberalen Prinzipien. Dennoch fiel die Zustimmung zum Nationalstaat, misst man sie fürs Erste an den Ergebnissen der Reichstagswahlen vom März 1871, in den südwest- und norddeutschen Hochburgen der Nationalliberalen breit aus. Zu den entschiedenen Befürwortern zählten auch die Freikonservativen, während Teile der Linksliberalen ihm gegenüber Vorbehalte hegten. Das galt nicht minder für viele Katholiken, denen der preußisch-protestantische Charakter des Reichs Sorgen bereitete, sowie für die meisten Konservativen in Preußen, denen die Einigung als Sieg der bürgerlich-liberalen Nationalbewegung erschien.

Zwei größere Gruppen der Bevölkerung lehnten den kleindeutschen Nationalstaat ab. Da gab es erstens politische Minderheiten deutscher Nationalität: Großdeutsche, zu denen Teile der süddeutschen Liberalen, die zwar national, aber nicht preußisch eingestellt waren, sowie süddeutsche Konservative zählten, die noch am Alten Reich und am habsburgischen Kaisertum hingen; Partikularisten wie die Welfen in Hannover oder die bayerischen Patrioten, die einen dynastischen, einzelstaatlichen Patriotismus pflegten; sozialdemokratische Arbeiter, die nichts gegen einen deutschen Nationalstaat hatten, wohl aber, teils in demokratischer, teils in großdeutscher Tradition, etwas gegen dessen kleindeutsch-preußische Variante. Dann gab es zweitens nichtdeutsche ethnische Minderheiten. Sie wollten dem Kaiserreich nicht angehören, weil er ein deutscher Nationalstaat war, und beriefen sich dabei auf eben die Idee, die ihm zugrunde lag: das Nationalitätsprinzip. Zu diesen nationalen Minderheiten gehörten jene, die polnisch sprachen und von denen sich immer mehr zur polnischen Nation rechneten. Die meisten lebten in den preußischen Ostprovinzen. Hinzu kamen Elsässer und Lothringer im Westen und Dänen im Norden. Diese Minderheiten waren weder sozial oder politisch homogen, noch nahmen sie eine einheitliche Haltung zum neu gegründeten Nationalstaat ein. Auch steuerte die preußisch-deutsche Nationalitätenpolitik zwischen Integration und Assimilation, zwischen Nachsicht und Repression keinen gleichbleibenden Kurs. Denn die an ihr beteiligten politischen Akteure und Institutionen zogen nicht an einem Strang, der Einfluss gesellschaftlicher Kräfte wuchs, und die Rahmenbedingungen wandelten sich. Das galt in unterschiedlicher Weise für die Nationalitätenprobleme im Westen, Norden und Osten des Reichs.

Der Nationalstaat hatte nicht nur Anhänger und Gegner. Es gab auch, jedenfalls zur Zeit der Reichsgründung, große Teile der Be-

völkerung, für die er noch nicht zu existieren schien, weil sie nach wie vor in ihren be-
75 grenzten Welten, nämlich ihren regionalen und lokalen Erfahrungsräumen lebten. Zwar hatte die innere Nationsbildung auf wirtschaftlicher, soziokultureller und politischer Ebene bis zur Reichsgründung Fortschritte
80 gemacht, sie war aber je nach sozialer Schicht, Region oder Konfession unterschiedlich weit vorangekommen. Im Kaiserreich setzte sich die Entwicklung fort. Doch brachen immer wieder die konfessionelle
85 Spaltung, das fortdauernde Eigengewicht der Regionen sowie die soziokulturelle Segmentierung der Gesellschaft auf. Obwohl allmählich eine nationale Gesellschaft entstand, blieb sie von Rissen durchzogen. Vielerorts
90 traten diese hervor, nicht zuletzt im Streit um die Symbole des Nationalstaats. Für innere Nationsbildung und nationale Integration gewannen darum Staat und Politik zentrale Bedeutung.

Hans-Peter Ullmann, Politik im Deutschen Kaiserreich 1871–1918, Oldenbourg, München 1999, S. 1 f.

> **1** Bestimmen Sie mithilfe von M 5 die wichtigsten Befürworter und Gegner des Kaiserreichs.
>
> **2** Erörtern Sie, welche Folgen die Zerrissenheit der deutschen Gesellschaft für die Integration der Bevölkerung im neu gegründeten deutschen Nationalstaat besaß.

M 6 Der Historiker Hans-Peter Ullmann über Militärstaat und Militarismus im Kaiserreich (1999)

Das Kaiserreich war nicht zuletzt ein Militärstaat. Denn das Militär, Droh- und Kampfinstrument für äußere Konflikte wie für innere Unruhen, stand als ein eigenständiger
5 Machtfaktor weitgehend außerhalb von Verfassung, Verwaltung und Recht. Diese Sonderstellung, ein Erbe aus vorkonstitutioneller Zeit, beruhte auf der Kommandogewalt des Kaisers über Heer und Marine. Sie mach-
10 te das Reichsheer, obwohl aus Kontingenten der Einzelstaaten mit zum Teil noch selbstständiger Heeresverwaltung zusammengesetzt, zu einer einheitlichen, preußisch geprägten Armee, während sich die Marine als
15 neu geschaffene Teilstreitkraft zu einer Insti-

tution des Reichs entwickelte. Den Oberbefehl über beide Waffengattungen übte der Kaiser durch zahlreiche ihm unmittelbar unterstehende, oft miteinander rivalisierende militärische Kommando- und Verwaltungs-
20 stellen aus. Das Militär war der zivilen Gewalt nicht unter-, sondern nebengeordnet. So verstrickten sich beide immer wieder in heftige Auseinandersetzungen, die allein der Kaiser schlichten konnte, griffen Militärs in
25 politische Entscheidungen ein oder wurden diese militärischen Erwägungen untergeordnet. Nicht minder spannungsvoll standen Kommandogewalt und Parlamentsrechte gegeneinander. Während der Kaiser über Perso-
30 nal oder Gliederung der Verbände allein entschied, konnte das Parlament lediglich bei der Finanzierung und einigen anderen Fragen mitreden. Das schränkte die parlamentarische Kontrolle der Militärpolitik erheblich
35 ein. Doch nicht nur im politischen System, in dem das Militär einen überstarken Einfluss hatte, auch in der Gesellschaft nahm es eine Sonderstellung ein. Diese wurde von staatlicher Seite etwa durch die Schulerzie-
40 hung gefördert, zugleich aber von größeren Teilen der Bevölkerung akzeptiert.

Das galt weniger für die Arbeiterschaft mit ihrem ambivalenten Verhältnis zum Militär, mehr dagegen für bürgerliche und kleinbür-
45 gerliche Kreise. Bei ihnen stand das Militär, besonders sein Offizierskorps, nach den Einigungskriegen von 1864, 1866 und 1870/71 in hohem Ansehen, symbolisierte als Teil des Reichsgründungsmythos die Nation. Diese
50 Militarisierung von Politik und Gesellschaft trat in ganz unterschiedlichen Formen in Erscheinung, wandelte sich auch während des Kaiserreichs, blieb aber sein am meisten hervorstechendes Merkmal.
55
Hans-Peter Ullmann, Politik im Deutschen Kaiserreich 1871–1918, Oldenbourg, München 1999, S. 6 f.

> **1** Analysieren Sie mithilfe von M 6 die Stellung des Militärs in Politik und Gesellschaft des Kaiserreiches.

M7 Junge in preußischer Uniform mit Eisernem Kreuz und Pickelhaube, Fotografie, um 1915

1 Erläutern Sie anhand von M7 den Begriff „Militarismus".

M8 Indemnitätsstreit und Liberale

a) Aus Bismarcks Notiz, die eine Erklärung zur Ablehnung des Militärhaushaltes durch die Abgeordnetenkammer vom 30. September 1862 enthält:

Der Konflikt drehe sich bei uns um die Grenze zwischen Krongewalt und Parlamentsgewalt. Die Krone habe noch andere Rechte, als die in der Verfassung ständen. Er gebe die
5 Hoffnung nicht auf, dass die Krisis, wie sie auch enden möge, zum Wohle des Landes ausschlagen werde. […]

Preußen muss seine Kraft zusammenfassen und zusammenhalten auf den günstigen
10 Augenblick, der schon einige Male verpasst ist; Preußens Grenzen nach den Wiener Verträgen sind zu einem gesunden Staatsleben nicht günstig; nicht durch Reden und Majoritätsbeschlüsse werden die großen Fragen
15 der Zeit entschieden – das ist der große Fehler von 1848 und 1849 gewesen – sondern durch Eisen und Blut. […]

Wenn kein Budget zustande komme, dann sei *Tabula rasa*; die Verfassung biete
20 keinen Ausweg, denn da stehe Interpretation gegen Interpretation; *summum ius, summa iniuria*; der Buchstabe tötet.

Otto von Bismarck, Die gesammelten Werke, Bd. 10, Otto Stolberg & Co. Verlag für Politik und Wirtschaft, Berlin 1928, S. 138 f.

1 Charakterisieren Sie den Ton dieses Textes.
2 Interpretieren Sie den Sinn des letzten Absatzes.

b) Aus Bismarcks Proklamation des budgetlosen Regiments vom 13. Oktober 1862:

Nachdem der Gesetz-Entwurf über den Staatshaushalts-Etat für das Jahr 1862 in der von dem Abgeordnetenhause beschlossenen Feststellung wegen seiner Unzulänglichkeit von dem Herrenhause verworfen worden, 5 findet sich die Regierung Seiner Majestät des Königs in der Notwendigkeit, den Staatshaushalt ohne die in der Verfassung vorausgesetzte Unterlage führen zu müssen. Sie ist sich der Verantwortlichkeit in vollem Maße 10 bewusst, die für sie aus diesem beklagenswerten Zustande erwächst; sie ist aber ebenso der Pflichten eingedenk, welche ihr gegen das Land obliegen, und findet darin die Ermächtigung, bis zur gesetzlichen Feststel- 15 lung des Etats die Ausgaben zu bestreiten, welche zur Erhaltung der bestehenden Staatseinrichtungen und zur Förderung der Landeswohlfahrt notwendig sind, indem sie die Zuversicht hegt, dass dieselben seiner 20 Zeit die nachträgliche Genehmigung des Landtages erhalten werden.

Ernst Rudolf Huber (Hg.), Dokumente zur deutschen Verfassungsgeschichte, Bd. 2, Kohlhammer, 3. Aufl., Stuttgart 1986, S. 53.

1 Erklären Sie den Gegenstand des Konfliktes in M8b.
2 Benennen Sie die Perspektive, die Bismarck als Konfliktlösung betrachtet.

c) Bismarcks Friedensangebot an die preußische Kammer der Abgeordneten nach dem Sieg über Österreich vom 1. September 1866 (Indemnitätsvorlage):

Wir wünschen den Frieden, weil unserer Meinung nach das Vaterland ihn im gegenwärtigen Augenblicke in höherem Grade bedarf als früher; wir wünschen ihn und suchen ihn namentlich deshalb, weil wir 5 glauben, ihn in gegenwärtigem Moment zu finden; wir hätten ihn früher gesucht, wenn wir früher hätten hoffen können, ihn zu finden; wir glauben ihn zu finden, weil Sie erkannt haben werden, dass die königliche Re- 10 gierung den Aufgaben, welche auch Sie in Ihrer Mehrzahl erstreben, nicht so fern steht, wie Sie vielleicht vor Jahren gedacht haben, nicht so fern steht, wie das Schweigen der Regierung über manches, was verschwiegen 15 werden musste, Sie zu glauben berechtigen

könnte. *(Bravo!)* Aus diesem Grunde glauben wir den Frieden zu finden, und suchen ihn ehrlich; wir haben Ihnen die Hand dazu ge-
20 boten, und der Kommissionsvertrag gibt uns die Bürgschaft, dass Sie in diese Hand einschlagen werden. Wir werden dann die Aufgaben, die uns zu lösen bleiben, mit Ihnen in Gemeinschaft lösen; ich schließe von diesen
25 Aufgaben Verbesserungen der inneren Zustände und Erfüllung der in der Verfassung gegebenen Zusagen keineswegs aus. *(Lebhaftes Bravo von allen Seiten.)* Aber nur gemeinsam werden wir sie lösen können, indem wir
30 von beiden Seiten demselben Vaterlande mit demselben guten Willen dienen, ohne an der Aufrichtigkeit des anderen zu zweifeln. *(Bravo!)*

Otto von Bismarck, Die gesammelten Werke, Bd. 10, Otto Stolberg & Co. Verlag für Politik und Wirtschaft, Berlin 1928, S. 278 f.

1 Erklären Sie den Begriff „Indemnität".
2 Erläutern Sie, um welchen Konflikt es 1862 bis 1866 in Preußen ging.
3 Erklären Sie, worin die Annäherung zwischen den Liberalen und Bismarck bestand.
4 Untersuchen Sie die Versprechen Bismarcks im Hinblick auf die verfassungsrechtliche Position, die er mit seiner Haltung stillschweigend einnimmt.

d) Wandel der liberalen Auffassungen – aus der Selbstkritik des Liberalen Hermann Baumgarten vom Oktober 1866:
Wie lange hatte man in liberalen Kreisen nach einem Mann geseufzt, der endlich Preußen kühn vorwärtsführen werde. Nun, jetzt war er nicht nur da, sondern er stand
5 bereits an der richtigen Stelle, er hatte schon ein gutes Stück Weges hinter sich. Freilich hatte er ein anderes Gesicht als die liberale Phantasie sich ausgemalt. Dafür stürmte er aber auch die steile Bahn des Sieges mit einer
10 Gewalt herauf, die weit über allen liberalen Phantasien war. Und in der Tat, hundert Gründe für einen empfahlen es, der preußischen Politik eine andere Wendung zu geben, als man vor Jahren beabsichtigt. Einer
15 recht gesunden, freien Entwicklung stand in Preußen nichts mehr im Wege als die Unfertigkeit seines Wuchses. […] An den größten Erlebnissen, die unsere Augen gesehen haben, sind wir gewahr geworden, wie höchst

20 hinfällig doch selbst diejenigen Hypothesen waren, auf die wir wie auf Felsengrund unsere nationale und liberale Politik in den letzten Jahren gebaut hatten. Fast alle Elemente unseres politischen Systems sind durch die
25 Tatsachen als irrtümlich erwiesen. […]
Sobald der deutsche Liberalismus für die großen Tatsachen, welche er anerkennt, mit voller Hingebung, unbeirrt durch untergeordnete Bedenken, eintritt, so kann es wohl
30 keinem Zweifel unterliegen, dass uns das nächste Jahrzehnt den deutschen Staat bringen wird, der für unsere Wissenschaft, Kunst, Moral ein ebenso zwingendes Bedürfnis geworden ist wie für unsere politische Entwick-
35 lung und nationale Machtstellung. Nur wir können diesen heilsamen Prozess hemmen, nur wir können uns selber in das alte Elend zurückstoßen. […]
Es wird vielleicht nicht an solchen fehlen, welche Verrat an der Partei nennen, was zu
40 tun mich nur treue Hingebung an die Partei bestimmen könnte. Läge mir nichts an dem Liberalismus, nun, ich würde mich nicht so sehr um ihn bemüht haben. Ich bin der festen Überzeugung, dass eine befriedigende
45 Lösung unserer politischen Aufgaben nur dann gelingen wird, wenn der Liberalismus aufhört, vorwiegend Opposition zu sein, wenn er dazu gelangt, gewisse unendlich wichtige Anliegen der Nation, für die nur er
50 ein volles und aufrichtiges Verständnis hat, in eigener gouvernementaler Tätigkeit zu befriedigen, wenn wir einen wohltätigen erfrischenden Wechsel liberaler und konservativer Regierungen bekommen. Der
55 Liberalismus muss regierungsfähig werden. Wer darin eine Verkümmerung der liberalen Größe findet, dass er, statt als Opposition ein Unbegrenztes zu fordern, als Regierung ein Geringes tun soll, dem kann ich freilich
60 nicht helfen.

Hermann Baumgarten, Der deutsche Liberalismus. Eine Selbstkritik, hg. v. Adolf Birke, Ullstein, Frankfurt/M. 1974, S. 130 ff.

1 Untersuchen Sie die Gründe für den Wandel im liberalen Denken bei Baumgarten.
2 Erörtern Sie Schwächen und Stärken der Neuorientierung im Liberalismus.
3 Beurteilen Sie die Haltung Baumgartens.

M 9 Aus den „Kulturkampfgesetzen"

a) *„Kulturkampfgesetze" für das Deutsche Reich:*
1) Ergänzung des Strafgesetzbuchs vom 10. Dezember 1871 (Kanzelparagraf) (Auszug).

Ein Geistlicher oder anderer Religionsdiener, welcher in Ausübung oder in Veranlas-
5 sung der Ausübung seines Berufes öffentlich vor einer Menschenmenge, oder welcher in einer Kirche oder an einem andern zu religiösen Versammlungen bestimmten Orte vor mehreren Angelegenheiten des Staates in ei-
10 ner den öffentlichen Frieden gefährdenden Weise zum Gegenstande einer Verkündigung oder Erörterung macht, wird mit Gefängnis oder Festungshaft bis zu zwei Jahren bestraft.
2) Gesetz, betreffend den Orden der Gesellschaft
15 *Jesu, vom 4. Juli 1872.*

§ 1. Der Orden der Gesellschaft Jesu und die ihm verwandten Orden und ordensähnlichen Kongregationen sind vom Gebiete des Deutschen Reiches ausgeschlossen. [...]
20 § 2. Die Angehörigen des Ordens der Gesellschaft Jesu [...] können, wenn sie Ausländer sind, aus dem Bundesgebiete ausgewiesen werden; wenn sie Inländer sind, kann ihnen der Aufenthalt in bestimmten Bezir-
25 ken oder Orten versagt oder angewiesen werden.

b) *Aus den „Kulturkampfgesetzen" für das Königreich Preußen:*
1) Gesetz, betreffend die Beaufsichtigung des Unterrichts- und Erziehungswesens, vom 11. März 1872 (preußisches Schulaufsichtsgesetz).

5 Unter Aufhebung aller in einzelnen Landesteilen entgegenstehenden Bestimmungen steht die Aufsicht über alle öffentlichen und Privat-Unterrichts- und Erziehungsanstalten dem Staate zu. [...]
10 Die Ernennung der Lokal- und Kreisschulinspektoren und die Abgrenzung ihrer Aufsichtsbezirke gebührt dem Staate allein.
2) Gesetz über die Vorbildung und Anstellung der Geistlichen vom 11. Mai 1873.
15 § 1. Ein geistliches Amt darf in einer der christlichen Kirchen nur einem Deutschen übertragen werden, welcher seine wissenschaftliche Vorbildung nach den Vorschriften dieses Gesetzes dargetan hat, und gegen

20 dessen Anstellung kein Einspruch von der Staatsregierung erhoben worden ist. [...]
§ 4. Zur Bekleidung eines geistlichen Amts ist die Ablegung der Entlassungsprüfung auf einem deutschen Gymnasium, die Zurück-
25 legung eines dreijährigen theologischen Studiums auf einer deutschen Staatsuniversität, sowie die Ablegung einer wissenschaftlichen Staatsprüfung erforderlich. [...]
§ 8. Die Staatsprüfung [...] wird darauf ge-
30 richtet, ob der Kandidat sich die für seinen Beruf erforderliche allgemeine wissenschaftliche Bildung, insbesondere auf dem Gebiet der Philosophie, der Geschichte und der deutschen Literatur erworben habe.

Johannes B. Kißling, Geschichte des Kulturkampfes im Deutschen Reiche, Bd. 2, Herder, Freiburg 1911, S. 460 ff.

1 Erklären Sie die Motive für die Gesetze in M 8. Berücksichtigen Sie die jeweiligen Konfessionen.

2 Bestimmen Sie, welche Bevölkerungsgruppe in Preußen von dem Gesetz über die Vorbildung von Geistlichen besonders getroffen werden sollte.

M 10 Der Zentrumspolitiker Ludwig Windthorst über den „Kulturkampf" (1873)

Windthorst (1812–1891) war Jurist und Abgeordneter des Preußischen Landtags sowie des Reichstages und Vorsitzender des Zentrums.
Die Übertreibung des Staatskirchentums, welche hier vor uns liegt, wird notwendig den Rückschlag nach dieser Richtung haben, und davon seien Sie überzeugt; dieser Rück-
5 schlag wird nicht stillstehen auf der Basis, die jetzt in der Verfassung liegt, er wird unzweifelhaft auf die Grundlage des amerikanischen Systems [d. h. eine völlige Trennung von Staat und Kirche] kommen. Das mögen
10 alle, die hier mitzuwirken haben, wohl überlegen, insbesondere auch die evangelischen Genossen dieses Hauses, denn für sie ist die Frage noch unendlich viel wichtiger als für die katholischen Mitglieder.

15 Wenn ich vorhin schon sagte, dass freilich diese Gesetze zu begreifen in der Tat unmöglich sei, so muss ich meinesteils erklären: Eine größere Tyrannei als in diesen

Gesetzen angebahnt wird, hat kaum zu ir-
20 gendeiner Zeit der Kirchengeschichte bestanden, da ist mir die reine, nackte Gewalt, wie
wir sie in den ersten drei Jahrhunderten, wie
wir sie in Russland noch jetzt dann und
wann vor uns sehen, viel lieber. Denn die ist
25 wenigstens offen und klar. Hier soll der Mord
durch Vergiftung geschehen. […] Nun ist
vielfach – und das war ja eigentlich die große
breite Basis der Diskussion – in Beziehung
auf die vorgelegten Gesetze die Bedürfnis-
30 frage behandelt worden. Man hat von Veränderungen in der Verfassung der katholischen
Kirche gesprochen, man hat von Aggressionen einzelner, vieler, aller Katholiken gere-
det, von einer Staatsgefährlichkeit der katho-
35 lischen Kirche überhaupt. Es ist dies nichts
Neues. Der göttliche Stifter der Kirche wurde
von Pilatus auch der Staatsgefährlichkeit be-
zichtigt. […] Das Gesetz beschäftigt sich zunächst mit der Erziehung, sodann mit der
40 Anstellung des Klerus; dass niemand ein
geistliches Amt haben soll, der nicht nach
Maßgabe des Gesetzes gebildet ist und gegen
den nicht der Staat Einspruch erhebt durch
den Oberpräsidenten, der schließlich ent-
45 scheidet, wenn man nicht etwa vonseiten
der kirchlichen Organe sich an den Minister
wenden will. Das heißt, um es klar auszu-
sprechen: Für die katholische Kirche wird in
Beziehung auf Erziehung und auf die Anstel-
50 lung des Klerus an die Stelle des Bischofs der
Oberpräsident und anstelle des Papstes Seine
Exzellenz der Herr Kultusminister gesetzt.
[…] Hiernach folgt im Gesetz die Frage der
Anstellung. Bei der Anstellung der Geistlich-
55 keit, und zwar in allen Graden, soll der Herr
Oberpräsident die Negative des Einspruchs
haben, eine wunderbare Logik, ein Einspruch, eine Negation!, ich glaube, dieser Begriff würde in dem Examen der Logik nicht
60 bestehen. […] Der Einspruch, der bewirken
soll, dass keine Anstellung erfolgen kann,
soll nur motiviert werden, mit staatsbürgerlichen Rücksichten. Ja, meine Herren, was
sind denn das für Rücksichten? Wenn man
65 den Staat so ausdehnt in seinem Wesen, in
seiner Wirkung, in seinem Kreise, dann gehört alles dahin […]. Ich habe die feste Überzeugung, dass dieses Gesetz vom Übel ist,
und dass es nichts bewirken wird als Unzu-
70 friedenheit und Trauer, namentlich auch für

viele Familien, denen ich dies erspart sehen
möchte, nicht sowohl in kirchlicher Hinsicht als wegen der Bildung und Versorgung
ihrer Kinder in der Zukunft. Deshalb bitte
ich Sie, dieses Gesetz abzulehnen. 75

Zit. nach: Johannes Hohlfeld (Hg.), Dokumente der
Deutschen Politik und Geschichte von 1848 bis zur
Gegenwart, Bd. 1: Die Reichsgründung und das Zeit-
alter Bismarcks 1848–1890, Wendler, Berlin 1951,
S. 329 ff.

1 Fassen Sie die Argumente Windthorsts zusammen.
2 Beurteilen Sie die Haltung Windthorsts.

M 11 Aus dem Gesetz gegen die gemeinge-
fährlichen Bestrebungen der Sozialdemokratie (Sozialistengesetz) vom 21. Oktober
1878

§ 1. Vereine, welche durch sozialdemokratische, sozialistische oder kommunistische
Bestrebungen den Umsturz der bestehenden
Staats- oder Gesellschaftsordnung bezwe-
cken, sind zu verbieten. 5
Dasselbe gilt von Vereinen, in welchen sozialdemokratische, sozialistische oder kommunistische auf den Umsturz der bestehenden Staats- oder Gesellschaftsordnung
gerichtete Bestrebungen in einer den öffent- 10
lichen Frieden, insbesondere die Eintracht
der Bevölkerungsklassen gefährdenden Weise zutage treten. […]
§ 9. Versammlungen, in denen sozialdemokratische, sozialistische oder kommunis- 15
tische, auf den Umsturz der bestehenden
Staats- oder Gesellschaftsordnung gerichtete
Bestrebungen zutage treten, sind aufzulösen.
Versammlungen, von denen durch Tatsa- 20
chen die Annahme gerechtfertigt ist, dass sie
zur Förderung der im ersten Absatze bezeich-
neten Bestrebungen bestimmt sind, sind zu
verbieten. […]
§ 11. Druckschriften, in welchen sozialde- 25
mokratische, sozialistische oder kommunistische, auf den Umsturz der bestehenden
Staats- oder Gesellschaftsordnung gerichtete
Bestrebungen in einer den öffentlichen Frieden, insbesondere die Eintracht der Bevölke- 30

rungsklassen gefährdenden Weise zutage treten, sind zu verbieten. [...]

§ 16. Das Einsammeln von Beiträgen zur Förderung von sozialdemokratischen, sozia-
35 listischen oder kommunistischen, auf den Umsturz der bestehenden Staats- oder Ge-
sellschaftsordnung gerichteten Bestrebungen sowie die öffentliche Aufforderung zur Leistung solcher Beiträge sind polizeilich zu
40 verbieten. [...]

§ 17. Wer an einem verbotenen Verein als Mitglied sich beteiligt, oder eine Tätigkeit im Interesse eines solchen Vereins ausübt, wird mit Geldstrafe bis zu 500 Mark oder mit Ge-
45 fängnis bis zu drei Monaten bestraft. [...] Ge-
gen diejenigen, welche sich an dem Verein oder an der Versammlung als Vorsteher, Leiter, Ordner, Agenten, Redner oder Kassierer beteiligen, oder welche zu der Versammlung
50 auffordern, ist auf Gefängnis von einem Mo-
nat bis zu einem Jahre zu erkennen.

§ 18. Wer für einen verbotenen Verein oder für eine verbotene Versammlung Räum-
lichkeiten hergibt, wird mit Gefängnis von
55 einem Monat bis zu einem Jahre bestraft.
[...]

*Zit. nach: Manfred Görtemaker, Deutschland im 19. Jahrhundert. Entwicklungslinien, 3. Aufl., Bun-
deszentrale für politische Bildung, Bonn 1987, S. 238, 243 f.*

1 Arbeiten Sie die politischen und sozialen Ziele des Sozialistengesetzes heraus.

**M 12 Aus den Memoiren August Bebels über die Wirkungen des Sozialistengeset-
zes (ursprünglich 1910)**

Sobald das Gesetz verkündet und in Kraft ge-
treten war, fielen die Schläge hageldicht. Binnen wenigen Tagen war die gesamte Par-
teipresse mit Ausnahme des Offenbacher Ta-
5 geblatts und der Fränkischen Tagespost in Nürnberg unterdrückt. Das gleiche Schicksal teilte die Gewerkschaftspresse mit Ausnahme des Organs des Buchdruckerverbandes, des „Korrespondenten". Auch war der Ver-
10 band der Buchdrucker, abgesehen von den Hirsch-Dunckerschen Vereinen, die einzige Gewerkschaftsorganisation, die von der Auflösung verschont blieb. Alle übrigen fielen

dem Gesetz zum Opfer. Ebenso verfielen der
15 Auflösung die zahlreichen lokalen sozialde-
mokratischen Arbeitervereine, nicht minder die Bildungs-, Gesang- und Turnvereine, an deren Spitze Sozialdemokraten standen. [...] Das Trümmerfeld des Zerstörten wurde er-
20 weitert durch die Verbote der nicht perio-
disch erscheinenden Literatur. Die Reihe der Verbote eröffnete das Berliner Polizeipräsidi-
um. An der Spitze der ersten Leporelloliste von 84 Verboten stand wie zum Hohn Leo-
25 pold Jacobys „Es werde Licht". [...]

Während wir so in voller Tätigkeit waren, aus den Trümmern, die das Sozialistengesetz uns bis dahin geschaffen hatte, zu retten, was zu retten möglich war, wurden wir am
30 29. November mit der Nachricht überrascht, dass am Abend zuvor der „Reichsanzeiger" eine Proklamation des Ministeriums veröffentlichte, wonach der kleine Belagerungszu-
stand über Berlin verhängt wurde. Dieser Hi-
35 obsbotschaft folgte am nächsten Tage die Mitteilung, dass 67 unserer bekanntesten Parteigenossen, darunter J. Auer, Heinrich Rackow, F. W. Fritzsche, Fischer, bis auf einen sämtliche Familienväter, ausgewiesen wor-
40 den seien. Einige mussten binnen 24 Stun-
den die Stadt verlassen, die meisten anderen binnen 48 Stunden, einigen wenigen räumte man eine Frist von drei Tagen ein. [...]

Damals gingen die Gerichte noch nicht so
45 weit, Sammlungen für die Ausgewiesenen zu bestrafen, später aber, als die Behörden sol-
che Sammlungen ausdrücklich aufgrund des Sozialistengesetzes verboten, wurde die Rechtsprechung eine andere. Wir mussten
50 jetzt die Sammlungen ausschließlich für die Familien der Ausgewiesenen vornehmen.
[...]

Die fortgesetzten Ausweisungen und die Schikanierung der Ausgewiesenen durch die
55 Polizei hatten aber einen Erfolg, den unsere Staatsretter nicht vorausgesehen. Durch die Verfolgungen aufs Äußerste erbittert, zogen sie von Stadt zu Stadt, suchten überall die Parteigenossen auf, die sie mit offenen Ar-
60 men aufnahmen, und übertrugen jetzt ihren Zorn und ihre Erbitterung auf ihre Gastge-
ber, die sie zum Zusammenschluss und zum Handeln anfeuerten.

Dadurch wurde eine Menge örtlicher ge-
65 heimer Verbindungen geschaffen, die ohne

die Agitation der Ausgewiesenen kaum entstanden wären. Der Vorgang erinnerte an die Verfolgung der Christen in den ersten Jahrhunderten unserer Zeitrechnung.

August Bebel, Aus meinem Leben, Dietz Verlag, Berlin (Ost) 1961, S. 626 ff.

1 Beschreiben Sie mithilfe von M 12 die Wirkungen des Sozialistengesetzes auf die sozialdemokratischen Organisationen und ihre Mitglieder.
2 Diskutieren Sie den Satz Bebels: „Der Vorgang erinnerte an die Verfolgung der Christen in den ersten Jahrhunderten unserer Zeitrechnung."

M 13 „Zur Warnung", Karikatur auf Bismarck, aus dem „Kladderadatsch", 1878.

Bilduntertext: „Das arglose Marienkäferchen [Liberalismus] hat mit dem schädlichen Coloradokäfer [Socialdemokratie] eine solche Aehnlichkeit, daß es häufig [von Bismarck] mit diesem verwechselt und arg zugerichtet wird."

Zur Warnung.

Das arglose Marienkäferchen hat mit dem schädlichen Coloradokäfer eine solche Aehnlichkeit, daß es häufig mit diesem verwechselt und arg zugerichtet wird.

1 Interpretieren Sie die Karikatur.

M 14 Der Historiker Christoph Kleßmann über Nationalitäten im Deutschen Kaiserreich (1984)

Mit der Realisierung der „kleindeutschen Lösung" 1866 und der Annexion Elsass-Lothringens 1871 wurde der Grundstein für die spezifische Ausformung des Nationalitätenproblems im kaiserlichen Deutschland gelegt. […] Am ehesten noch waren die Dänen im Norden des Reiches eine *quantité négligeable*[1], die u. U. auf dem Weg der Abtretung an Dänemark ohne Schaden zufriedenzustellen waren. 10

Ganz andere Dimensionen besaß demgegenüber die historisch seit den Teilungen überaus belastete „polnische Frage". Selbst wenn die 3,326 Mio. Polen (1905; ohne Masuren und Kaschuben) nur 5,5 Prozent der 15 Reichsbevölkerung darstellten […], stellte doch die Tatsache, dass etwa jeder elfte Einwohner Preußens Polnisch sprach, eine politische Herausforderung an den deutschen Nationalstaat dar. 20

Diese quantitativen Daten erweisen ihre historische Bedeutung freilich erst, wenn man sie regional und sozial differenziert. Die für Ostmitteleuropa kennzeichnende ethnische Gemengelage macht eine wie auch immer ausfallende Grenzziehung nach Sprachkriterien unmöglich. Das hatte sich schon 1848 erwiesen. Neben der Masse der polnischen Bevölkerung in der Provinz Posen und einer sehr starken polnischen Minderheit in 30 der Provinz Westpreußen verschwammen Volkstums-, Sprach- und politische Bekenntnisgrenzen insbesondere in Oberschlesien so stark, dass eine aussagekräftige Nationalitätenstatistik fast unmöglich wurde. In die 35 bunte Palette der Nationalitäten im Osten des Reiches gehörten darüber hinaus die katholischen Kaschuben im Gebiet der Weichselniederung (1905 ca. 72 500), die evangelischen Masuren – die einen altpolnischen 40 Dialekt sprachen, aber preußisch-königstreu fühlten und insofern nicht zu den Polen zu rechnen sind (1905 ca. 248 000) – und die Litauer (1905 ca. 101 500). Gegenüber diesen Gruppen hat die preußische Politik – anders 45 als gegenüber den Polen – nicht ohne Erfolg eine in den Mitteln behutsame, aber zielgerichtete Assimilation im Zeichen eines staatsnationalen Prinzips betrieben.

Gerade hier trat jedoch das Dilemma einer überzeugenden Legitimation der Nationalitätenpolitik im Westen, in Elsass-Lothringen, zutage. Zwar war die Zahl der nur Französisch Sprechenden vor allem in den östlichen Bezirken Lothringens mit ca. 146 000 (1910) relativ gering, jedoch fielen bei der großen Mehrheit der Bewohner Elsass-Lothringens Sprache und politisches Bekenntnis auseinander. Die deutsche kulturelle Vergangenheit hatte seit der Französischen Revolution kein entsprechendes politisches Selbstverständnis zur Folge.

Christoph Kleßmann, Nationalitäten im deutschen Nationalstaat, in: Dieter Langewiesche (Hg.), Das deutsche Kaiserreich, Ploetz, Freiburg 1984, S. 128.

1 *quantité négligeable:* wegen ihrer Geringfügigkeit und Unbedeutendheit vernachlässigbare Menge; 1900 lebten ca. 132 000 Dänen (= 0,43 % der Bevölkerung) im Reich

1 Untersuchen Sie mithilfe von M 14 die Situation nationaler Minderheiten im Deutschen Reich.

M 15 Die Vielgestaltigkeit und Widersprüchlichkeit des Nationalismus – Thesen des Historikers Dieter Langewiesche (1994)

Nationalismus umfasst in dem Bild, das hier entworfen wird, beides und setzt beides frei: Partizipation und Aggression. Wenngleich natürlich in unterschiedlichen Dosierungen in den verschiedenen Gesellschaften und zu unterschiedlichen Zeiten. Es gab und gibt Entwicklungen, aber sie sind nicht einlinig. Und kein Staat, keine Gesellschaft hat eindeutig gradlinige Entwicklungen von dem einen Pol zum anderen mitgemacht. Wichtig sind vielmehr die Mischungsverhältnisse, die unterschiedlichen und […] die wechselnden Annäherungen an den einen oder den anderen Pol. […]

In dieser Definition als Integrationsideologie ist die Außenabgrenzung als konstitutives Merkmal enthalten. Das ist wichtig. Denn Nationsbildung vollzieht sich stets als ein doppelseitiger Prozess: nach innen Integration, nach außen Abgrenzung. Beides ist doppelbödig. Auch die Außenabgrenzung hat eine Innenseite. Sie besteht darin, die Nation als Partizipationsgemeinschaft zusammenzuschweißen und handlungsfähig zu machen. Im Gegenbild erkennt sich die Nation, entwirft sie eine Vorstellung von sich selbst. Selbstbild durch Gegenbild, nicht selten gesteigert zum Feindbild.

Doch nicht nur der Blick auf die Außengrenze, auch der Wille zur Integration verbindet Partizipation mit Aggression. Denn die Forderung nach Integration hat historisch immer auch bedeutet, denjenigen Bevölkerungsgruppen, die man nicht als integrationswillig ansieht, die Vollmitgliedschaft in der angestrebten nationalen Gemeinschaft vorerst zu verwehren oder sie sogar auf Dauer auszuschließen, wenn sie als grundsätzlich integrationsunfähig gelten. Nationsbildung als Integrationsprozess darf also in der historischen Betrachtung nicht auf Partizipation verengt werden. Die schwierige Aufgabe des Historikers besteht vielmehr darin, den anderen Pol, die Aggression auch nach innen, in allen Phasen der geschichtlichen Entwicklung zu sehen und seine jeweilige Kraft in der konkreten historischen Situation zu gewichten. […]

Es führt in die Irre, eine ausschließlich emanzipatorische, noch unschuldige nationale Gesinnung der Frühzeit scharf abzugrenzen von einem entarteten Nationalismus späterer Zeiten. Es ist wichtig, die Veränderungen herauszuarbeiten, den zeitweisen Wandel etwa von einer linken zu einer rechten Kampfbewegung. Doch ein spezifisches Gemisch von Partizipation und Aggression kennzeichnet die Berufung auf die Nation als Letztwert gesellschaftlicher Legitimität zu allen Zeiten.

Dieter Langewiesche, Nationalismus im 19. und 20. Jahrhundert: zwischen Partizipation und Aggression, in: ders., Nation, Nationalismus, Nationalstaat in Deutschland und Europa, C. H. Beck, München 2000, S. 39 ff. (ursprünglich erschienen 1994).

1 Erklären Sie, inwiefern die Nationsbildung durch die beiden Pole Integration und Abgrenzung konstituiert wird (M 15).
2 Zusammenfassung: Überprüfen Sie diese These anhand einiger Beispiele aus diesem Kapitel.

Politische Emanzipation von Frauen

Das 19. Jahrhundert – ein „Jahrhundert der Frauen"?

Emanzipation (lat. *emancipare* = in die Selbstständigkeit entlassen) (Selbst-)Befreiung aus einem Zustand der Abhängigkeit und Unterdrückung, meist im Zusammenhang mit benachteiligten Gesellschaftsschichten (Arbeiter, Frauen, Juden)

„Eine Versündigung nicht nur am Weibe, sondern an Frauenwelten der Menschheit, am Prinzip der Schöpfung ist's: das Weib in Knechtschaft zu stoßen und darin zu erhalten, es auf den engen Kreis der Häuslichkeit beschränken zu wollen und somit auszuschließen von jenen anderen Zwecken des Menschentums, welche sich nicht auf die Familie beziehen." Mit diesen Worten beschreibt die Frauenrechtlerin Louise Otto-Peters 1851 die Stellung der Frau in den bürgerlichen Familien des 19. Jahrhunderts und macht sich auch für ihre Gleichberechtigung und Emanzipation* stark. War das 19. Jahrhundert ein „Jahrhundert der Frauen", wie die Historikerin Angelika Schaser 2006 den Aufbruch der Frauen zu politischer Mitsprache und Gleichberechtigung nannte? Oder verschärfte das 19. Jahrhundert die Unterschiede zwischen Männern und Frauen, schuf aber auch die Voraussetzungen zu ihrer langfristigen Abmilderung?

Frauenrollen vor 1800

Die Familie war in der Frühen Neuzeit in der Regel eine patriarchalische Familie. Darin besaß der Hausvater eine Vorrangstellung, die jedoch nicht mit einer absoluten Willkürherrschaft gleichzusetzen ist. Die Hausmutter war in der ländlichen Gesellschaft nicht allein Hausfrau und Mutter, sondern arbeitete im bäuerlichen Betrieb mit und beteiligte sich an der Existenzsicherung. Männer und Frauen konnten die anfallenden Arbeiten nur gemeinsam bewältigen. Das gilt in noch stärkerem Maße für Heimarbeiterfamilien: Die Frau war hier wie Mann und Kinder voll in den Prozess der Heimarbeit integriert. In den Handwerkerfamilien hingegen war dies nicht der Fall: Die Ehefrau eines Handwerkers stand zwar für Hilfsleistungen (Warenverkauf, Auftragsentgegennahme) zur Verfügung, ihre eigentliche Aufgabe war jedoch die Ernährung der Familie sowie die Kindererziehung. In Adelsfamilien musste sich die Frau dem Mann strikt unterordnen und gemeinsam mit ihm Repräsentationspflichten erfüllen. Ihre Zuständigkeit lag ausschließlich in der Leitung des Haushaltes, wobei sie von manuellen Arbeiten befreit war. Diese wurden vom Personal erledigt. In den bürgerlichen Familien begann der Prozess der Trennung von Arbeits- und Familienleben, der später die moderne Industriegesellschaft prägte. Der Beamte besaß mit der Amtsstube seinen eigenen Arbeitsbereich, von dem die Frau sowohl äußerlich geschieden lebte als auch keinen Einblick besaß. Die Beamtengattin musste sich um den Haushalt im engeren Sinn kümmern. Sie hatte ihrem Mann ein angenehmes Zuhause zu bieten, in dem er sich von seinem anstrengenden Berufsleben erholen konnte, und den Kindern eine Erziehung zu geben, die dem Aufstiegswillen der Familie entsprach. In Pfarrersfamilien musste sich die Pfarrfrau neben dem Haushalt auch der Gemeindearbeit widmen und als Vorbild für die Gemeindemitglieder ihren Mann bei dessen sozialen Aufgaben unterstützen.

Veränderungen seit dem Ende des 18. Jahrhunderts

Mit der Industrialisierung und der Herausbildung der bürgerlichen Gesellschaft trennten sich Arbeit und Privatsphäre und damit auch die Lebensbereiche von Männern und Frauen. Nach dem bürgerlichen Rollenverständnis war der Bereich des Mannes die Öffentlichkeit. Er war der „Ernährer" der Familie und zudem für Politik, Kultur und das gesellige Leben zuständig. Dagegen lagen die Sorge für das Wohl des Ehemanns und die Erziehung der Kinder bei den Ehefrauen. Diese ungleiche Rollen- und Machtverteilung zwischen den Geschlechtern fand ihre ideologische Absicherung in der seit dem ausgehenden 18. Jahrhundert verbreiteten Vorstellung von den „Geschlechtercharakteren". Danach galten „Vernunft", „Kraft" oder „Selbstständigkeit" als Eigenschaften des Mannes, während die Frau sich angeblich durch „Empfindung", „Hingabe", „Sittsamkeit" und „Bescheidenheit" auszeichne. Trotz zunehmender Erwerbstätigkeit von Frauen war die moderne Industriegesellschaft eine Männergesellschaft, in der die wirtschaftliche und gesellschaftliche Stellung der Frau von der ihres Mannes abhängig war.

Frauen im Beruf

Die Vorherrschaft der Männer wurde durch das Bildungswesen des 19. Jahrhunderts gestärkt, in dem Frauen der Besuch weiterführender und berufsbildender Schulen und vor allem eine Universitätsausbildung verwehrt waren. Für Töchter aus bürgerlichem Hause war der Besuch einer „höheren Töchterschule" vorgesehen, die auf die Rolle als Ehefrau und Mutter vorbereitete. Junge Frauen aus Bauern- oder Arbeiterfamilien erhielten nur eine unzureichende Volksschulausbildung. Entsprechend eingeschränkt waren ihre beruflichen Möglichkeiten. Für Angehörige des Bürgertums bot seit Mitte des 19. Jahrhunderts der Lehrerinnenberuf die Möglichkeit einer gewissen Selbstständigkeit, die viele Frauen ergriffen. Der Beruf des Dienstmädchens bot jungen Frauen aus Unterschichtenfamilien die Chance sowohl zum Gelderwerb als auch zum Erlernen wichtiger Fähigkeiten, die ihnen bei der Gründung einer eigenen Familie nützlich sein konnten. Allerdings war ihre Freiheit zum Teil extrem eingeschränkt. Für Arbeiterinnen in der sich entwickelnden Industriegesellschaft dagegen stellte Berufstätigkeit keine Chance, sondern Notwendigkeit dar. Die elende soziale Lage zwang zur Mitarbeit und zur Hinnahme niedriger Löhne und unmenschlicher Arbeitsbedingungen.

Bürgerliche Frauenbewegung

Gegen die Vorherrschaft der Männer und die soziale Benachteiligung der Frauen formierte sich seit Mitte des 19. Jahrhunderts eine Gegenbewegung. In der Revolution 1848/49 gründeten Frauen eigene Vereine und traten öffentlich für ihre Emanzipation in Politik und Gesellschaft ein. Mitte der 1860er-Jahre bildete sich eine organisierte Frauenbewegung heraus, an der ehemalige Achtundvierzigerinnen einen großen Anteil hatten. Dazu gehörte Louise Otto-Peters, die

Webcode:
KH644681-097

Paragraf 218
Am 15. Mai 1871 trat der § 218 des Strafgesetzbuches in Kraft, wonach eine Schwangere, „welche ihre Frucht abtreibt oder im Leib tötet", mit Zuchthaus bis zu fünf Jahren bestraft wird. Bei „mildernden Umständen" konnte die Zuchthausstrafe in eine Gefängnisstrafe umgewandelt werden.

1865 den „Allgemeinen Deutschen Frauenverein" (ADF) gründete, um die Bildungschancen von Frauen zu verbessern und deren Berufstätigkeit zu fördern. Eine verstärkte Integration in das Erwerbsleben strebte auch der 1866 von Adolf Lette in Berlin ins Leben gerufene „Verein zur Förderung der Erwerbstätigkeit des weiblichen Geschlechts" an, aus dem 1869 der „Verein Deutscher Frauenbildungs- und Erwerbsvereine" hervorging. In den 1890er-Jahren waren es erneut politisch aktive Frauen aus der Revolution 1848/49, die sich in Frauenverbänden organisierten und sich nun auch für die **rechtliche und politische Gleichstellung** von Frauen und Männern einsetzten. Das galt vor allem für den „Deutschen Verband für das Frauenstimmrecht", aber auch für den „Allgemeinen Deutschen Lehrerinnenverein", der um die Jahrhundertwende 16 000 Mitglieder zählte. Mittelpunkt der deutschen Frauenbewegung war seit 1905 der **„Bund Deutscher Frauenvereine" (BDF)**. Bis zum Ersten Weltkrieg fasste er über 2 000 Vereine mit fast 500 000 Mitgliedern unter seinem Dach zusammen. Die bürgerliche Frauenbewegung des 19. Jahrhunderts war jedoch keineswegs einheitlich, sondern es bildeten sich verschiedene Strömungen heraus. Die gemäßigte Mehrheit – besonders Angehörige des liberalen Bürgertums – vertraute auf die wachsende Einsicht und Kooperation der Männer und betonte die Mütterlichkeit als weibliche Eigenart. Die Frauen sollten über den engen Kreis der Familie hinaus für den Gemeinsinn in der Gesellschaft wirken. Dagegen klagte der kleinere radikale Flügel alle staatsbürgerlichen Rechte auch für Frauen ein und verlangte eine Reform des Paragrafen 218*.

Proletarische Frauenbewegung

Erfurter Programm
Das Erfurter Programm bildete bis 1921 die theoretische Grundlage sozialdemokratischer Politik. Der erste Teil beschreibt die Entwicklungsgesetze des Kapitalismus nach der Theorie von Karl Marx. Ein zweiter Teil enthält konkrete Forderungen: z. B. das Frauenwahlrecht, die Einführung des Acht-Stunden-Tages, die Abschaffung der Kinderarbeit sowie aller Gesetze, die zur Benachteiligung der Frau beitrugen.

Im kaiserlichen Deutschland entstand neben der bürgerlichen auch eine sozialdemokratische bzw. proletarische Frauenbewegung. Deren theoretische Grundlagen hatte **August Bebel** in seinem Buch „Die Frau und der Sozialismus" aus dem Jahre 1879 gelegt, das zu den meistgelesenen Büchern in der deutschen Sozialdemokratie gehörte. Aus der Sicht Bebels waren die Frauen in der kapitalistischen Gesellschaft doppelt unterdrückt: zum einen durch ihre soziale Abhängigkeit von den Männern im Privaten, zum anderen durch ihre wirtschaftliche Abhängigkeit im Bereich des Arbeitslebens. Diese zweifache Unterdrückung könne nur durch die Umgestaltung der kapitalistischen in eine sozialistische Wirtschafts- und Gesellschaftsordnung beseitigt werden. Folgerichtig verstanden die sozialdemokratischen Frauen ihr politisches Engagement gleichzeitig als antikapitalistischen Kampf. Sie unterstützten die im **Erfurter Programm*** von 1891 verankerte Forderung nach einem Wahlrecht für alle Staatsbürger „ohne Unterschied des Geschlechts". Darüber hinaus setzten sie sich für die Sicherung des Rechts auf Arbeit in der Verfassung und eine gesellschaftliche Verantwortung für die Kindererziehung ein.

1 Charakterisieren Sie die frühneuzeitlichen Geschlechterrollen.
2 Erläutern Sie die Veränderungen im Verhältnis zwischen Männern und Frauen seit dem Ende des 18. Jahrhunderts.
3 Beschreiben Sie die Entwicklung der Frauenbewegung und die unterschiedlichen Ziele der verschiedenen Strömungen im 19. Jahrhundert.

M 1 Der Kampf um die politische Emanzipation der Frau – ein Überblick

1791	Die französische Revolutionärin Olympe de Gouges fordert mit der „Erklärung der Rechte der Frau und Bürgerin" die Gültigkeit der Menschen- und Bürgerrechte auch für die Frau.
1848	Anfänge einer deutschen Frauenrechtsbewegung im Zuge der Revolution
1865	Gründung des „Allgemeinen Deutschen Frauenvereins" (ADF) auf dem internationalen Frauenkongress in Leipzig
1891	Die SPD fordert als erste deutsche Partei das Frauenwahlrecht.
1893	Gründung des ersten deutschen Mädchengymnasiums in Karlsruhe
1900	Zulassung von Frauen zum Universitätsstudium im Großherzogtum Baden; bis 1908 (Preußen) auch in den anderen deutschen Staaten
1919	Die Weimarer Reichsverfassung verleiht den Frauen das aktive und passive Wahlrecht. Erstmals werden in dieser Verfassung die staatsbürgerliche Gleichheit und die Geschlechtergleichheit festgelegt. Die Gesetzgebung der Weimarer Republik erkennt die volle Rechtsfähigkeit und politische Mündigkeit der Frau an.
1949	Die Verfassungen der Bundesrepublik Deutschland und der DDR erklären die Gleichberechtigung von Männern und Frauen.

M 2 Aus der „Erklärung der Rechte der Frau und Bürgerin" von Olympe de Gouges (1748–1793) von 1791

Mann, bist du fähig, gerecht zu sein? Eine Frau stellt dir diese Frage. Dieses Recht wirst du ihr zumindest nicht nehmen können. Sag mir, wer hat dir die selbstherrliche Macht
5 verliehen, mein Geschlecht zu unterdrücken? Deine Kraft? Deine Talente? Betrachte den Schöpfer in seiner Weisheit. Durchlaufe die Natur in all ihrer Majestät, die Natur, der du dich nähern zu wollen scheinst, und leite
10 daraus, wenn du es wagst, ein Beispiel für diese tyrannische Herrschaft ab. […] Suche, untersuche und unterscheide, wenn du es kannst, die Geschlechter in der Ordnung der Natur, überall findest du sie ohne Unter-
15 schied zusammen, überall arbeiten sie in ei-

ner harmonischen Gemeinschaft an diesem unsterblichen Meisterwerk. Nur der Mann hat sich aus der Ausnahme ein Prinzip zurechtgeschnitten. Extravagant, blind, von den Wissenschaften aufgeblasen und dege- 20
neriert, will er in diesem Jahrhundert der Aufklärung und des Scharfsinns, doch in krasser Unwissenheit, despotisch über ein Geschlecht befinden, das alle intellektuellen Fähigkeiten besitzt. Er behauptet, von der 25
Revolution zu profitieren, er verlangt sein Anrecht auf Gleichheit, um nicht noch mehr zu sagen.
Erklärung der Rechte der Frau und Bürgerin
Von der Nationalversammlung am Ende dieser 30
oder bei der nächsten Legislaturperiode zu verabschieden.
Präambel
Wir, die Mütter, Töchter, Schwestern, Vertreterinnen der Nation, verlangen in die Natio- 35
nalversammlung aufgenommen zu werden. In Anbetracht dessen, dass Unkenntnis, Vergessen oder Missachtung der Rechte der Frauen die alleinigen Ursachen öffentlichen Elends und der Korruptheit der Regierungen 40
sind, haben wir uns entschlossen in einer feierlichen Erklärung die natürlichen, unveräußerlichen und heiligen Rechte der Frau darzulegen, damit diese Erklärung allen Mitgliedern der Gesellschaft vor Augen ist 45
und sie unablässig an ihre Rechte und Pflichten erinnert; damit die Machtausübung von Frauen ebenso wie jene von Männern jederzeit am Zweck der politischen Einrichtungen gemessen und somit auch mehr geachtet 50
werden kann; damit die Beschwerden von Bürgerinnen, nunmehr gestützt auf einfache und unangreifbare Grundsätze, sich immer zur Erhaltung der Verfassung, der guten Sitten und zum Wohl aller auswirken mögen. 55
Das an Schönheit wie Mut im Ertragen der Mutterschaft überlegene Geschlecht anerkennt und erklärt somit, in Gegenwart und mit dem Beistand des Allmächtigen, die folgenden Rechte der Frau und Bürgerin: […]. 60
Zit. nach der Übers. von Ute Gerhard, Menschenrechte – Frauenrechte 1789, in: Viktoria Schmidt-Linsenhoff (Hg.), Sklavin oder Bürgerin? Französische Revolution und Neue Weiblichkeit 1760–1830, Marburg 1989, S.68f.

1 a) Untersuchen Sie, welche Rechte für die Frauen gefordert werden und wie sie begründet werden.

b) Beschreiben Sie das Männer- und Frauenbild, das in der Quelle entworfen wird. Diskutieren Sie beide Perspektiven.

M 3 Aus der Schrift „Verteidigung der Rechte des Weibes" der englischen Frauenrechtlerin Mary Wollstonecraft (1792)

[…] [U]nd so ergibt sich natürlich eine Folgerung, die ich stets vor Augen gehabt habe – dass nämlich beide Geschlechter, wenn sie immer mehr veredelt werden sollen, nicht
5 bloß in Privatfamilien, sondern auch in öffentlichen Schulen, zusammen erzogen werden müssen. Wenn die Ehe das engste Band der Gesellschaft ist; so sollten auch alle Menschen nach einem und demselben Muster er-
10 zogen werden. Geschieht das nicht, so wird das Verhältnis beider Geschlechter niemals auf den Fuß einer wahren Gleichheit kommen; ebenso wenig werden die Weiber die eigentümlichen Pflichten ihres Geschlechts
15 erfüllen, bis sie einmal aufgeklärte Bürgerinnen, bis sie, mit eignen Hilfsmitteln zur Erwerbung ihres Unterhalts ausgerüstet, wirklich frei und von den Männern unabhängig sein werden – unabhängig (setze ich, Miss-
20 deutungen vorzubeugen, hinzu) in dem Sinne, wie ein Mann von dem andern unabhängig ist. […]

Diesen Versuch zu bewerkstelligen, müssten Schulen für verschiedene Alter von der
25 Regierung errichtet werden, in welchen Knaben und Mädchen zusammen erzogen werden könnten. […]

Soll das Menschengeschlecht tugendhafter und folglich glücklicher werden, so müs-
30 sen beide Geschlechter nach einerlei Prinzip handeln: Wie lässt sich das aber erwarten, solange man nur einem erlaubt, die Vernunftmäßigkeit dieses Prinzips einzusehen? Soll ferner der bürgerliche Vertrag wirklich
35 billig und sollen jene aufklärenden Grundsätze, die allein das Schicksal des Menschen verbessern können, verbreitet werden; so muss man den Weibern verstatten, ihre Tugend auf Einsicht zu gründen, welches
40 kaum möglich ist, wenn sie nicht ganz so wie die Männer erzogen werden. […]

Dass gegenwärtig die Weiber durch Unwissenheit töricht und lasterhaft werden, lässt sich, meines Bedenkens, nicht bezwei-
45 feln: und dass sich von einer Revolution der weiblichen Sitten der wohltätigste Einfluss auf die Veredlung des ganzen Menschengeschlechts erwarten lasse, scheint sich wenigstens mit viel Wahrscheinlichkeit aus der
50 Beobachtung zu ergeben. […]

Ich bin fest überzeugt, dass der größte Teil weiblicher Torheiten aus männlicher Tyrannei entspringt […]. Bei der Verteidigung der Rechte, nach denen die Weiber gemein-
55 schaftlich mit den Männern streben sollten, habe ich mich nicht bemüht, ihre Fehler zu verkleinern, sondern darzutun, dass diese die natürliche Folge ihrer Erziehung und Lage in der Gesellschaft sind. Ist dies wirklich
60 der Fall, so fordert die Vernunft anzunehmen, dass sie ihren Charakter ändern und ihre Laster und Torheiten ablegen werden, sobald man ihnen Freiheit, im physischen, moralischen und bürgerlichen Sinne, zuge-
65 steht. Lasst das Weib an den Rechten des Mannes teilnehmen, so wird sie seinen Tugenden nacheifern – denn sie muss vollkommener werden, sobald sie der Dienstbarkeit entlassen ist, oder die Obergewalt rechtferti-
70 gen, die ein so schwaches Wesen an seine Pflichten kettet.

Zit. nach: Ute Gerhard, Petra Pommerenke, Ulla Wischermann (Hg.), Klassikerinnen feministischer Theorie. Grundlagentexte, Bd. I (1789–1919), Ulrike Helmer Verlag, Königstein/Ts. 2008, S. 38–40.

1 a) Charakterisieren Sie die Ideale von Wollstonecraft.
b) Stellen Sie die Kritik an den bestehenden Verhältnissen sowie die Methoden zur Schaffung einer Gesellschaft dar, in der Gleichberechtigung herrscht.

M 4 Aus der amerikanischen Seneca Falls Convention „Declaration of sentiments" (1848)

Diese Erklärung aus Seneca Falls markiert den Beginn der amerikanischen Frauenrechtsbewegung.
Wir halten folgende Wahrheiten für keines Beweises bedürftig: dass alle Männer und Frauen gleich geschaffen sind, dass sie von ihrem Schöpfer mit gewissen unveräußerlichen Rechten begabt sind; dass zu diesen Le-
5 ben, Freiheit und das Streben nach Glück ge-

hören; dass zur Sicherung dieser Rechte Regierungen eingesetzt werden, die den Rechtsgrund ihrer Macht aus der Zustim-
10 mung der Regierten ableiten. Sobald eine Regierungsform für diese Zwecke verderblich wird, so ist es das Recht derjenigen, die darunter leiden, ihr den Gehorsam zu verweigern und auf der Einsetzung einer neuen Re-
15 gierung zu bestehen […]. Die Klugheit wird allerdings verlangen, dass lange bestehende Regierungen nicht um oberflächlicher und vorübergehender Ursachen willen geändert werden. Und demgemäß hat alle Erfahrung
20 gezeigt, dass die Menschheit geneigter ist zu leiden, solange das Übel erträglich ist, als sich zu befreien, indem sie die Formen abschafft, an die sie gewöhnt ist. Aber wenn eine lange Reihe von Missbräuchen und Über-
25 griffen […] die Absicht verrät, sie unter einen absoluten Despotismus zu zwingen, so ist es ihre Pflicht, eine solche Regierung abzuschaffen und für neue Wächter ihrer zukünftigen Sicherheit zu sorgen. Solchergestalt
30 war das geduldige Leiden der Frauen unter diesem Regiment und solchergestalt ist jetzt die Notwendigkeit, die sie zwingt, die gleichberechtigte Stellung zu fordern, die ihnen gebührt.
35 Die Geschichte der Menschheit ist eine Geschichte wiederholter Schädigungen und Übergriffe vonseiten des Mannes gegenüber der Frau, die zum unmittelbaren Zweck die Begründung einer Tyrannei über sie haben.
40 Um dies zu beweisen, sollen die Tatsachen einer unvoreingenommenen Welt unterbreitet werden. Er hat ihr niemals erlaubt, ihren unveräußerlichen Anspruch auf das politische Stimmrecht auszuüben. Er hat sie ge-
45 zwungen, sich Gesetzen zu unterwerfen, bei deren Abfassung sie keine Stimme hatte. Er hat ihr Rechte vorenthalten, die man den unwissendsten und entartetsten Männern, Einheimischen und Fremden, gewährt. In-
50 dem er sie des vornehmsten Rechts eines Bürgers, des Wahlrechts beraubte und sie so ohne Vertretung in den gesetzgebenden Körperschaften ließ, hat er sie auf allen Seiten unterdrückt. Er hat die verheiratete Frau,
55 vom Standpunkt des Gesetzes aus, bürgerlich tot gemacht. Er hat ihr alles Eigentumsrecht genommen, sogar auf den selbstverdienten Lohn. […] Nun, angesichts dieser gänzlichen Knechtung der einen Hälfte unseres Volkes,

ihrer sozialen und religiösen Erniedrigung – 60 angesichts der oben erwähnten ungerechten Gesetze, und weil die Frauen sich beleidigt, unterdrückt und betrügerischer Weise ihrer heiligsten Rechte beraubt fühlen, bestehen wir darauf, dass sie sofort zu allen Rechten 65 und Privilegien zugelassen werden, die ihnen als Bürger der Vereinigten Staaten gehören. Indem wir dieses große Werk beginnen, sehen wir kein geringes Maß von Missdeutungen, Missverständnissen und Lächerlich- 70 keit voraus, aber wir werden jedes Mittel, das in unsere Macht gegeben ist, gebrauchen, um unser Ziel zu erreichen. Wir werden Redner aussenden, Abhandlungen verteilen, Bittschriften an den Staat und die gesetzge- 75 benden Körperschaften richten, und wir werden uns bemühen, die Kanzel und die Presse für unser Interesse zu gewinnen. Wir hoffen, dass dieser Versammlung eine Reihe von anderen Versammlungen in allen Teilen 80 des Landes folgen werden.

Zit. nach: Ute Gerhard, Petra Pommerenke, Ulla Wischermann (Hg.), Klassikerinnen feministischer Theorie. Grundlagentexte, Bd. I (1789–1919), Ulrike Helmer Verlag, Königstein/Ts. 2008, S. 82–84.

1 Arbeiten Sie die Forderungen der Erklärung und ihre Begründungen heraus.
2 Bestimmen Sie die Kampfmethoden.

M5 Aus einer Rede von Emmeline Pankhurst (1858–1928) in der Londoner Royal Albert Hall (1912)

Im Jahr 1903 gründete Emmeline Pankhurst in Großbritannien die „Women's Social and Political Union", eine bürgerliche Frauenbewegung, die sich mit öffentlichen Protesten, politischen Demonstrationen und Hungerstreiks für ein allgemeines Frauenwahlrecht einsetzte. Die Öffentlichkeit nannte diese Frauen abwertend „Suffragetten". Von den Suffragetten wurde dieser Begriff jedoch mit Stolz übernommen.
Es ist meine Aufgabe als Vorsitzende, die folgende Resolution zur Abstimmung zu bringen: „Dass diese Versammlung beschließen möge, die militante Agitation für das Frauenstimmrecht fortzusetzen, und ihre unerbitt- 5 liche Opposition gegen die Regierung und deren Verbündete erklärt, solange bis diese ihre Antistimmrechtspolitik aufgibt und das

politische Wahlrecht der Frauen gesetzmäßig
10 verankert." [...] Wir Frauenrechtlerinnen haben eine große Mission [...]. Sie besteht darin, die Hälfte der Menschheit zu befreien und durch diese Freiheit die Menschheit als Ganze zu retten und zu schützen.

15 Frauen in dieser Versammlung, wollt Ihr uns helfen, das zu tun? („Ja!") Gut, also dann, wenn Ihr es wollt, lasst jede feige Furcht beiseite. Legt Euch ins Zeug; seid militant. Seid militant auf Eure jeweils eige-
20 ne Art und Weise. Diejenigen von Euch, die ihre Militanz dadurch zum Ausdruck bringen können, dass sie ins Unterhaus gehen und sich weigern, es ohne zufriedenstellende Antwort zu verlassen, wie wir es in der frü-
25 hen Zeit der Bewegung taten – macht das. Diejenigen von Euch, die ihre Militanz dadurch zum Ausdruck bringen können, dass sie dem Partei-Mob bei Kabinettssitzungen entgegentreten und ihn an seine Prinzipien-
30 vergessenheit erinnern – macht das. Jene von Euch, die ihre Militanz dadurch ausdrücken können, dass sie unsere Anti-Regierungspolitik bei Nachwahlen unterstützen – tut das. Jene von Euch, die Fenster

einschlagen können – (großer Applaus) – jene 35 von Euch, die in ihrem Angriff auf das heilige Idol des Eigentums noch weiter gehen, um der Regierung klar zu machen, dass Eigentum und Besitz durch Frauen genauso gefährdet ist, wie es früher durch die Chartis- 40 ten gefährdet war – macht das.

Mein letztes Wort gilt der Regierung. Ich stifte diese Versammlung zur Rebellion an. (Überwältigender Applaus und große Begeisterung) [...] 45

Frauen in dieser Versammlung! Obwohl wir das Wahlrecht noch nicht errungen haben, sind wir militanten Frauen frei; unsere Seele ist frei, und Ihr, die Ihr eine freie Seele habt, vergesst den Leib. Denkt nur an die 50 Freiheit des Geistes und nehmt teil an dieser großartigen Rebellion der Frauen im zwanzigsten Jahrhundert.

Zit. nach der Übersetzung von Käthe Trettin in: Ute Gerhard, Petra Pommerenke, Ulla Wischermann (Hg.), Klassikerinnen feministischer Theorie. Grundlagentexte, Bd. I (1789–1919), Ulrike Helmer Verlag, Königstein/Ts. 2008, S. 356 f., 362 f.

1 Bestimmen Sie die Ziele der Suffragetten.
2 Erläutern Sie ihre Kampfmethoden.

M 6 Frauen in einer Zigarrenfabrik, Fotografie (Ausschnitt), 1910

1 Beschreiben Sie die Situation der Arbeiterinnen in M 6.
2 Vergleichen Sie die Situation von 1910 mit der heutigen Tätigkeit von Arbeiterinnen.

M 7 Rollenbilder und Lebenswirklichkeiten von Frauen in der Familie

a) Die Familie des Fotografen Theodor Hilsdorf, Fotografie, 1903

b) Bäckersfamilie Graf aus Berg am Starnberger See, Fotografie, um 1902.
Die Mutter des Schriftstellers Oskar (Maria) Graf (1894–1967) mit fünf von ihren acht Kindern.

c) Die Familie Brecht, Fotografie, 1908. Der Schriftsteller Bertolt Brecht (links), geb. 1898, als Sohn eines kaufmännischen Angestellten in Augsburg.

d) Katia Mann und ihre Kinder, Fotografie, um 1920.
Die Ehefrau des Schriftstellers Thomas Mann mit den ersten vier von sechs Kindern. Von links: Erika, Monika, Katia, Golo, Klaus.

1 Vergleichen Sie die Bilder M 7 a–d miteinander:
a) Beschreiben Sie die dargestellten Personen und ihr Verhältnis zueinander.
b) Analysieren Sie die dargestellten weiblichen Rollenbilder.
c) Erläutern Sie Unterschiede und Gemeinsamkeiten der Geschlechterrollen.

M 8 Bürgerliche und proletarische Frauenbewegung – ein Vergleich

a) Hedwig Dohm über die Ziele der bürgerlichen Frauenbewegung (1876):
Dohm (1831–1919) zählte gegen Ende des 19. Jahrhunderts zum radikalen Flügel der bürgerlichen deutschen Frauenbewegung.
Die Frauen fordern das Stimmrecht als ihr Recht. Warum soll ich erst beweisen, dass ich ein Recht dazu habe? Ich bin ein Mensch, ich denke, ich fühle, ich bin Bürgerin des
5 Staats, ich gehöre nicht zur Kaste der Verbrecher, ich lebe nicht von Almosen, das sind die Beweise, die ich für meinen Anspruch beizubringen habe. Der Mann bedarf, um das Stimmrecht zu üben, eines bestimmten
10 Wohnsitzes, eines bestimmten Alters, eines Besitzes, warum braucht die Frau noch mehr? Warum ist die Frau gleichgestellt Idioten und Verbrechern? Nein, nicht den Verbrechern. Der Verbrecher wird nur zeitweise
15 seiner politischen Rechte beraubt, nur die Frau und der Idiot gehören in dieselbe politische Kategorie. […]

Aus ihrer Macht über die Frauen leiten die Männer ihre Rechte den Frauen gegenüber her. Die Tatsache der Herrschaft ist aber kein 20
Recht. Gesetzlich bestimmen sie alle die Maßregeln, Gebräuche und Ordnungen, die zur Unterdrückung des weiblichen Geschlechts dienen, und nennen diese Arrangements dann einen Rechtszustand. Das Un- 25
recht wird aber nicht geringer, wenn ein Gesetz es sanktioniert hat, die Unterdrückung nicht weniger nichtswürdig, sondern nur umso furchtbarer, wenn sie einen universellen, einen weltgeschichtlichen Charak- 30
ter trägt. Es gibt kein Recht des Unrechtes oder sollte doch kein's geben. Solange es heißt: Der Mann will und die Frau soll, leben wir nicht in einem Rechts-, sondern in einem Gewaltstaat. […] Was sollen uns auch 35
Modifikationen, Milderungen und wohlwollende Berücksichtigungen, wo das Prinzip ein lasterhaftes ist, das Prinzip der Rechtlosigkeit der Frau vor dem Gesetz. Die Frauen wollen keine Gnadenbeweise und Privilegi- 40
en, sie betteln nicht um Wohltaten und Almosen. Sie fordern Gerechtigkeit. […]
Die Frauen verlangen das Stimmrecht, weil jede Klasse, die am politischen Leben unbeteiligt ist, unterdrückt wird; die Beteili- 45
gung am politischen Leben dagegen notwendig im Laufe der Zeit die Gleichheit vor dem Gesetze zur Folge haben muss. Die Klassen, die das Stimmrecht nicht üben dürfen, sind in der Gewalt der anderen Klassen, die es 50
üben. Dieses Prinzip ist stets so einstimmig von allen liberalen Parteien anerkannt wor-

den, dass die Verleugnung desselben, den Frauen gegenüber, schier unbegreiflich ist. [...] Der Mangel des Stimmrechts bedeutet
55 für die Frau: Du sollst kein Eigentum haben, keine Erziehung, kein Recht an den Kindern, dich darf der Mann, der Starke, züchtigen, dich stößt die Gesellschaft als Witwe mit dei-
60 nen unversorgten Kindern[...] in die Wüste des Elends. [...]

Es gilt, Euch zu retten, Ihr Frauen, aus dem traurigen, dumpfen Einerlei, aus der Monotonie Eures vegetierenden Daseins.
65 Reißt ab die Binde, mit der man Eure geistigen Augen verhüllt hat, damit Ihr gleich den Tieren in der Tretmühle den engen Kreislauf Eures Lebens ohne Unruhe und Schwindel vollendet. [...] Erhebt Euch und fordert das
70 Stimmrecht! [...] So sind auch die Frauen frei, weil in einem Staate freier Menschen es keine Unfreien geben kann. Die Menschenrechte haben kein Geschlecht.

Zit. nach: Anne Conrad u. Kerstin Michalik (Hg.), Quellen zur Geschichte der Frauen, Bd. 3: Neuzeit, Reclam, Stuttgart 1999, S. 318–321, 324, 326.

b) Clara Zetkin über die Grundsätze der proletarischen Frauenbewegung auf dem Gothaer Parteitag der SPD (1896):
Zetkin (1857–1933) war zunächst Mitbegründerin der bürgerlichen Frauenbewegung, trat jedoch 1878 in die Sozialistische Partei ein und entwickelte sich dann zu einer führenden Persönlichkeit der proletarischen Frauenbewegung. Sie war verheiratet mit einem russischen Revolutionär.
Wir würden der bürgerlichen Frauenbewegung Unrecht tun, wenn wir sie nur auf rein wirtschaftliche Motive zurückführen wollten. Nein, sie hat auch eine tiefernste geisti-
5 ge und sittliche Seite. Die bürgerliche Frau verlangt nicht nur ihr eigenes Brot, sondern sie will sich auch geistig ausleben und ihre Individualität entfalten. [...] [U]nd sowohl nach der wirtschaftlichen als nach der geistig
10 sittlichen Seite hin sind die Bestrebungen der bürgerlichen Frauenrechtlerinnen vollständig berechtigt.

Für die proletarische Frau ist es das Ausbeutungsbedürfnis des Kapitals, unaufhör-
15 lich Rundschau zu halten nach den billigsten Arbeitskräften, das die Frauenfrage geschaffen hat. Dieses Ausbeutungsbedürfnis hat eine reaktionäre, aber auch eine revolutionäre Seite: indem es die Gesellschaft

20 umwandelt aus einer Gesellschaft von Arbeitsbienen und Arbeitsdrohnen in eine Gesellschaft von lauter Arbeitern. Dadurch ist auch die Frau des Proletariats einbezogen in den Mechanismus des wirtschaftlichen
25 Lebens unserer Zeit, ist sie in die Werkstatt, an die Maschine getrieben worden. Sie ist herabgestiegen in das wirtschaftliche Leben, um dem Manne einige Hilfe im Erwerb zu bringen, und die kapitalistische Produkti-
30 onsweise verwandelte sie in eine Schmutzkonkurrentin; sie wollte Wohlstand in die Familie bringen, und als Folge zog eine größere Not in die proletarische Familie ein; die Proletarierfrau wurde selbsttätig erwerbend,
35 weil sie ihren Kindern das Leben sonniger und freundlicher gestalten wollte, und sie wurde ihren Kindern zum großen Teil entrissen. Sie wurde dem Mann als Arbeitskraft vollständig gleich: Die Maschine machte die
40 Muskelkraft überflüssig und überall konnte die Frauenarbeit sich mit den gleichen Ergebnissen für die Produktion betätigen wie die Männerarbeit. Und da sie eine billige Arbeitskraft war und vor allen Dingen eine
45 willige Arbeitskraft, die nur in den seltensten Fällen wagte zu löcken wider den Stachel der kapitalistischen Ausbeutung, so haben die Kapitalisten die Möglichkeit vervielfältigt, um die industrielle Frauenarbeit in der
50 höchsten Stufe anwenden zu können. Die Frau des Proletariats hat infolgedessen ihre wirtschaftliche Selbstständigkeit errungen, aber wahrhaftig! sie hat sie teuer erkauft und hat praktisch für den Augenblick nichts da-
55 bei gewonnen. [...]

Deshalb kann der Befreiungskampf der proletarischen Frau nicht ein Kampf sein wie der der bürgerlichen Frau gegen den Mann ihrer Klasse; umgekehrt, es ist der Kampf mit
60 dem Mann ihrer Klasse gegen die Kapitalistenklasse. Sie braucht nicht darum zu kämpfen, gegen die Männer ihrer Klasse die Schranken niederzureißen, die ihr bezüglich der freien Konkurrenz gezogen sind. Das
65 Ausbeutungsbedürfnis des Kapitals und die Entwicklung der modernen Produktionsweise nahm ihr diesen Kampf vollkommen ab. Umgekehrt, es gilt, neue Schranken zu errichten gegen die Ausbeutung der proletari-
70 schen Frau, es gilt, ihr ihre Rechte als Gattin, als Mutter wiederzugeben und zu sichern. Das Endziel ihres Kampfes ist nicht die freie

Konkurrenz mit dem Manne, sondern die Herbeiführung der politischen Herrschaft
75 des Proletariats. Hand in Hand mit dem Manne ihrer Klasse kämpft die proletarische Frau gegen die kapitalistische Gesellschaft. Allerdings stimmt sie auch den Forderungen der bürgerlichen Frauenbewegung zu. Aber
80 sie betrachtet die Erfüllung dieser Forderung nur als Mittel zum Zweck, damit sie gleich ausgestattet an Waffen mit dem Proletarier in den Kampf ziehen kann.

Zit. nach: Anne Conrad u. Kerstin Michalik (Hg.), Quellen zur Geschichte der Frauen, Bd. 3: Neuzeit, Reclam, Stuttgart 1999, S. 333 f.

---

1 Analysieren Sie M 8 a und b unter folgenden Gesichtspunkten:
a) Welche Kritik wird an den bestehenden Verhältnissen geübt?
b) Wie werden Frauenrechte begründet?
c) Welche Forderungen bzw. Ziele der Frauenbewegung werden formuliert?

2 Vergleichen Sie M 8 a und b miteinander.

M 9 Die Gründung des Allgemeinen Deutschen Frauenvereins (ADF) – Auszug aus dem Protokoll (1865)

Am Abend des 15. Oktober 1865 ward im Saale der Buchhändlerbörse, dem Lokal des Frauenbildungsvereins, die erste deutsche Frauenkonferenz durch Frau Louise Otto-Pe-
5 tes eröffnet, die, obwohl der öffentlichen Rede ungewohnt, sich dieses Amtes, sowohl als Vorsitzende des genannten Vereins wie auch als schriftstellerische Kämpferin für das Frauenrecht (sie gab schon von 1849–52 eine die-
10 sen Interessen dienende Frauenzeitung heraus) nicht entziehen konnte. Frl. Auguste Schmidt entwickelte in längerer Rede die natürliche Berechtigung der Frauen, sich aus der bisherigen Unterordnung zu der ihnen
15 gebührenden Gleichberechtigung neben dem Manne emporzuheben. Diese Reformation der Frauenstellung liege zumeist in der Hand der Frauen selbst und mehr als ein etwaiger Widerstand des männlichen Egois-
20 mus sei die Teilnahmslosigkeit derjenigen Frauen zu fürchten, die in den beschränkten Lebensverhältnissen, in der ewigen Kindheit und Unterordnung sich glücklich und befriedigt fühlten. […]

Menschen werden wollen die Frauen und 25 teilnehmen am Kranz der Arbeit und des Sieges. […] Zunächst vereinbarte man das hier folgende Programm:

§ 1. Wir erklären, nach dem Beschluss der ersten deutschen Frauenkonferenz: die Ar- 30 beit, welche die Grundlage der ganzen neuen Gesellschaft sein soll, für eine Pflicht und Ehre des weiblichen Geschlechts, nehmen dagegen das Recht der Arbeit in Anspruch und halten es für notwendig, dass alle der 35 weiblichen Arbeit im Wege stehenden Hindernisse entfernt werden.

§ 2. Wir halten es für ein unabweisbares Bedürfnis, die weibliche Arbeit von den Fesseln des Vorurteils, die sich von den ver- 40 schiedensten Seiten gegen sie geltend machten, zu befreien. Wir halten in dieser Hinsicht neben der Agitation durch Frauenbildungsvereine und die Presse, die Begründung von Produktivassoziationen[1], welche 45 den Frauen vorzugsweise empfohlen werden, die Errichtung von Industrieausstellungen für weibliche Arbeitserzeugnisse, die Gründung von Industrieschulen für Mädchen, die Errichtung von Mädchenherber- 50 gen, endlich aber auch die Pflege höherer wissenschaftlicher Bildung für das geeignete Mittel, dem Ziele näher zu kommen.

§ 3. Sich mit diesen Punkten eingehend zu beschäftigen und sie zu verwirklichen, so- 55 bald die nötigsten Mittel dazu vorhanden sind, ist der Zweck des A. D. Frv.

Zit. nach: Romina Schmitter, Frauen auf dem Weg zur Gleichberechtigung in Deutschland, Klett, Stuttgart 1996, S. 31.

---

1 Produktivassoziationen: Zusammenschluss von Arbeitern und Arbeiterinnen, die mit finanzieller Unterstützung des Staates selbst unternehmerisch tätig sein sollten

---

1 a) Beschreiben Sie die Hoffnungen und Sorgen der Frauen bei der Gründung des ADF.
b) Analysieren Sie die Aufgaben und Ziele des Vereins.
c) Erörtern Sie die Bedeutung des Frauenrechts auf Erwerbsarbeit.

M 10 Die Historikerin Angelika Schaser über den Kampf der Frauen um Bildung (2006)

Die Frauenbewegung definierte sich im Kaiserreich überwiegend als eine Frauenbildungsbewegung. Damit setzte sie sich von der „proletarischen" Frauenbewegung und
5 einem kurz vor der Jahrhundertwende stärker werdenden Flügel innerhalb der eigenen Reihen ab, der mehr Gewicht auf die Erwerbstätigkeit und die politische Gleichberechtigung als auf die Bildungsoffensive für
10 Frauen legte. Die Aktivistinnen der proletarischen Frauenbewegung hatten nicht selten die Ausbildungsstätten der „gemäßigten" Frauenbewegung durchlaufen und versuchten danach im Rahmen der Arbeiterbewe-
15 gung Bildungskonzepte für Arbeiterinnen zu entwickeln. Dabei setzten sie in der Regel auf Arbeiterinnenbildungsvereine und zielten meist von Anfang an auf die Bewältigung der „Doppelbelastung" der Frauen in Familie
20 und im Erwerbsleben. Die Rolle, die Arbeiterfrauen in der Familie zugewiesen wurde, orientierte sich unübersehbar an dem bürgerlichen Familienmodell. 1904 forderte Clara Zetkin die „Einheitlichkeit und Unentgelt-
25 lichkeit des Schulwesens vom Kindergarten bis zur Hochschule ohne Unterschied der Klasse und des Geschlechts". Mit dieser Forderung formulierte sie den von der SPD bald übernommenen bildungspolitischen Grund-
30 satz, dass durch ein vom Staat zu verantwortendes umfassendes Bildungsangebot Chancengleichheit für alle gesellschaftlichen Gruppen herzustellen sei.
Angeregt durch die pädagogischen Vor-
35 stellungen von Johann Heinrich Pestalozzi (1746–1827) und Friedrich Fröbel traten die seit den 1860er-Jahren entstehenden Frauenvereine in erster Linie für eine verbesserte Mädchenbildung und die Erschließung von
40 Erwerbsmöglichkeiten für Frauen ein. Dieses allgemein zu beobachtende Phänomen spiegelt sich schon in dem oft gewählten Vereinsnamen „Frauenbildungsverein" wider, den sich viele Lokalvereine des 1865 in Leip-
45 zig gegründeten Allgemeinen Deutschen Frauenvereins (ADF) gaben. Der überregional agierende ADF hatte in seinen Statuten festgelegt: „Der Allgemeine Deutsche Frauenverein hat die Aufgabe, für die erhöhte Bildung

50 des weiblichen Geschlechts und die Befreiung der Arbeit von allen ihrer Entfaltung entgegenstehenden Hindernissen mit vereinten Kräften zu wirken". Die Forderungen nach einer verbesserten Mädchenbildung
55 zielten in erster Linie auf die höhere Mädchenbildung. Denn die „höheren Töchterschulen" versprachen, den Weg zu einer akzeptablen Berufsausbildung für Frauen zu ebnen. Nach Beendigung der höheren Mäd-
60 chenschule war der Besuch eines oftmals den Schulen angeschlossenen Lehrerinnenseminars möglich. Nach zwei- oder dreijährigem Seminarbesuch konnten die erfolgreichen Absolventinnen Volksschullehrerin oder
65 Lehrerin für die unteren Klassen der höheren Mädchenschulen werden.
Die Forderung nach politischer Gleichberechtigung wurde zwar immer wieder gestellt, doch blieb dies für die deutsche Frau-
70 enbewegung zunächst ein Fernziel. Ihren Mitgliedern ging es um eine evolutionäre, nicht um eine revolutionäre Veränderung der Gesellschaft. Die Erfolge auf dem Gebiet der Frauen- und Mädchenbildung, die zum
75 größten Teil eben dieser „gemäßigten" Frauenbewegung zu verdanken waren, wurden bereits von den jungen Frauen in der Weimarer Republik als Selbstverständlichkeiten in Anspruch genommen. Dass der Zugang zu
80 höherer Bildung hart erkämpft worden und keineswegs gesichert war, geriet wenige Jahre nach der Zulassung der Frauen zum Universitätsstudium [1899/00–1909] in Vergessenheit.

Angelika Schaser, Frauenbewegung in Deutschland 1848–1933, Wissenschaftliche Buchgesellschaft, Darmstadt 2006, S. 23 f.

1 a) Erläutern Sie, warum sich die Frauenbewegung im Kaiserreich vorwiegend als Frauenbildungsbewegung verstand.
b) Erörtern Sie die unterschiedliche Einstellung der bürgerlichen und der proletarischen Frauenbewegung zur Bildung.
c) Beurteilen Sie die Bildungschancen von Mädchen und Frauen im 19. Jahrhundert aus heutiger Sicht.
2 Bewerten Sie Schasers These, den Mitgliedern der deutschen Frauenbewegung ging es um eine „evolutionäre, nicht um eine revolutionäre Veränderung der Gesellschaft".

M 11 „Fräulein Doktor", Postkarte, 1905

1 Interpretieren Sie diese Karikatur.
2 Versetzen Sie sich in die Rolle einer Frauenrechtlerin um 1900 und verfassen Sie einen Zeitungskommentar zu der Karikatur.

M 12 Frauenrechte in der Weimarer Reichsverfassung von 1919

Artikel 22
Die Abgeordneten werden in allgemeiner, gleicher, unmittelbarer und geheimer Wahl von den über 20 Jahre alten Männern und Frauen nach den Grundsätzen der Verhältniswahl gewählt. […]
Artikel 109
Alle Deutschen sind vor dem Gesetze gleich. Männer und Frauen haben grundsätzlich dieselben staatsbürgerlichen Rechte und Pflichten. […]
Artikel 119
Die Ehe steht als Grundlage des Familienlebens und der Erhaltung und Vermehrung der Nation unter dem besonderen Schutz der

Verfassung. Sie beruht auf der Gleichberechtigung der beiden Geschlechter. […]
Artikel 128
Alle Staatsbürger ohne Unterschied sind nach Maßgabe der Gesetze und entsprechend ihrer Befähigung und ihren Leistungen zu den öffentlichen Ämtern zugelassen. Alle Ausnahmebestimmungen gegen weibliche Beamte werden beseitigt.
Zit. nach: www.verfassungen.de/de/de19-33/verf19-i.htm (Download vom 13. März 2013)

1 **a)** Beschreiben Sie die rechtliche Stellung der Frau nach der Weimarer Reichsverfassung von 1919.
b) Untersuchen Sie, welche Fortschritte es im Vergleich zum 19. Jahrhundert gab.
c) Beurteilen Sie die Weimarer Verfassung aus heutiger Sicht.

Präsentationsvorschläge

Thema 1
Untersuchen Sie die Beteiligung von Frauen an der Revolution 1848/49.

Literaturtipps
Gerlinde Hummel-Haasis (Hg.), Schwestern, zerreißt eure Ketten. Zeugnisse zur Geschichte der Frauen in der Revolution von 1848/49, München 1982.

Carola Lipp (Hg.), Schimpfende Weiber und patriotische Jungfrauen. Frauen im Vormärz und in der Revolution von 1848/49, Moos/Baden-Baden 1986.

Gudrun Wittig, „Nicht nur im stillen Kreis des Hauses". Frauenbewegung in Revolution und nachrevolutionärer Zeit 1846–1876, Hamburg 1986.

Thema 2
Stellen Sie eine der führenden deutschen oder internationalen Frauenrechtlerinnen des 19. Jahrhunderts in wichtigen biografischen Stationen und politischen Zielsetzungen vor.
Beispiele: Emmeline Pankhurst, ihre Töchter Christabel und Sylvia Pankhurst, Elizabeth Cady Stanton, Louise Otto-Peters, Helene Lange, Clara Zetkin, Hedwig Dohm, Minna Cauer oder Anita Augsburg.

Webcode:
KH644681-108

Antisemitismus im Kaiserreich

Traditionen christlich-jüdischen Zusammenlebens

Juden leben seit fast tausend Jahren in Europa. Vom frühen Mittelalter bis zu den Kreuzzügen des ausgehenden 11. Jahrhunderts existierten sie friedlich und ungestört in der christlichen Umwelt. Das änderte sich mit den Kreuzzügen. Seit Ende des 11. Jahrhunderts beförderten religiöse Vorurteile, soziale Ängste und wirtschaftliche Krisen die Entstehung antijüdischer Ressentiments, die sich zu einem fanatischen Antijudaismus verstärkten. Dieser beruhte auf haltlosen Vorwürfen wie denen, dass die Juden Ritualmorde begingen oder Brunnen vergifteten. Die judenfeindliche Stimmung entlud sich in grausamen Verfolgungen, der Ermordung Tausender von Juden und der Vernichtung vieler jüdischer Gemeinden. Überdies setzte sich in der christlichen Bevölkerung die Meinung durch, Juden müssten eine sozial und rechtlich niedrigere Position in der Gesellschaft einnehmen als Christen.

Die Judenverfolgungen während der Kreuzzüge markierten einen tiefen Einschnitt im christlich-jüdischen Verhältnis. Seitdem verleumdete die christliche Gesellschaft die Juden als „Christusmörder" oder „Ungläubige" und grenzte sie aus der Gesellschaft aus. Die Juden erschienen ihrer christlichen Umwelt als Fremde, denen ein Sonderstatus zugewiesen wurde. Diese antijüdischen Maßnahmen und Vorurteile überdauerten das Mittelalter. Aber auch auf jüdischer Seite begann eine lange Zeit der Entfremdung von der christlichen Gesellschaft. Der christliche Glauben galt vielen Juden als Sinnbild der Verfolgung und Vernichtung. Das Erschrecken über die Verfolgungen und die Klage über die Toten veränderte darüber hinaus die jüdische Frömmigkeit. Die Neigung zur religiösen Selbstabschottung wuchs, an die Stelle lebenszugewandter Beschäftigung mit den religiösen Schriften trat zunehmend die Abkehr von der Welt und die demütige Hinnahme des göttlichen Willens, die sich in Märtyrerverehrung niederschlug.

Veränderte sich seit dem ausgehenden 18. und 19. Jahrhundert das Verhältnis der Juden zu ihrer christlichen Umwelt erneut? Welche Rolle spielten seitdem Judenfeindschaft und Judenverfolgung? Was ist und wie wirkte sich der moderne Antisemitismus auf das Verhältnis zwischen Juden und Christen aus?

Aufklärung und Judenemanzipation

Die Anstöße zur Judenemanzipation gingen von der europäischen Aufklärungsbewegung* aus, die seit dem 17. Jahrhundert ein neues Zeitalter einzuleiten versuchte. Anstelle unbewiesener Glaubenssätze und kirchlicher Dogmatik wie im „finsteren Mittelalter" sollte nun „das Licht der Vernunft" das Denken und Handeln der Menschen bestimmen. Das Ziel der Aufklärer war der selbstbewusste und kritische – heute würde man sagen: der mündige – Bürger. Von den rechtlich gleichgestellten und freien Bürgern verlangte die Aufklärung Toleranz gegenüber Andersgläubigen und anders Denkenden sowie die Achtung der Menschen- und Bürgerrechte.

Aufklärung
Eine viele Lebensbereiche umfassende Reformbewegung des 17./18. Jhs. in Europa, die das „Licht der Vernunft" gegen klerikale, feudale und absolutistische Traditionen verbreiten wollte. Zentrale Forderungen der Aufklärer waren unbeschränkte Öffentlichkeit, freie Meinungsäußerung und Toleranz gegenüber anderen Meinungen. Mittel zur Durchsetzung der Aufklärung waren vor allem Wissenschaft und Erziehung.

Minderheit
Bevölkerungsgruppe in einem Staat, die sich von der Mehrheit durch einzelne oder mehrere Merkmale wie Rasse, Sprache, Religion, Moralvorstellungen unterscheidet. Die Mehrheit begegnet solchen Minderheiten häufig mit Vorurteilen, Diskriminierung sowie Feindseligkeiten und benachteiligt sie. In extremen Fällen kommt es zu einer physischen Vernichtung der Minderheit durch die Mehrheit, wie der Verfolgung und Vernichtung der Juden im Nationalsozialismus.

Antisemitismus
Ablehnung oder Bekämpfung von Juden aus rassischen, religiösen oder sozialen Gründen. Der Begriff setzte sich seit 1879 durch; religiös begründete Judenfeindschaft gab es jedoch schon in der Antike und im Mittelalter. Seit etwa 1860 verstärkte eine pseudowissenschaftliche, völkisch-rassische Begründung den Antisemitismus; die Juden galten als „minderwertige Rasse". Dieser rassisch begründete Antisemitismus wurde später zentraler Bestandteil der nationalsozialistischen Ideologie.

Einer der führenden Vertreter der Judenemanzipation in Deutschland war der preußische Staatsdiener Christian Wilhelm Dohm (1751–1820). Überzeugt von der natürlichen Gleichheit der Menschen, forderte der Aufklärer in seiner Aufsehen erregenden Schrift „Über die bürgerliche Verbesserung der Juden" (1781) die rechtliche Gleichstellung der jüdischen Minderheit*. Dohm vertrat die Auffassung, dass nicht die jüdische Religion oder der vermeintlich unveränderbare Charakter der Juden für ihre Lebensformen verantwortlich gemacht werden dürfe, sondern die politisch-sozialen und rechtlichen Rahmenbedingungen. Der Abbau der gegenseitigen Vorurteile zwischen Juden und Christen und die erfolgreiche Integration der Juden in die bürgerliche Gesellschaft konnten nach Dohm nur in einem langwierigen Prozess geschehen, der von der schrittweisen Aufhebung der diskriminierenden Judenordnungen begleitet werden müsse. Diese administrativen und gesetzgeberischen Maßnahmen sollten vom Staat durchgesetzt werden. Dieser deutsche Weg zur Judenemanzipation unterschied sich grundsätzlich von der liberal-revolutionären Lösung Frankreichs, das sich auf einen einzigen Emanzipationsakt beschränkte. Das während der Französischen Revolution verabschiedete Gesetz vom 27. September 1791 garantierte allen französischen Juden die sofortige und uneingeschränkte Gleichstellung. Ihre soziale Integration überließen die Franzosen dem freien Spiel der gesellschaftlichen Kräfte. Dagegen bevorzugten die deutschen Staaten seit dem ausgehenden 18. Jahrhundert den aufgeklärt-etatistischen Weg einer allmählichen, stufenweisen Judenemanzipation, die vom Staat organisiert wurde. Dieser Konzeption lag die Auffassung zugrunde, dass der Staat nicht nur Gesetzgeber, sondern auch Erzieher des Volkes sei. Die rechtliche Gleichstellung sollte einhergehen mit erzieherischen Maßnahmen zum Abbau von Vorurteilen und Diskriminierungen. So zog sich die Judenemanzipation in Deutschland bis 1871 über ein knappes Jahrhundert hin. Die Entwicklung verlief in den Staaten des Deutschen Bundes weder gleichförmig noch gleichzeitig; jeder Bundesstaat erarbeitete seine eigene Konzeption der Judenemanzipation. Erst die Reichsgründung 1870/71 brachte den deutschen Juden die staatsbürgerliche Gleichberechtigung, die 1871 in der Verfassung des Deutschen Reiches verankert wurde.

Die soziale Lage der Juden und gesellschaftlicher Antisemitismus*

Obwohl die rechtliche Gleichstellung der Juden ihre sozialen und wirtschaftlichen Handlungsspielräume erheblich erweiterte, veränderte sich ihre Berufsstruktur nur langsam. Im Handwerk und in der Landwirtschaft blieben Juden nach wie vor unterrepräsentiert, während sie in den freien Berufen, in der Finanzwirtschaft und im gewerblichen Bereich, vor allem aber im Handel ausgesprochen erfolgreich waren. „Es zeigt sich", so die Historikerin Monika Richarz, „dass Juden durch ihre jahrhundertelange Handelstradition beim Übergang in die kapitalistische Industriegesellschaft besser auf die moderne Wirtschaftsform vorbereitet waren als andere Sozialgruppen. Gewöhnt an Geld- und Kreditwirtschaft, geschäftliche Flexibilität, Kundenwerbung und wirtschaftlichen Wettbewerb, besaßen sie einen Vorsprung, der ihnen einen günstigen Start in die Industriewirtschaft ermöglichte."

Mit dem wirtschaftlichen Erfolg stieg auch der Wohlstand der jüdischen Bevölkerung. Die jüdische Unterschicht nahm stark ab, weil arme Juden teilweise auswanderten, teilweise gelang ihnen jedoch die Verbesserung ihrer wirtschaftlichen Verhältnisse und ihrer sozialen Situation. Lebten um 1780 fast neun Zehntel der deutschen Juden in großer Armut, zählten um 1871 etwa zwei Drittel zum mittleren und oberen Bürgertum. Die soziale Schichtung der jüdischen Minderheit im Kaiserreich, die sich anhand örtlicher Steuerlisten erforschen lässt, hat die Historikerin Shulamit Volkow sehr anschaulich beschrieben: „Fast überall, in der Stadt und auf dem Land, bildeten die Juden eine gesicherte Mittelschicht. Am oberen Ende ihrer sozialen Hierarchie hatte sich eine kleine reiche Schicht etabliert, am unteren Ende eine etwas größere, aber vergleichsweise kleine Unterschicht."

Der wirtschaftliche Erfolg der Juden, der durch die rechtliche Emanzipation ermöglicht wurde, ging mit ihrem sozialen Aufstieg ins Besitz- und Bildungsbürgertum Hand in Hand. Diese grundlegenden wirtschaftlichen und gesellschaftlichen Veränderungen bewirkten auch einen Wandel der Mentalitäten und Lebensformen, der mit dem Begriff der „Assimilation"* charakterisiert wird. Juden glichen sich in ihrer persönlichen Lebensführung immer mehr der christlichen Bevölkerung an und waren von Nichtjuden kulturell immer weniger zu unterscheiden.

Diese erfolgreiche Entwicklung darf allerdings nicht den Blick darauf verstellen, dass die Juden nach wie vor diskriminiert wurden. Ihnen blieben viele Führungspositionen im kaiserlichen Deutschland verschlossen. Antijüdische Vorurteile und das zähe Festhalten des Adels an überkommenen Privilegien verhinderten in der Regel den Zugang von Juden ins Offizierskorps. Zwar gab es im preußischen Heer zwischen 1850 und 1871 einige jüdische Offiziere, aber seit 1883/85 wurden Juden, außer in Bayern, weder als Offiziere zugelassen noch zum Reserveoffizier befördert. Ein solcher Rang war im Kaiserreich jedoch eine wesentliche Voraussetzung für viele zivile Karrieren. Außerdem besaßen Reserveoffiziere ein hohes Sozialprestige.

Assimilation
(= Ähnlichmachung) Bezeichnung für die bewusste oder unbewusste Angleichung einer ethnischen, religiösen oder sozialen Gruppe (in der Regel einer Minderheit) an eine andere (in der Regel die Mehrheit), z. B. die Angleichung von Einwanderern an die Werte des Einwanderungslandes oder die Angleichung der Juden an die Mehrheit in den europäischen Nationalstaaten seit Beginn des 19. Jh.

M 1 Karikatur aus der jüdischen Zeitschrift „Schlemiel", 1904.
Der Untertitel lautet: „Wie sich der Chanukkaleuchter des Ziegenfellhändlers Cohn in Pinne zum Christbaum des Kommerzienrates Conrad in der Tiergartenstraße (Berlin W.) entwickelte."
Der Chanukkaleuchter ist der acht- oder neunarmige Leuchter, der zum jüdischen Chanukkafest entzündet wird. Chanukka (das Lichterfest) erinnert an die Wiedereinweihung des zweiten jüdischen Tempels in Jerusalem im jüdischen Jahr 3597 (164 v. Chr.).

Juden hatten kaum Chancen, in den **diplomatischen Dienst** aufgenommen zu werden oder in die Spitzen der **staatlichen Verwaltung** zu gelangen. 1907 lag der jüdische Anteil an den höheren Beamten, außerhalb des Rechtswesens, im Deutschen Reich bei 1,93 %, in Preußen bei 3 %. Von höheren Ministerialstellen blieben Juden ganz ausgeschlossen. Zwar stellten Juden seit Mitte der 1880er-Jahre etwa 4 % der **Richter** in Preußen, aber nur selten konnten sie auf eine Beförderung in höhere oder leitende Positionen hoffen – immerhin gab es 1901 zwei jüdische Oberlandesgerichtsräte. Das Amt des Staatsanwalts blieb Juden in Preußen verwehrt.

Wenngleich der Zugang zur **Universität** für Juden frei war, schafften nur wenige den Aufstieg in Spitzenstellungen. Die Zahlen verdeutlichen die mehr oder weniger offene Diskriminierung: 1909 stellten Juden 10 % der Privatdozenten, 7 % besaßen eine außerordentlich Professur, aber nur 2 % der ordentlichen Professorenstellen waren mit Juden besetzt. Weil die Karrieremöglichkeiten akademisch gebildeter Juden stark eingeschränkt waren, wichen viele in die freien Berufe aus.

Moderner Antisemitismus

Seit den 1870er-Jahren verbreitete sich eine neue antijüdische Bewegung, die in mehreren Wellen das kaiserliche Deutschland überschwemmte. Die deutsche Bevölkerung suchte nach Sündenböcken für wirtschaftliche Konjunktureinbrüche und fand sie in den Juden. Verstärkt wurde die Judenfeindschaft durch die Radikalisierung des Nationalismus (s. S. 140), der Minderheiten ausgrenzte. Verwehrte die religiös, wirtschaftlich oder kulturell begründete traditionelle Judenfeindschaft den Juden die Emanzipation, wollten die neuen Feinde die jüdische Emanzipation rückgängig machen. Gleichzeitig sollte die Integration in die deutsche Gesellschaft verhindert werden. Der radikale antijüdische Journalist **Wilhelm Marr** (1818–1904) hat für die moderne Judenfeindschaft das Wort **„Antisemitismus"** zwar nicht geprägt, aber in Umlauf gebracht. Dieses Schlagwort emotionalisierte und politisierte antijüdische Einstellungen. Außerdem organisierte sich der moderne Antisemitismus in Verbänden und Parteien, so z. B. in der „Christlichsozialen Partei" Adolf Stoeckers. Und der Antisemitismus nahm zunehmend rassistische Züge an, wobei sich rassenideologische mit völkischen Ideen zu einem aggressiven, nach außen wie innen gerichteten Nationalismus verbinden konnten.

Um den erstarkenden Antisemitismus abzuwehren, gründeten besorgte Juden 1893 den **„Centralverein der deutschen Staatsbürger jüdischen Glaubens"**. Ein wichtiges Mittel bei der Durchsetzung jüdischer Interessen war der Aufbau einer eigenen Rechtsschutzabteilung. Mit ihrer Hilfe klagte der Verband die bürgerlichen Rechte seiner Mitglieder ein und ging gegen Antisemiten vor.

1 Erläutern Sie die sozialen und wirtschaftlichen Folgen der Judenemanzipation für die jüdische Minderheit.

2 Erörtern Sie das Verhältnis von Judenemanzipation und gesellschaftlichem Antisemitismus.

3 Verdeutlichen Sie den Unterschied zwischen dem modernen Antisemitismus und der herkömmlichen Judenfeindschaft bzw. -verfolgung.

Webcode:
KH644681-112

M 2 Judenverfolgung vom Spätmittelalter bis zum frühen 19. Jahrhundert – ein Überblick der Historikerin Annekathrin Helbig (2007)

[Spätmittelalter]

J[udenverfolgung] bedeutet hier antijüd. Gewalt gegenüber einer größeren Gemeinschaft, welche über die alltäglichen Dimensi-
5 onen der Judenfeindschaft hinausging. J[udenverfolgung] waren „Maßnahmen von Obrigkeiten gegenüber Juden als Gemeinschaft …, die von kollektiven Vorstellungen geprägt wurden und die das übliche Maß der
10 theoretisch geforderten antijüd. Bestimmungen übertrafen" […]. Während der Begriff Judenfeindschaft für die gewohnheitsmäßige feindselige Einstellung der christl. Bevölkerung gegenüber Juden steht, sind
15 J[udenverfolgungen] als deren extremste Auswüchse zu identifizieren; dabei unterscheiden sich J[udenverfolgungen] von Pogromen, die – im Gegensatz zu Vertreibungen und Verfolgungen – die vollständige
20 Vernichtung der betroffenen Gemeinden zum Ziel hatten […]. […]

Neben den J[udenverfolgungen] zur Zeit der Kreuzzüge sind für das europ. M[ittelalter] lokal begrenzte und einige über-
25 regionale Pogrome zu nennen. Diese waren – neben der Bekämpfung der „Ungläubigen" auf eigenem christl. Territorium während der Kreuzzugsbewegung – in der Mehrzahl durch Ritualmordbeschuldigungen und den […]
30 Vorwurf der Hostienschändung begründet (Rintfleischpogrome u. a. in Franken, 1298; Armlederaufstand im Elsass, 1336–1338). Daneben spielen für die m[ittelalterliche] Geschichte die Verfolgungen während Pest-
35 Epidemien eine bedeutende Rolle (Anschuldigung der Brunnenvergiftung). Die Ereignisse in Wien am Beginn des 15. Jh.s, an deren Ende die komplette Zerstörung der jüd. Gemeinde Wiens […] im März 1421
40 stand, gingen ebenfalls auf den Vorwurf der Hostienschändung sowie eine angebliche Verbindung der Juden mit den Hussiten[1] zurück. Religiös begründete Verfolgungen lassen sich nicht monokausal erklären; sie müs-
45 sen im Kontext gesellschaftlicher, politischer, u. a. auch wirtschaftlicher Entwicklungen oder Geschehnisse interpretiert werden. […]

[Frühe Neuzeit]

Wohl kaum eine jüd. Gemeinde war von 50 Verfolgungen und Vertreibungen ganz verschont, doch konnten sich Juden oft bereits nach kurzer Zeit wieder in den Städten niederlassen, aus denen sie vertrieben worden waren. Um ihre Rückkehr zu ermöglichen,
55 konnten sie die Hilfe des Reichskammergerichts in Anspruch nehmen, das z. B. in Hildesheim 1601 die Anweisung der Vertreibung rückgängig machte. Auch wenn es wiederholt zur vollständigen Zerstörung von
60 jüd. Siedlungen und zur langfristigen massenhaften Ausweisung von Juden kam, kann von einem permanenten Pogrom an Juden in dt. Städten nicht die Rede sein. Man erkannte jedoch einen „Zusammenhang zwi-
65 schen Häufigkeit und Dichte der Verfolgungen an einem Ort und dem Typ der dortigen jüd. Ansiedlung" […]. So waren die Gemeinden der Reichsstädte weitaus häufiger von Verfolgungen betroffen als Gemeinden der
70 Mediatstädte[2] […]. Ein weiterer Zusammenhang bestand mit der Siedlungsdauer. Generell lässt sich sagen: Je kürzer Juden an einem bestimmten Ort siedelten, umso geringer war die Gefahr ihrer Verfolgung […].
75

Während frühere Verfolgungen – oft aufgrund religiöser Ressentiments, aber auch als eine Folge des Wucher-Vorwurfs – spontan ausbrachen, lässt sich in der Frühen N[euzeit] eine stärkere Beteiligung der Obrig-
80 keiten beobachten […]. Dies wird als ein Vorstoß „in die Richtung des n[euzeitlich]-absolutistischen Staates" […] bewertet. Nicht selten waren Juden das Opfer von Machtkämpfen im Reich bzw. in den Territorien.
85 Das bekannteste Beispiel für ein Eingreifen des Kaisers zugunsten der jüd. Gemeinde ist der Frankfurter „Fettmilch-Aufstand" (1614 …). Nach einer Intervention Kaiser Matthias', der um die Wahrung seiner Autorität und
90 Rechte bemüht war, konnten die Frankfurter Juden 1616 wieder in die – allerdings geplünderte – Judengasse heimkehren. In Worms wurden Juden im Zuge der Unruhen 1613 bis 1617 vertrieben und ihre Häuser zerstört.
95 Auch die Wormser Juden konnten, nachdem sich der pfälzische Kurfürst eingeschaltet hatte, in die Stadt zurückkehren. Anders als bei den Verfolgungen in der Zeit vom 14. bis zur Mitte des 16. Jh.s waren bei diesen Ereig-
100 nissen jedoch nicht massenhaft Tote und

Verletzte zu verzeichnen. Die Juden erscheinen als Spielball und Ventil innerstädtischer Konflikte.

105 Im 19. Jh. erhielten die Unruhen eine neue Begründung. Mit den Losungen „Hepp-Hepp!" und „Schlagt die Juden tot!" zogen marodierende Horden im Jahr 1819 zunächst durch Würzburg und später durch
110 zahlreiche weitere dt. Städte. Dieser Ausbruch von Gewalt gegenüber Juden wird u. a. als Reaktion auf die beginnende Emanzipation erklärt. Die „Hepp-Hepp-Krawalle" stellen sich somit in erster Linie als der hand-
115 greifliche Ausdruck der Ablehnung von Emanzipation und Integration der Juden dar […]. Auf der anderen Seite wirkten die Juden, als „Fremde in der eigenen Mitte" im „Ringen um eine nationale Identität … als inte-
120 grierende Faktoren" […]. Auch die Ausschreitungen im Zuge der Märzrevolution 1848/49 werden mit dem Kampf um die Emanzipation sowie die „Teilhabe der Juden am Ortsbürgerrecht" in Verbindung gebracht […].

Annekathrin Helbig, Artikel „Judenverfolgung", in: Friedrich Jaeger (Hg.), Enzyklopädie der Neuzeit, Bd. 6, Wissenschaftliche Buchgesellschaft, Darmstadt 2007, Sp. 87, 89 f.

---

1 Hussiten: verschiedene reformatorische bzw. revolutionäre Bewegungen im Böhmen des 15. Jahrhunderts
2 Mediatstädte: Städte unter adliger Obrigkeit oder in Abhängigkeit von einer Domänenverwaltung

---

1 Bestimmen Sie mithilfe von M 2 die Begriffe „Judenverfolgung", „Judenfeindschaft" und „Pogrom".
2 Beschreiben und charakterisieren Sie zusammenfassend die Judenverfolgung vom Spätmittelalter bis zum frühen 19. Jahrhundert.

M 3 Aus dem preußischen Emanzipationsedikt von 1812

§ 1. Die in Unsern Staaten jetzt wohnhaften, mit General-Privilegien[1], Naturalisations-Patenten[2], Schutzbriefen[3] und Konzessionen versehenen Juden und deren
5 Familien sind für Einländer und Preußische Staatsbürger zu achten […].

§ 7. Die für Einländer zu achtenden Juden hingegen sollen, insofern diese Verordnung nichts Abweichendes enthält, gleiche bürgerliche Rechte und Freiheiten mit den 10 Christen genießen.

§ 8. Sie können daher akademische Lehr- und Schul-, auch Gemeinde-Ämter, zu welchen sie sich geschickt gemacht haben, verwalten. 15

§ 9. Inwiefern die Juden zu andern öffentlichen Bedienungen und Staats-Ämtern zugelassen werden können, behalten Wir Uns vor in der Folge der Zeit gesetzlich zu bestimmen. 20

§ 10. Es steht ihnen frei in Städten sowohl als auf dem platten Lande sich niederzulassen.

Zit. nach: Ernst Rudolf Huber (Hg.), Dokumente zur deutschen Verfassungsgeschichte, Bd. 1, 3. Aufl., Kohlhammer, Stuttgart 1978, S. 49–51.

---

1 Privileg: Vorrecht, das einer einzelnen Person oder einer Personengruppe zugestanden wird
2 Naturalisations-Patent: Einbürgerungsurkunde
3 Schutzbrief: Urkunde, die den Inhaber oder auch eine ganze Personengruppe unter Schutz stellt

---

1 Erläutern Sie die Bestimmungen und Auswirkungen der Emanzipationsgesetzgebung in Preußen für das Leben der jüdischen Bevölkerung.

M 4 Aus einem Votum des preußischen Staatsministeriums vom 28. November 1816

1. Es wäre zu wünschen, wir hätten gar keine Juden im Lande. 2. Die wir einmal haben, müssen wir dulden, aber unablässig bemüht sein, sie möglichst unschädlich zu machen. 3. Das Einwandern fremder Juden, gegen 5 welche wir noch keine Verpflichtung zum Dulden haben, muss erschwert, wo nicht ganz verhindert werden. 4. Der Übertritt der einländischen Juden zur christlichen Religion als der allein herrschenden des Landes 10 muss erleichtert werden und mit demselben sind ohne Ausnahme alle staatsbürgerlichen Rechte verknüpft. 5. Weder direkter noch indirekter Zwang zu solchem Übergang darf statthaben. 6. Solange der Jude aber Jude 15 bleibt, kann er keine Stellung im Staate einnehmen, in welcher er als Repräsentant der Regierung über christliche Staatsbürger ge-

M 5 Die „Hepp-Hepp"-Ausschreitungen in Frankfurt am Main, Radierung, 1819

1 Interpretieren Sie das Bild. Ziehen Sie auch die Informationen aus M 2 hinzu.

bieten würde. 7. Außer diesem wird nur derjenige jüdische Untertan dem christlichen völlig gleichgestellt, welcher diejenige Art des bürgerlichen Wirkens gewählt hat, womit unzweideutig der Charakter der Einbürgerung im Lande verbunden ist. In dem Maße, wie die Lebensweise des Juden hiervon zurückbleibt, nehmen seine Berechtigungen im Staate ab und ziehen sich in die Grenzen der notdürftigen Hospitalität[1] zurück.
Zit. nach: Ismar Freund, Die Emanzipation der Juden in Preußen, Bd. 2, Poppelauer, Berlin 1912, S. 482 f.

1 Hospitalität: Gastfreundschaft

1 Stellen Sie die Argumente zusammen, die gegen die jüdische Bevölkerung vorgebracht werden.
2 Erläutern Sie die Folgen der antijüdischen Vorurteile für die jüdische Bevölkerung.
3 Beurteilen Sie die Konsequenzen für die Emanzipation der Juden. Nehmen Sie aus heutiger Sicht Stellung.

M 6 Judenfeindschaft in der Revolution von 1848/49

Der zeitgenössische Text beschreibt die Ausschreitungen gegen Juden in Baisingen/Württemberg in der Revolution von 1848/49.
So flog die Revolution nach Wien, Residenz des Kaisers von Österreich, und nach Berlin, Residenz des Königs von Preußen. Es war kaum ein größerer oder kleinerer Ort, da nicht die Bewohner sich erhoben wider ihre obrigkeitlichen Beamten und selbe entsetzten oder zu entsetzen gedachten. In dieser Zeit war nicht bloß in oben genannten Ländern Revolution, sondern auch in Italien und Ungarn. Mächtige wurden gestürzt und das Gesindel erhob sich und viele jüdische Gemeinden in diesen Ländern wurden vielfach misshandelt. Auch wir, die jüdischen Einwohner des Dorfes Baisingen, kamen in große Not. Es war das Gerücht verbreitet, dass die christlichen Einwohner benachbarter Dörfer uns überfallen, berauben und misshandeln wollen. In der Nacht auf den dreizehnten März waren wir ängstlich, ein jeder in seinem Hause, da kamen hiesige Christen und warfen in zehn Häusern von Juden die Scheiben ein. Nachtwächter sahen es mit an und halfen dazu. […]
In der Nacht auf den letzten Tag von Pessach, dieses ist auf den 25. April, rotteten sich ungefähr vierzig christliche Einwohner des Ortes zusammen, sie waren teils geheiratet, teils noch ledig, und begannen damit, dass sie zuvörderst die von uns bestellten jüdischen und christlichen Wächter aus der Straße verjagten und dann hingingen und in den meisten Häusern der Juden die Türen einschlugen und die Läden der Fenster erbrachen. Sie waren mit schweren Steinen, mit großen und kleinen Prügeln, mit Äxten und Beilen bewaffnet. Sie warfen durch die zerschlagenen Fenster, in die Wohnungen und

riefen: Geld oder Tod! Nur in ein Haus, in das
Haus des Marc Weil, der mit auf der Wache
40 war, waren die Krawaller eingedrungen.
Nachdem sie Türen, Läden und Fenster zerschlagen hatten und zerstörten Vieles im
Hause. Mutter und Tochter, das einzige Kind,
flohen; allein die Tochter wurde ereilt, arg
45 geschlagen und gefährlich verwundet. Viele
von uns hörten ihr jämmerliches Schreien;
allein Niemand konnte ihr zu Hilfe kommen. Sie wurde wieder hergestellt. […]
    Zu dieser Zeit war es ruhig im Orte. Wir
50 gingen aus unseren Häusern bewaffnet mit
Äxten, Hämmern, Beilen und dergleichen
und blieben auf der Straße beisammen, um
einen möglichen Überfalle vereint abzuwehren. Noch vor Tag jedoch drei von uns zu
55 dem Schultheißen [Bürgermeister] und verlangten von ihm ein Schreiben an das königliche Oberamtsgericht über das, was diese
Nacht sich ereignet. Der Schultheiß willfahr-
te, und so gingen denn zwei dieser Männer,
60 Herr Hirsch Kiefe, Kirchenvorsteher, und
Vorsänger und Schullehrer Michael Hirsch
mit Tagesanbruch an Ort und Stelle sich zu
begeben und für unseren Schutz Sorge zu tragen und Anstalt zu treffen. […]
65   Wir dürfen nicht unterlassen zu erwäh-
nen, dass die öffentliche Stimme, die laut
wurde, ganz zu unseren Gunsten war, und
dass die christlichen Einwohner dahier von
ihren Glaubensgenossen, den katholischen
70 und von den lutherischen Christen in der
Gegend, sehr getadelt wurden. […]
    Man hatte den Großherzog von Baden zur
Flucht genötigt und wollte auch für Württemberg Republik ausrufen; allein die Besse-
75 ren im Volke ermannten sich, und die Regierungen wurden wieder mächtig, wie es war
vor dem März des Jahres 1848. In diesen Jahren unter der Regierung unseres guten Königs Wilhelm der Erste wurden den Untera-
80 nen viele Rechte und Freiheiten von den
Regierungen eingeräumt, und die Juden er-
langten in vielen deutschen Staaten dieselben Rechte wie die anderen Einwohner.

*Zit. nach: Abraham Gilam, Die historische Bedeutung
der Megillat Baisingen, in: Leo Baeck Bulletin
52/1976, S. 88–93.*

1 Bestimmen Sie die Ursachen der Judenverfolgung und analysieren Sie den Verlauf der
Ausschreitungen.

2 Erläutern Sie die Einstellung des Erzählers
gegenüber der Bevölkerung, der Kirchen
und der Obrigkeit. Erklären Sie die unterschiedlichen Urteile.

3 Bewerten Sie die Prognose des Erzählers für
die Zukunft der Juden.

M7 Die Figur des „Schmulchen Schievelbeiner" aus Wilhelm Buschs Bilder-
geschichte „Plisch und Plum", 1882

So ist Schmulchen Schievelbeiner.
(Schöner ist doch unsereiner!)

1 Beschreiben und beurteilen Sie das Bild
vom Juden, das Busch in M7 entwirft.

2 Erörtern Sie die sozialen Folgen dieses Ju-
denbildes: Wie verhält sich die christlich-
deutsche Bevölkerung gegenüber den Juden? Formulieren Sie eine Hypothese.

M8 Politisch-ideologische Grundlagen
des modernen Antisemitismus

*a) Aus der Schrift „Über die Ungleichheit der
Menschenrassen" von Arthur Gobineau (1853
bis 1855):*

*Mit seinem vierbändigen Geschichtswerk „Essai
sur l'inegalite des races humaines" schuf der
Franzose Arthur Comte de Gobineau die Grundlagen für die später von Houston Steward Chamberlain (s. M10, S. 119) ausgebaute Rassenlehre.
Ist aber dieses seelische Leben, das jedem
Wesen unserer Gattung tief in sein Inneres
eingepflanzt ist, einer unendlichen Erweite-*

rung fähig? Haben alle Menschen im gleichen Maße die unbegrenzte Fähigkeit, in ihrer intellektuellen Entwicklung fortzuschreiten? Anders ausgedrückt, sind die menschlichen Rassen mit der Fähigkeit begabt, sich einander anzugleichen? Dies ist im Grunde die Frage nach der unbegrenzten Vervollkommnungsfähigkeit der Menschheit und der Gleichheit der Rassen untereinander. Beide Fragen beantworte ich mit Nein. Der Glaube an die unbegrenzte Vervollkommnungsfähigkeit ist eine Versuchung für viele Menschen unserer Zeit. […]

Die Hautfarbe der Arier war weiß und rosig; so bei den ältesten Griechen und Persern; desgleichen bei den Hindu. In der Haar- und Bartfarbe herrschte das Blond vor, und wir kennen die Vorliebe, welche die Hellenen dafür hegten; nur so stellten sie sich ihre edelsten Gottheiten vor. […] Diese Spielform der menschlichen Art, die sich also durch ihre besondere körperliche Schönheit auszeichnete, war nicht weniger überlegen an Geist. Sie strahlte eine unerschöpfliche Quelle von Lebhaftigkeit und Energie aus, und die Regierungsform, die sie sich gegeben hatte, entsprach durchaus den Bedürfnissen eines so lebhaften Naturells.

Zit. nach: Graf Arthur Gobineau, Die Ungleichheit der Menschenrassen, Wolff, Berlin 1935, S. 112, 255 f.

b) Aus der Schrift „Der Judenspiegel" des Journalisten Wilhelm Marr (1862):
Dass aber die Juden infolge erduldeter Verfolgungen geworden sind, wie sie sind, ist eine Lüge; sie wurden verfolgt, weil sie waren, wie sie sind. Im Mittelalter durch die rohe Gewalt, in der Gegenwart durch die objektive Kritik. Mit einem Worte: der Jude soll Bürger sein, jedes Geschäft treiben, jeden Besitz erwerben können, alles genießen, was das bürgerliche Leben ihm gewähren kann, aber wir bestreiten ihm das Recht der Berechtigung zu Staatsämtern, solange er Jude ist. Und zwar
1) weil seine Konfession der Ausdruck der Religion einer ganz bestimmten vorgeschriebenen und besonderen Nationalität ist und alles andere, nur keinen kosmopolitischen Charakter an sich trägt;
2) weil die äußere Form, in welcher diese Konfession auftritt, vollständig und entschieden das Gepräge einer aparten Nationalität an sich trägt;
3) weil die Gewohnheiten das Wesen, die Sprache, die Reflexion, der Affekt, weil das ganze Ich des Juden nationell auftritt.

Wohlverstanden „nationell" in dem Sinne, wie das Judentum, welches im Grunde genommen nie eine Nation gewesen ist, zu sein von jeher prätendiert hat.

Daher sagen wir: Wie wir von jedem Franzosen, von jedem Engländer, von jedem Italiener verlangen, dass er, will er unserm Staate Staatsbürger in dem Sinne sein, dass ihm der Weg zu jedem Staatsamte offensteht, sich vollständig zu germanisieren habe, so auch der Jude.

Jeder Jude, der dies rückhaltlos, ehrlich und ernsthaft erstrebt, ist unser Freund.

Die Auflösung seines sozial-kirchlich-nationalen Gemeindeverbandes ist der erste Schritt zur Gleichstellung der Juden.

Wer sich aber nicht befreien will von seinem jüdischen Nationalverband – denn ein solcher ist das jüdische Gemeindewesen –, dem gönnen wir volle Gewissensfreiheit, volle bürgerliche Rechte, aber – keine staatsbürgerlichen Rechte, welche zu Staatsämtern berechtigen. Es wäre ein Missgriff unter allen Umständen.

So gut die deutschen Elsässer in Frankreich Franzosen sind, so gut müssen die Juden in Deutschland Deutsche sein. […]

Das ist konsequent und ehrlich. Der Jude darf dort nicht Jude sein, der Franzose nicht Franzose, der Brite nicht Brite. Er muss aufgehen in die Allgemeinheit. Solange der Jude in seiner Mehrheit den beschränkten Standpunkt eines Zigeunertums einnimmt, ist er nicht fähig zu staatlicher Gleichberechtigung.

Wilhelm Marr, Der Judenspiegel, 5. Aufl., o. O. 1923, S. 57 f.

1 Fassen Sie die zentrale These Gobineaus zusammen und charakterisieren Sie, wie er die „Ungleichheit der Menschenrassen" betrachtet und bewertet (M 8 a).

2 Untersuchen Sie, wie Marr die Beziehungen zwischen den Juden und der christlich-deutschen Bevölkerung sieht (M 8 b).

3 Vergleichen Sie die Texte Gobineaus (M 8 a) und Marrs (M 8 b) miteinander.

M 9 Der Berliner Antisemitismusstreit (1879–1881)

a) Aus der Streitschrift des Historikers Heinrich von Treitschke (1834–1896) „Ein Wort über unser Judentum" (1880):
Was wir von unseren israelitischen Mitbürgern zu fordern haben, ist einfach: Sie sollen Deutsche werden, sich schlicht und recht als Deutsche fühlen – unbeschadet ihres Glau-
5 bens und ihrer alten heiligen Erinnerungen, die uns allen ehrwürdig sind; denn wir wollen nicht, dass auf die Jahrtausende germanischer Gesittung ein Zeitalter deutsch-jüdischer Mischkultur folge. Es wäre sündlich zu
10 vergessen, dass sehr viele Juden, getaufte und ungetaufte, […] deutsche Männer waren im besten Sinne, Männer, in denen wir die edlen und guten Züge deutschen Geistes verehren. Es bleibt aber ebenso unleugbar, dass
15 zahlreiche und mächtige Kreise unseres Judentums den guten Willen, schlechtweg Deutsche zu werden, durchaus nicht hegen. […] Mancher meiner jüdischen Freunde wird mir mit tiefem Bedauern Recht geben, wenn
20 ich behaupte, dass in neuester Zeit ein gefährlicher Geist der Überhebung in jüdischen Kreisen erwacht ist, dass die Einwirkung des Judentums auf unser nationales Leben, die in früheren Tagen manches Gute
25 schuf, sich neuerdings vielfach schädlich zeigt. […] Überblickt man alle diese Verhältnisse […], so erscheint die laute Agitation des Augenblicks doch nur als eine brutale und gehässige, aber natürliche Reaktion des ger-
30 manischen Volksgefühls gegen ein fremdes Element, das in unserem Leben einen allzu breiten Raum eingenommen hat. […] Bis in die Kreise der höchsten Bildung hinauf, unter Männern, die jeden Gedanken kirchli-
35 cher Unduldsamkeit oder nationalen Hochmuts mit Abscheu von sich weisen würden, ertönt es heute wie aus einem Munde: Die Juden sind unser Unglück!
Heinrich von Treitschke, Ein Wort über unser Judentum, Reimer, Berlin 1880, S. 3 f.

b) Aus der Antwort des Historikers Theodor Mommsen (1817–1903) auf Treitschke (1880):
Das ist der eigentliche Sitz des Wahnes, der jetzt die Massen erfasst hat, und sein rechter Prophet ist Herr von Treitschke. Was heißt das, wenn er von unseren israelitischen Mitbürgern fordert, sie sollen Deutsche werden? 5
Sie sind es ja, so gut wie er und ich. Er mag tugendhafter sein als sie; aber machen die Tugenden den Deutschen? Wer gibt uns das Recht, unsere Mitbürger dieser oder jener Kategorien wegen der Fehler, welche im Allge- 10
meinen dieser Kategorie, es sei auch mit Recht, zur Last gelegt werden, aus der Reihe der Deutschen zu streichen? Wie scharf man die Fehler dieser Mitbürger empfinden, wie schroff man über alle Milderungsgründe sich 15
hinwegsetzen mag, immer wird man logisch wie praktisch höchstens dahin kommen, die Juden für Deutsche zu erklären, welche im Punkte der Erbsünde doppelt bedacht worden sind. […] Wir, die eben erst geeinte Nati- 20
on, betreten mit dem Judenkrieg eine gefährliche Bahn. Unsere Stämme sind recht sehr ungleich. Es ist keiner darunter, dem nicht spezifische Fehler anhaften, und unsere gegenseitige Liebe ist nicht so alt, dass sie nicht 25
rosten könnte. Heute gilt es den Juden, […] morgen wird vielleicht bewiesen, dass genau genommen jeder Berliner nicht besser sei als ein Semit. Noch etwas weiter hin, und der Pommer fordert die Erstreckung der Statistik 30
auf die Windbeutelei und hofft, durch Zahlen zu beweisen, dass dann in den westlichen Provinzen ein doppelter Prozentsatz sich herausstellen werde. Es wäre das nicht der ungeschickteste Weg, um die Einheit un- 35
serer Nation zu untergraben.
Theodor Mommsen, Auch ein Wort über unser Judentum, Weidmann, Berlin 1880, S. 11 f.

1 Fassen Sie die Position Treitschkes in einer These zusammen und arbeiten Sie seine Begründungen heraus.

2 Formulieren Sie die Gegenthese Mommsens und zeigen Sie seine Argumente auf.

3 Beurteilen Sie die Kontroverse im kaiserlichen Deutschland.

4 „Die Juden sind unser Unglück", behauptete 1880 der Historiker Treitschke. Nehmen Sie zu dieser These Stellung. Berücksichtigen Sie dabei die Geschichte des modernen Antisemitismus in Deutschland.

5 Weiterführender Arbeitsauftrag:
Recherchieren Sie Entstehung, Verlauf und Folgen des Berliner Antisemitismusstreits. Präsentieren Sie Ihre Ergebnisse.

M 10 Rassistischer Antisemitismus

a) Die Sicht von Houston Stewart Chamberlain (1899):

Chamberlain, gebürtiger Engländer, aber Wahldeutscher aus Begeisterung für Richard Wagners Musik, war Schwiegersohn Wagners und Förderer Adolf Hitlers. Er gehörte zu den maßgeblichen Wegbereitern des rassistischen Antisemitismus. Der folgende Auszug stammt aus seinem Werk „Die Grundlagen des 19. Jahrhunderts", das viel gelesen wurde.

Als ob die gesamte Geschichte nicht da wäre, um uns zu zeigen, wie Persönlichkeit und Rasse auf das Engste zusammenhängen, wie die Art der Persönlichkeit durch die Art der
5 Rasse bestimmt wird und die Macht der Persönlichkeit an gewisse Bedingungen ihres Blutes geknüpft ist! Und als ob die wissenschaftliche Tier- und Pflanzenzüchtung uns nicht ein ungeheuer reiches und zuverlässi-
10 ges Material böte, an dem wir sowohl die Bedingungen wie auch die Bedeutung von ‚Rasse' kennenlernen. Entstehen die sogenannten ‚edlen' Tierrassen, die Zugpferde vom Limousin, die amerikanischen Tra-
15 ber, die irischen Renner, die absolut zuverlässigen Jagdhunde durch Zufall und Promiskuität? Entstehen sie, indem man den Tieren Rechtsgleichheit gewährt, ihnen dasselbe Futter vorwirft und über sie die nämli-
20 che Rute schwingt? Nein, sie entstehen durch geschlechtliche Zuchtwahl und durch strenge Reinhaltung der Rasse. Und zwar bieten uns die Pferde, namentlich aber die Hunde jede Gelegenheit zu der Beobachtung,
25 dass die geistigen Gaben Hand in Hand mit den physischen gehen; speziell gilt dies von den moralischen Anlagen; ein Bastardhund ist nicht selten sehr klug, jedoch niemals zuverlässig, sittlich ist er stets ein Lump. An-
30 dauernde Promiskuität unter zwei hervorragenden Tierrassen führt ausnahmslos zur Vernichtung der hervorragenden Merkmale von beiden. Warum sollte die Menschheit eine Ausnahme bilden?
35 […] [M]ag man über die vergangene Historie der Juden denken wie man will, ihre gegenwärtige nimmt tatsächlich so viel Platz in unserer eigenen Geschichte ein, dass wir ihr unmöglich die Aufmerksamkeit verweigern
40 können. […] Dieses fremde Volk aber, ewig fremd, weil […] an ein fremdes, allen anderen Völkern feindliches Gesetz unauflösbar gebunden, dieses fremde Volk ist gerade im Laufe des 19. Jahrhunderts ein unverhältnis-
45 mäßig wichtiger, auf manchen Gebieten geradezu ausschlaggebender Bestandteil des Lebens geworden. […] Von idealen Beweggründen bestimmt, öffnete der Indoeuropäer in Freundschaft die Tore: wie ein Feind stürz-
50 te der Jude hinein, stürmte alle Positionen und pflanzte – ich will nicht sagen auf den Trümmern, doch auf den Breschen unserer echten Eigenart die Fahne seines uns ewig fremden Wesens auf. […]
55 Sollen wir die Juden darob schmähen? Das wäre ebenso unedel, wie unwürdig und unvernünftig. Die Juden verdienen Bewunderung, denn sie haben mit absoluter Sicherheit nach der Logik und Wahrheit ihrer Ei-
60 genart gehandelt, und nie hat die Humanitätsduselei (welche die Juden nur insofern mitmachten, als sie ihnen selber zum Vorteil gereichte) sie auch nur für einen Augenblick die Heiligkeit der physischen Geset-
65 ze vergessen lassen. Man sehe doch, mit welcher Meisterschaft sie das Gesetz des Blutes zur Ausbreitung ihrer Herrschaft benutzen: Der Hauptstock bleibt fleckenlos, kein Tropfen fremden Blutes dringt hinein; […] inzwi-
70 schen werden aber tausende von Seitenzweiglein abgeschnitten und zur Infizierung der Indoeuropäer mit jüdischem Blute benutzt.

Houston Stewart Chamberlain, Die Grundlagen des neunzehnten Jahrhunderts. Erste Hälfte, 2. Aufl., F. Bruckmann, München 1944, S. 311 f., 381 ff.

b) Die Sicht des Vorsitzenden des Alldeutschen Verbands Heinrich Claß (1912):

Der 1891 gegründete Verband war eine überparteiliche politische Vereinigung, die die Forderung nach Stärkung des deutschen Nationalbewusstseins mit völkischen und imperialistischen Zielsetzungen verband. Die „Alldeutschen" traten für eine imperialistische Kolonialpolitik ein, förderten das Deutschtum im Ausland, verlangten den massiven Ausbau der deutschen Flotte und engagierten sich gegen nationale Minderheiten in Deutschland.

Eine Gesundung unseres Volkslebens, und zwar aller seiner Gebiete, kulturell, moralisch, politisch, wirtschaftlich, und die Erhaltung der wiedergewonnenen Gesundheit ist
5 nur möglich, wenn der jüdische Einfluss ent-

weder ganz ausgeschaltet oder auf das Maß des Erträglichen, Ungefährlichen zurückgeschraubt wird […]. Die Forderung muss sein: die landansässigen Juden werden unter
10 Fremdenrecht gestellt.

Die Vorfrage lautet: wer ist Jude, und schon sie muss mit Härte beantwortet werden, indem man zwar den Glauben als ursprüngliches Erkennungszeichen ansieht,
15 aber die Rassenangehörigkeit ins Auge fasst und auch den vom jüdischen Glauben Abgewandten als Juden behandelt, gleichzeitig auch für die Nachkommen von Mischehen an dem alten germanischen Grundsatze fest-
20 hält, dass sie der „ärgeren Hand" folgen. Man müsste, um durchzuschlagen, bestimmen: Jude im Sinne des geforderten Fremdenrechts ist jeder, der am 18. Januar 1871 der jüdischen Religionsgemeinschaft ange-
25 hört hat, sowie alle Nachkommen von Personen, die damals Juden waren, wenn auch nur ein Elternteil jüdisch war oder ist.

Man mag diese Zeitbestimmung willkürlich finden, wie sie es tatsächlich ist, wird
30 aber zugeben müssen, dass praktisch eine solche zur Feststellung des Begriffs „Jude" erforderlich ist; es mag geprüft werden, ob der Stichtag früher oder später gelegt werden soll. Als Jude würde also nach dem obigen
35 Vorschlage behandelt z. B. der Enkel eines im Jahre 1875 zum Protestantismus übergetretenen Juden, dessen Tochter einen Nichtjuden, z. B. Offizier, geheiratet hatte. Dies klingt im Sinne unserer bisherigen Nachgie-
40 bigkeit unerhört, ist es aber den Tatsachen gegenüber nicht: Denn die Erfahrung lehrt, dass solch ein Kind rassisch wirklich der ärgeren Hand folgt.

Im vollen Bewusstsein dessen, was damit
45 verlangt ist, wird diese Begriffsbestimmung vorgeschlagen, ja gerade im Hinblick auf die verhängnisvolle Rolle der Halbblütigen, durch deren Vermittlung der jüdische Geist, jüdische Gesinnung als Naturfolgen jüdi-
50 schen Blutes in die obersten Schichten unseres Volkes eingedrungen sind und einzudringen drohen; auch hier heißt es, nicht nur für die Zukunft zu verhindern, sondern gutzumachen, was bereits verfehlt worden ist.
55 Sonach stünde fest, wer Jude ist und unter Fremdenrecht gestellt werden soll; was aber soll das Fremdenrecht bestimmen? Es soll

den Strich zwischen Deutschen und Juden ziehen und die Möglichkeiten einschränken, eine volksschädigende Wirkung auszuüben. 60 Dahin gehören folgende Maßnahmen:

Den Juden bleiben alle öffentlichen Ämter verschlossen, einerlei ob gegen Entgelt oder im Ehrenamt, einerlei ob für Reich, Staat und Gemeinde. 65

Zum Dienst in Heer und Flotte werden sie nicht zugelassen.

Sie erhalten weder aktives noch passives Wahlrecht. Der Beruf der Anwälte und Lehrer ist ihnen versagt; die Leitung von Thea- 70 tern desgleichen.

Zeitungen, an denen Juden mitarbeiten, sind als solche kenntlich zu machen; die anderen, die man allgemein „deutsche" Zeitungen nennen kann, dürfen weder in jüdi- 75 schem Besitz stehen noch jüdische Leiter und Mitarbeiter haben.

Ländlicher Besitz darf in Zukunft weder in jüdischem Eigentum stehen noch mit solchen Hypotheken belastet werden. 80

Als Entgelt für den Schutz, den die Juden als Volksfremde genießen, entrichten sie doppelte Steuern wie die Deutschen.

Daniel Frymann (Pseudonym für Heinrich Claß), Wenn ich der Kaiser wär' – Politische Wahrheiten und Notwendigkeiten, 2. Aufl., Leipzig 1912, S. 74–76.

1 Bestimmen Sie die Haltung Chamberlains gegenüber den Juden: Erläutern Sie, warum die Juden für ihn ein „fremdes Volk" seien (M 10 a).

2 Untersuchen Sie M 10 b:
a) Arbeiten Sie heraus, wer nach Claß Jude ist. Zeigen Sie dabei, nach welchen Kriterien er im Kaiserreich Juden bestimmen will. Beurteilen Sie diese Form der Menschenauswahl.
b) Analysieren Sie, wie Claß das Verhältnis der Juden zur christlich-deutschen Bevölkerung gestalten will. Welche Rechte und Pflichten besaßen die Juden in seinen Augen?

3 Bewerten Sie die Folgen des rassistischen Antisemitismus.

M 11 Die politische Instrumentalisierung des Antisemitismus: das Beispiel des Hofpredigers Adolf Stoecker

Der Historiker Helmut Berding schreibt (1988):
Stoecker gab nicht auf, verstärkte im Gegenteil seine Propagandatätigkeit, konzentrierte jedoch seine Anstrengungen auf andere Zielgruppen [als die Arbeiter]. Er sprach den
5 gewerblichen Mittelstand, besonders die protestantischen Handwerker und Ladenbesitzer in der Reichshauptstadt, an, bemühte sich um Angestellte, Beamte, Angehörige freier Berufe und nicht zuletzt um die akade-
10 mische Jugend. Unermüdlich eilte Stoecker in Berlin von Volksversammlung zu Volksversammlung, und er sprach auf Wahlveranstaltungen in der Provinz, wo er vor allem das kleinstädtische Bürgertum und die bäu-
15 erliche Bevölkerung für die christlichsoziale Bewegung zu mobilisieren versuchte. In diesen von der wirtschaftlichen Depression hart betroffenen mittelständischen Schichten waren tief verwurzelte judenfeindliche Ein-
20 stellungen außerordentlich verbreitet. Stoecker ließ sich die Chance, mithilfe antijüdischer Parolen Anhänger und Stimmen zu gewinnen, nicht entgehen. Am 19. September 1879 stellte er auf einer Wahlveranstal-
25 tung seiner Partei in Minden mit einer Rede über „Unsere Forderungen an das moderne Judentum" den Antisemitismus zum ersten Mal in den Mittelpunkt der Agitation und erhielt stürmischen Beifall. Von diesem Tage
30 an spielte in den Versammlungen des christlichsozialen Parteiredners der Antisemitismus eine zentrale Rolle. Stoecker, der sich als „Begründer der antisemitischen Bewegung" ansah, schätzte die mobilisierende Kraft des
35 politischen Antisemitismus sehr hoch ein. Der Erfolg schien ihm Recht zu geben. Es war gelungen, mithilfe judenfeindlicher Parolen mittelständische Schichten an den Konservativismus heranzuführen. Der Zulauf zu
40 den Volksversammlungen hatte sich bedeutsam verstärkt. Am besten waren die Veranstaltungen besucht, auf denen Stoecker zur „Judenfrage" redete. Oft strömten bis zu 3000 Menschen zusammen. Auch bei Wah-
45 len erzielten die Christlichsozialen beachtliche Erfolge. So stieg ihre Stimmenzahl bei den Reichstagswahlen in Berlin von 14000 im Jahre 1878 auf 46000 im Jahre 1881 und 56000 im Jahre 1884. Der Hofprediger selbst
50 gehörte seit 1879 dem preußischen Abgeordnetenhaus und seit 1881 dem Reichstag an. [...] Stoecker gründete als erster konservativer Politiker eine politische Partei, die den Antisemitismus als breitenwirksames Instru-
55 ment zur Schaffung einer Massenbasis einsetzte. Er wusste als Demagoge, worauf es ankam, zeichnete ein klares Feindbild und hämmerte es dem Publikum unentwegt ein. Dadurch trug er ganz erheblich zur Vergif-
60 tung der politischen Atmosphäre und zur Verstärkung antijüdischer Vorurteile bei. Neben gewerblichem Mittelstand und bäuerlicher Bevölkerung erreichte er mit seiner antisemitischen Agitation hauptsächlich das
65 Bildungsbürgertum, in dem er aufgrund des hohen Ansehens als Hofprediger den Antisemitismus gesellschaftsfähig machte.

Helmut Berding, Moderner Antisemitismus in Deutschland, Suhrkamp, Frankfurt/M. 1988, S. 90, 98.

1 Untersuchen Sie mithilfe von M 11 Ziele, Methoden und Folgen der politischen Propaganda Stoeckers.

2 Beurteilen Sie die These, der Antisemitismus habe Stoecker auf Wahlveranstaltungen und Volksversammlungen als bewusst eingesetztes Instrument zur politischen Mobilisierung der Massen gedient.

Präsentationsvorschläge

Thema 1

Zwischen Integration und Abgrenzung – deutsche Juden im Kaiserreich

Stellen Sie anhand des „Central-Vereins deutscher Staatsbürger jüdischen Glaubens" und der „Zionistischen Vereinigung für Deutschland" zwei unterschiedliche Positionen der Assimilationsdebatte vor.

Thema 2

Antijüdische Klischees in populären Romanen und Theaterstücken

Erstellen Sie eine Präsentation über antijüdische Klischees in der Populärkultur.
Mögliche Beispiele: Gustav Freytag, Soll und Haben (1855); Wilhelm Raabe, Hungerpastor (1864); Felix Dahn, Kampf um Rom (1867).

Erarbeiten Sie Präsentationen

Erarbeiten Sie zu folgenden Themen Präsentationen in Einzel- oder Gruppenarbeit:

1 Mehrheiten und Minderheiten – Nationalitäten im Deutschen Kaiserreich
2 Zwischen Kulturkampf und Sozialistengesetz – Bismarcks Innenpolitik

Literaturtipps:
Volker R. Berghahn, Das Kaiserreich 1871–1914. Industriegesellschaft, Bürgerliche Kultur und autoritärer Staat, Klett-Cotta, Stuttgart 2006 (= Gebhardt. Handbuch der deutschen Geschichte, 10. völlig neu bearb. Aufl., Bd. 16).

Die Zeit. Welt- und Kulturgeschichte. Epochen, Fakten, Hintergründe in 20 Bdn., Bd. 12: Zeitalter des Nationalismus, Zeit-Verlag, Hamburg 2006.

Steven M. Lowenstein, Deutsch-Jüdische Geschichte in der Neuzeit, hg. v. Michael A. Meyer und Michael Brenner, Bd. 3: Umstrittene Integration 1871–1918, C. H. Beck, München 1997.

M 1 Bismarcks Kulturkampf, Karikatur des „Kladderadatsch", 1875.
„Der letzte Zug war mir allerdings unangenehm; aber die Partie ist deshalb noch nicht verloren. Ich habe noch einen sehr schönen Zug in petto!
Das wird auch der letzte sein, und dann sind Sie in wenigen Zügen matt – wenigstens für Deutschland."

Überprüfen Sie Ihre Kompetenzen

M2 Bildpostkarte der Nordseeinsel Borkum, um 1910

Zentrale Begriffe

Antisemitismus
Emanzipation
Frauenbewegung
Judenemanzipation
„Kulturkampf"
Nationale Minderheiten
Sozialistengesetz
Spaltung der Liberalen

Sachkompetenz

1 Untersuchen Sie am Beispiel des „Kulturkampfes" gegen die Katholiken und des Sozialistengesetzes das Verhältnis von Staat und politisch-sozialen Gruppen im kaiserlichen Deutschland.

2 Bilanzieren Sie die Erfolge und Misserfolge der Frauenbewegung im 19. Jahrhundert. Nennen Sie die zentralen Gewinne und Verluste ihres Emanzipationskampfes.

3 Erläutern Sie die Veränderungen der Judenfeindschaft im 19. Jahrhundert, die Zeitgenossen und Historiker als modernen Antisemitismus bezeichnen.

Methodenkompetenz

4 Interpretieren Sie M1: Achten Sie dabei besonders auf die Kampfmethoden und -mittel der Kontrahenten.

5 Analysieren Sie die Bildpostkarte M2 hinsichtlich der Situation der jüdischen Bevölkerung im Kurbad der Nordseeinsel Borkum. Erörtern Sie dabei, ob der Begriff „Bäderantisemitismus" das dargestellte Phänomen angemessen darstellt.

Urteilskompetenz

6 Fassen Sie die Defizite der inneren Integration des Kaiserreiches zusammen und bewerten Sie die Mittel und Folgen der auf Integration ausgerichteten Politik der deutschen Reichsregierung.

7 Das Kaiserreich war in vielem sehr modern. Aber blockierte seine obrigkeitsstaatliche Verfassung nicht notwendigen Wandel? Beurteilen Sie, ausgehend von dieser Frage, die Geschichte der politisch-gesellschaftlichen Integration des ersten deutschen Nationalstaates.

6 Deutsche Außenpolitik und internationale Ordnung in der Bismarck-Zeit

Kompetenzen erwerben

Sachkompetenz:
- das internationale Kräfteverhältnis in Europa nach der Reichsgründung 1870/71 erkennen
- die machtpolitische Stellung des Deutschen Reiches nach 1870/71 analysieren
- die außenpolitische Strategie Bismarcks beschreiben und erklären
- die Bedeutung der Bismarck'schen Bündnispolitik für das internationale europäische Kräfteverhältnis herausarbeiten
- die Anfänge der Kolonialpolitik unter Bismarck einordnen

Methoden-kompetenz:
- eine Karikatur interpretieren

Urteilskompetenz:
- die wechselseitigen Einflüsse zwischen deutscher Außenpolitik und der internationalen Ordnung erkennen und bewerten
- Handlungsspielräume und Ziele staatlicher Außenpolitik beurteilen
- das Erbe des 1870/71 gegründeten deutschen Nationalstaates erörtern

---

Bismarcks außenpolitisches Konzept

Hegemonie
Vormachtstellung eines Staates innerhalb einer Gruppe von Staaten; stützt sich in der Regel auf militärische Überlegenheit, die eine politische Führungsrolle begründet; kann sich aber auch nur auf das wirtschaftliche Gebiet beziehen

saturiert
satt, gesättigt, hier gemeint: ohne Anspruch auf Gebietsvergrößerung auf Kosten anderer Staaten

Die Gründung des Deutschen Reichs 1870/71 (s. S. 48 ff.) veränderte das Kräftefeld zwischen den europäischen Großmächten grundlegend. Der neue deutsche Nationalstaat besaß eine **halbhegemoniale* Stellung** in Europa. Einerseits war er zu schwach, um die europäische Vorherrschaft zu übernehmen; andererseits war er zu stark, als dass die europäischen Machtverhältnisse gegen seinen Willen hätten verändert werden können. Um der jungen deutschen Nation die Lebens- und Überlebensbedingungen zu sichern, bestand das oberste Ziel der Bismarck'schen Außenpolitik darin, Ruhe und Frieden in Europa zu garantieren. Der Reichskanzler suchte die durch die Reichsgründung in Europa geschaffene neue machtpolitische Situation zur Grundlage für ein **neues Gleichgewicht der Mächte** (s. S. 17) zu machen. Zur Beruhigung der europäischen Großmächte erklärte er – erstens – immer wieder Deutschland zum **saturierten* Staat**, der keine expansiven Wünsche mehr hege. Um den „Albtraum feindlicher Bündnisse" gegen das Deutsche Reich zu verhindern und den Kriegsfall auszuschließen, schloss Bismarck – zweitens – **defensive Bündnisse** mit möglichen Gegnern Deutschlands. Und er betrieb – drittens – erfolgreich die **Isolierung Frankreichs**, damit es keine Angriffsbündnisse gegen Deutschland schließen konnte. Nach dem Sieg über Frankreich 1870 musste Bismarck davon ausgehen, dass der westliche Nachbar versuchen werde, den neuen internationalen Status quo zu verändern. Frankreich, das jahrhundertelang dem Reich und den deutschen Einzelstaaten überlegen gewesen war, fühlte sich vor allem durch die militärische Niederlage gegen Deutschland gedemütigt.

Bismarcks Bündnispolitik

Nach der Reichsgründung unterstrich Bismarck die Friedfertigkeit des Deutschen Reiches mit dem Hinweis auf dessen Saturiertheit, die Expansionsbestrebungen überflüssig machte. Um den Frieden in Europa zu sichern, schloss Deutschland 1872/73 mit Österreich-Ungarn und Russland das **Dreikaiserabkommen**. Es war kein bindender Vertrag, sondern ein „Konsultativabkommen" zwischen den führenden Staatsmännern. Dies bedeutete: Für den Konfliktfall sah es keinen militärischen Beistand, wohl aber Konsultationen, also Beratungen vor.

Im März 1875 verabschiedete Frankreich ein Militärgesetz, das die mobilisierbare Truppenstärke erhöhte. Dieses Gesetz löste 1875 die sogenannte **Krieg-in-Sicht-Krise** aus. Deutsche Diplomaten und Militärs deuteten die Möglichkeit eines Präventivkrieges* an, mit dem das Deutsche Reich den Revanchegelüsten des Nachbarn zuvorkommen könne. In Wirklichkeit habe Deutschland jedoch kein Interesse am Krieg, erklärte Bismarck. Die übrigen Mächte Europas tadelten allerdings nicht Paris, sondern Berlin. Bismarck beherzigte diese politische Lektion: Seitdem stellte er sich als Friedensstifter dar, anstatt mit der Kriegsgefahr zu spielen.

Interessenkonflikte zwischen Russland, der Türkei und Österreich-Ungarn auf dem Balkan führten in den Jahren zwischen 1875 und 1879 zu intensiven internationalen Spannungen, die erst um 1885 abklangen. Auf dem **Berliner Kongress** 1878 vermittelte Bismarck als „ehrlicher Makler" einen Kompromiss zur Friedenserhaltung, ohne dass er deutsche Gebietsansprüche stellte. Ein Ergebnis des Kongresses bestand in der Anerkennung mäßiger Gebietserweiterungen zugunsten von Serbien, Montenegro und Rumänien sowie der Garantie ihrer vollen Souveränität. Russland erhielt zwar auf Kosten der Türkei leichte Territorialgewinne, aber das von ihm angestrebte Großbulgarien kam nicht zustande. Deswegen verstimmte die Kompromisslösung Russland und belastete das deutsch-russische Verhältnis. Nach außen hin erschien der Kongress aber als glanzvoller Erfolg, der deutsche Reichskanzler gewann an internationalem Ansehen.

Die russische Verstimmung nahm Bismarck hin und trieb die Annäherung an Österreich-Ungarn voran. Mit ihm schloss er 1879 den **Zweibund** – an ihn wurde 1883 Rumänien und 1888 Italien lose angebunden –, der seitdem ein fester Bestandteil der deutschen Außenpolitik blieb. Mit Russland suchte Bismarck im **Dreikaiserbündnis** 1881 die Entspannung. Deutschland, Russland und Österreich-Ungarn verpflichteten sich hierin zur wohlwollenden Neutralität, wenn einer der drei Bündnispartner einen Krieg mit einer vierten Macht führe.

Nach dem Auslaufen des Dreikaiserbündnisses 1887 folgte ein später als **Rückversicherungsvertrag** bekannt gewordenes Abkommen zwischen Berlin und St. Petersburg. In ihm vereinbarten Russland und Deutschland ihre wechselseitige Neutralität für einen Verteidigungskrieg und Deutschland erkannte Russlands Interesse an Bosporus und Bulgarien an. Gleichzeitig unterstützte Bismarck 1887 das **Mittelmeerabkommen** zwischen England, Italien und Österreich-Ungarn, in dem diese sich gegen Russlands Expansion im Bereich des Schwarzen und des Mittelmeers absicherten. Das angestrebte Defensivbündnis mit England gelang der deutschen Politik allerdings nicht.

präventiv
vorbeugend

Webcode:
KH644681-125

Kolonialpolitik

Kolonisation
Landnahme eines Gebietes durch eine expandierende Gesellschaft über ihren angestammten Lebensraum hinweg

Kolonialismus
Eine Gesellschaft wird ihrer Eigenentwicklung beraubt, fremdgesteuert und auf die vornehmlich wirtschaftlichen Interessen der Kolonialherren hin umgepolt. Die Kolonisatoren kommen den unterworfenen Gesellschaften kulturell nicht entgegen. Seit dem 16. Jh. wurde Kolonisation mit einer religiösen Missionspflicht begründet. Im 19. Jh. leiten Kolonisatoren daraus ein weltliches Mandat zur „Zivilisierung" der „Barbaren" oder „Wilden" ab.

Imperialismus
Zunächst die Ausdehnung der Herrschaft eines Staates über andere Länder durch Eroberung, Annexion und Durchdringung; eine seiner Formen ist der Kolonialismus. Seit der Hochindustrialisierung ein ausgeprägtes, wirtschaftliches und politisches Ausnutzungs- und Abhängigkeitsverhältnis zwischen industriell fortgeschrittenen und wirtschaftlich wenig entwickelten Staaten und Regionen.

Im Jahre 1888 erklärte Bismarck gegenüber Eugen Wolf, einem Forschungsreisenden und glühenden Anhänger der Kolonialidee: „Ihre Karte von Afrika ist ja sehr schön, aber meine Karte von Afrika liegt in Europa. Hier liegt Russland, und hier [...] liegt Frankreich, und wir sind in der Mitte, das ist meine Karte von Afrika." Mit diesen Worten verdeutlichte der Reichskanzler seine Abneigung gegen den Erwerb von Kolonien durch das Deutsche Reich. Dennoch kam es bereits seit 1884/85 zur Errichtung von Handelsniederlassungen durch deutsche Kaufleute, die große Gebiete in Afrika und Neuguinea aufgekauft hatten, und zur Gründung von Kolonien (zum deutschen Kolonialreich s. die Karte M 6, S. 147). Für die innenpolitische Unterstützung der deutschen Kolonialpolitik sorgte u. a. der 1882 gegründete Deutsche Kolonialverein.

Als sich Konflikte zwischen Frankreich und England in Afrika sowie zwischen Russland und England in Asien verstärkten, kamen vom November 1884 bis zum Februar 1885 dreizehn europäische Staaten, das Osmanische Reich und die USA in Berlin zur internationalen **Afrika-Konferenz** zusammen. Auf dieser Konferenz vereinbarten die imperialistischen Mächte Kriterien für den Erwerb afrikanischer Kolonien; bestehende Besitzansprüche waren dabei zu respektieren. Für Deutschland bedeutete das nicht nur die Anerkennung von deutschen Handelsniederlassungen, die überdies unter den Schutz des Deutschen Reiches gestellt wurden. Auch Togo, Kamerun, Südwestafrika (heute Namibia) kamen 1884 in deutschen Besitz, 1885 folgten Ostafrika (heute Tansania), Kaiser-Wilhelm-Land in Neuguinea und der nördlich davon gelegene Bismarck-Archipel.

Die Gründe für die **Anfänge deutscher Kolonialpolitik unter Bismarck** werden von den Historikern bis heute kontrovers diskutiert. Für die einen wollte Bismarck mit seiner Kolonialpolitik das Konzept des europäischen Mächtegleichgewichts in globaler Perspektive ausweiten. Deutschland sollte nicht zu einer zweitrangigen Macht absinken. Der Reichskanzler wollte Deutschland zur Kolonialmacht machen, um so seine relative Position und seine Handlungsspielräume zu wahren. Überseeische Besitztümer dienten aus dieser Sicht gleichermaßen als Gewichte, um die europäische Machtbalance auszugleichen. Andere Forscher nennen innenpolitische Motive als Hauptgrund. Sie betrachten die Ablenkung von innenpolitischen und innergesellschaftlichen Spannungen nach außen durch imperialistische Politik als Hauptursache der Kolonialpolitik Bismarcks.

1 Charakterisieren Sie die wesentlichen Ziele und Methoden der Bismarck'schen Außenpolitik.
2 Erläutern Sie an der Bismarck'schen Bündnispolitik exemplarisch seine außenpolitische Strategie.

Hinweise zur Arbeit mit den Materialien

Eine Übersicht über **die europäischen Großmächte** und die **internationale Ordnung** in der zweiten Hälfte des 19. Jahrhunderts gewährt M 1. M 2 leitet über zur **deutschen Außenpolitik** seit 1870/71. Ergänzt und vertieft werden diese Thesen durch zwei Erläuterungen Bismarcks (M 3 und M 5) zu seiner Außenpolitik und eine britische Karikatur (M 4), die die Perspektive des Auslandes verdeutlicht. Mit der **Bündnispolitik des Deutschen Reiches** zwischen 1870/71 und 1914 beschäftigen sich M 6 a–c: M 6 a stellt alle Bündnisverpflichtungen Deutschlands in einer Tabelle zusammen, M 6 b und c beleuchten die europäischen Bündnissysteme mithilfe grafischer Schemata. Die Analyse des Historikers Eberhard Kolb in M 7 erlaubt eine abschließende Diskussion, die eine **kritische Bilanz zur Lebens- und Zukunftsfähigkeit des ersten deutschen Nationalstaats** von 1870/71 formulieren sollte. Die **Methodenseiten** (S. 133 ff.) vermitteln das Rüstzeug zur Interpretation historischer Karikaturen. Am Ende des Kapitels finden sich **weiterführende Arbeitsanregungen** und die Möglichkeit, die im Kapitel erworbenen **Kompetenzen zu überprüfen** (S. 136 f.).

M 1 Die europäische Staatenordnung nach der Reichsgründung 1870/71 – ein Gleichgewicht der Mächte?

Der Historiker Jörg Fisch schreibt 2002:
Das Grundmuster der Beziehungen zwischen den europäischen Staaten folgte der Tradition der vorangegangenen Jahrhunderte. Die Staaten erkannten sich gegenseitig formell
5 als gleich an, während sie in materieller Hinsicht, in Bezug auf die von ihnen ausgeübte Macht, in einem dauernden Konkurrenzkampf miteinander standen. Die entscheidende Rolle fiel einer Hand voll Großmächte
10 zu. Ihr Kreis umfasste die Seemacht Großbritannien sowie die Kontinentalmächte Frankreich, Preußen (das nach der deutschen Einigung 1871 zum Deutschen Reich wurde), Österreich (das nach dem Ausgleich mit Un-
15 garn 1867 zu Österreich-Ungarn wurde) und Russland. Italien erhob nach der Einigung von 1860 ebenfalls Anspruch auf Großmachtstatus. Doch es erlangte ihn bestenfalls zeremoniell und protokollarisch, nie
20 substanziell. Früher hatte das Osmanische Reich eine umgekehrte Rolle gespielt: Es hatte formell nicht dazugehört, de facto aber eine Großmachtrolle gespielt. Diese Zeit war nun vorbei.
25 Die Großmächte, mit unterschiedlichem Anhang unter den Mittel- und Kleinstaaten, rivalisierten in wechselnden Konstellationen, Kombinationen und Allianzen, in denen sie sich jeweils in etwa die Waage hiel-
30 ten, wobei man von einem Gleichgewicht

sprach, das freilich höchst unterschiedlich definiert wurde, indem jeder Beteiligte darunter denjenigen Zustand verstehen wollte, der ihn am meisten begünstigte. Zu den ge-
35 läufigen und anerkannten Mitteln der Auseinandersetzung gehörte auch der Krieg. Drohte eine Macht stärker als alle anderen zu werden, so schlossen sich diese naturgemäß zusammen. Eine Sonderstellung nahm auf-
40 grund seiner Insellage und seiner Seemacht Großbritannien ein: Da es praktisch unangreifbar war, hielt es sich in Friedenszeiten normalerweise von engeren Bindungen fern. Dadurch war es imstande, sich in Kriegen ge-
45 gen jede mögliche Hegemonialmacht zu engagieren und so für das europäische Gleichgewicht das Zünglein an der Waage zu spielen. […]
Zum eigentlichen Merkmal und schließ-
50 lich zum Schicksal Europas aber wurden die Großmachtkonstellationen, die mit der Zeit zu immer festeren Blöcken gerannen. Den Ausgangs- und Kristallisationspunkt dafür bildete der deutsch-französische Krieg von
55 1870/71. Er bedeutete für Frankreich, das jahrhundertelang eine Vormachtstellung in Mitteleuropa eingenommen hatte, nicht nur eine verheerende materielle Niederlage, sondern auch eine extreme Demütigung. Zwi-
60 schen ihm und dem neugegründeten Deutschen Reich schien auf absehbare Zeit nur Feindschaft möglich. Bismarck zog daraus die Konsequenz, dass er versuchte, alle anderen Großmächte locker um Deutschland
65 herum zu gruppieren und auf diese Weise

Frankreich zu isolieren. Doch die Interessen der verschiedenen Mächte waren zu heterogen, als dass sie sich auf Dauer hätten auf einen Nenner bringen lassen. Solche Solidarität war allenfalls dann möglich, wenn eine einzige Macht die Hegemonie in Europa zu gewinnen drohte. Aber eine solche Gefahr bestand vonseiten des geschwächten Frankreich nach 1871 nicht im Geringsten. Insbesondere Russland und Österreich-Ungarn ließen sich kaum im gleichen Boot halten. Bismarck zog daraus 1879 die Konsequenz, indem er ein Bündnis mit Österreich-Ungarn schloss. So war die künftige Konstellation vorgezeichnet, auch wenn die Verschiebungen nur langsam erfolgten. 1882 schloss sich Italien dem deutsch-österreichisch-ungarischen Zweibund an, der dadurch zum Dreibund wurde. 1883 und 1888 folgten Geheimverträge Rumäniens mit den Mitgliedern des Dreibunds. Auf der anderen Seite kam es 1892 zur logischen Konsequenz eines russisch-französischen Bündnisses, das 1894 in Kraft trat.

So war in Europa eine geradezu klassische Gleichgewichtssituation entstanden. Die vier kontinentalen Großmächte waren paarweise miteinander verbündet. Keine der beiden Gruppierungen war der anderen so unterlegen, dass sie sie zu einem Angriff hätte verlocken können. Italien und Rumänien waren zwar formell mit Deutschland und der Habsburgermonarchie verbündet. Doch hatten beide Staaten Gebietsforderungen gegenüber Österreich-Ungarn, sodass man sie kaum als wirkliche Verstärkung dieser Seite betrachten konnte. Wichtiger war die Stellung Großbritanniens, das sich in traditioneller Weise draußen hielt und dadurch bei möglichen Ungleichgewichten sein Gewicht in die Waagschale werfen konnte.

Die Konstellation war also traditionell. Neu war hingegen, dass sie sich in förmlichen, mitten im Frieden geschlossenen und längerfristig angelegten Bündnissen niedergeschlagen hatte. Ob das ein Vorteil war, indem die Politik berechenbarer wurde, oder ein Nachteil, indem jeder lokale Konflikt automatisch zu einem europäischen eskalierte, konnte nur die Zukunft zeigen.

Jörg Fisch, Europa zwischen Wachstum und Gleichheit 1850–1914, Ulmer, UTB, Stuttgart 2002, S. 347, 354f.

1 Nennen Sie die wichtigsten Mächte, die die internationale Politik bestimmten.
2 Charakterisieren Sie die Beziehungen zwischen den europäischen Großmächten.
3 Diskutieren Sie, ob die internationale Ordnung Europas in der zweiten Hälfte des 19. Jahrhunderts als Gleichgewicht der Mächte bezeichnet werden kann.

M2 Die Historikerin Beate Althammer über die deutsche Außenpolitik in der Bismarckzeit (2009)

Das Deutsche Reich stand im Zentrum des Bündnissystems, das die Beziehungen zwischen den europäischen Mächten in den zwei Jahrzehnten nach 1871 regulierte. Es tat dies nicht, weil es eine hegemoniale Stellung auf dem Kontinent eingenommen hätte. Vielmehr hielt Bismarck seine Schöpfung stets für gefährdet und für zu schwach, um angesichts ihrer exponierten Lage in der Mitte Europas alleine bestehen zu können. Sein *Cauchemar des Coalitions,* also sein Albtraum vor feindlichen Allianzen, ist geradezu sprichwörtlich geworden. Aus diesem Bedrohungsgefühl heraus bemühte er sich, ein Netz von Verträgen um das Deutsche Reich herum zu knüpfen, das seine als prekär wahrgenommene Existenz sichern sollte, ohne jedoch den Spielraum für situationsabhängige Entscheidungen allzu sehr zu beschneiden. […]

Bismarcks Bündnisphilosophie findet sich skizziert in einem berühmt gewordenen Schriftstück, das er 1877 seinem Sohn Herbert während eines Aufenthalts in Bad Kissingen diktierte. Die deutsche Außenpolitik müsse, so die Grundidee, darauf zielen, gute Beziehungen zu allen europäischen Großmächten zu pflegen außer zu dem auf Revanche sinnenden Frankreich, das zu isolieren war. Aber auch die Rivalitäten zwischen den übrigen Großmächten gelte es lebendig zu halten, damit sie sich untereinander nicht zu nahe kommen, vielmehr auf die Freundschaft Deutschlands angewiesen sein würden. Diese Rivalitäten seien an die europäische Peripherie, namentlich nach dem Balkan und dem Vorderen Orient zu lenken. Zu einem großen Krieg sollten sie nicht eskalieren, wohl aber die Mächte beschäftigt und

40 untereinander koalitionsunfähig halten. Direkt beteiligen dürfe sich das Deutsche Reich nicht an den Rivalitäten der anderen. Ziel war die Erhaltung des Status quo, keine weitere territoriale Expansion.

Beate Althammer, Das Bismarckreich 1871–1890, Schöningh, Paderborn 2009, S. 197 f.

> **1** Charakterisieren Sie mithilfe von M 2 das außenpolitische Konzept Bismarcks.

M 3 Aus dem „Kissinger Diktat" Otto von Bismarcks vom 15. Juni 1877

Ich wünsche, dass wir, ohne es auffällig zu machen, doch die Engländer ermutigen, wenn sie Absichten auf Ägypten haben: Ich halte es in unserem Interesse und für unsere
5 Zukunft eine nützliche Gestaltung, einen Ausgleich zwischen England und Russland zu fördern, der ähnliche gute Beziehungen zwischen beiden, wie im Beginn dieses Jahrhunderts, und demnächst Freundschaft bei-
10 der mit uns in Aussicht stellt. Ein solches Ziel bleibt vielleicht unerreicht, aber wissen kann man das auch nicht. Wenn England und Russland auf der Basis, dass Ersteres Ägypten, Letzteres das Schwarze Meer hat, einig wür-
15 den, so wären beide in der Lage, auf lange Zeit mit Erhaltung des Status quo zufrieden zu sein, und doch wieder in ihren größten Interessen auf eine Rivalität angewiesen, die sie zur Teilnahme an Koalitionen gegen uns,
20 abgesehen von inneren Schwierigkeiten Englands für dergleichen, kaum fähig macht.
Ein französisches Blatt sagte neulich von mir, ich hätte „*le cauchemar des coalitions*"; dieser Art Alp wird für einen deutschen
25 Minister noch lange und vielleicht immer ein sehr berechtigter bleiben. Koalitionen gegen uns können auf westmächtlicher Basis mit Zutritt Österreichs sich bilden, gefährlicher vielleicht noch auf russisch-österrei-
30 chisch-französischer; eine große Intimität zwischen zweien der drei letztgenannten Mächte würde der dritten unter ihnen jederzeit das Mittel zu einem sehr empfindlichen Drucke auf uns bieten. In der Sorge vor die-
35 sen Eventualitäten, nicht sofort, aber im Lauf der Jahre, würde ich als wünschenswerte Ergebnisse der orientalischen Krisis[1] für uns ansehen:

1. Gravitierung [= Hinziehen] der russi-
40 schen und der österreichischen Interessen und gegenseitigen Rivalitäten nach Osten hin,
2. der Anlass für Russland, eine starke Defensivstellung im Orient und an seinen Küsten zu nehmen, und unseres Bündnisses
45 zu bedürfen,
3. für England und Russland ein befriedigender Status quo, der ihnen dasselbe an Erhaltung des Bestehenden gibt, welches wir haben,
50 4. Loslösung Englands von dem uns feindlich bleibenden Frankreich wegen Ägyptens und des Mittelmeers,
5. Beziehungen zwischen Russland und Österreich, welche es beiden schwierig ma-
55 chen, die antideutsche Konspiration gegen uns gemeinsam herzustellen [...].
Wenn ich arbeitsfähig wäre, könnte ich das Bild vervollständigen und feiner ausarbeiten, welches mir vorschwebt: nicht das
60 irgendeines Ländererwerbes, sondern das einer politischen Gesamtsituation, in welcher alle Mächte außer Frankreich unser bedürfen, und von Koalitionen gegen uns durch ihre Beziehungen zueinander nach Möglich-
65 keit abgehalten werden.

Zit. nach: Günter Schönbrunn (Hg.), Das bürgerliche Zeitalter 1815–1914, bsv, München 1980, S. 454 f., Nr. 385.

---

1 Russland hatte der Türkei am 24. April 1877 den Krieg erklärt, nachdem Österreich-Ungarn Neutralität zugesagt hatte.

> **1** Erarbeiten Sie aus dem „Kissinger Diktat" Bismarcks Grundideen für die Beziehungen der europäischen Mächte.
> **2** Einige Historiker bezeichnen das „Kissinger Diktat" als die „Idee einer deutschen Gleichgewichtspolitik". Diskutieren Sie diese These.

M4 Der Weichensteller, Karikatur aus der Londoner Zeitschrift „Punch", 1878

1 Interpretieren Sie diese Karikatur. Erörtern Sie dabei besonders, welche Auffassung die Karikatur von Bismarcks Bedeutung als Politiker entwirft.

M5 Grundlagen der Außenpolitik Bismarcks

Im März 1888 erläuterte Bismarck Kaiser Friedrich III. seine Außenpolitik.
Seit siegreiche Kriege zur Errichtung des Norddeutschen Bundes und demnächst des Deutschen Reichs geführt hätten, sei die Politik Seiner Majestät [Kaiser Wilhelms I.]
5 vornehmlich darauf gerichtet gewesen, den Frieden zu bewahren und Koalitionen auswärtiger Mächte gegen Deutschland vorzubeugen.
Eine Koalition hätte [...] leicht [...] Russ-
10 land, Frankreich und Österreich umfassen können. Es sei deshalb geboten gewesen, eine Versöhnung mit einer der beiden bekämpften Großmächte zu suchen und diese habe nur Österreich sein können. Diese Ver-
15 söhnung sei geglückt und habe zu einem Bündnis geführt. Hierbei falle uns die Aufga-

be zu, wenn der Widerstreit der Interessen Österreichs und Russlands einen schärferen Charakter annehme, auf die Kriegslust der befreundeten Macht – auf die Gefahr hin, 20 dort russenfreundlich zu erscheinen – mäßigend einzuwirken, denn ein für Österreich unglücklich verlaufender Krieg zwischen jenen nötige uns, selbst über die vertragsmäßige Pflicht hinaus Österreich Hilfe zu 25 leisten, da dessen ungeschwächte Großmachtstellung für uns ein Bedürfnis des europäischen Gleichgewichtes sei.
Wir hätten keine eignen Interessen auf der Balkanhalbinsel, die den russischen ent- 30 gegenständen. [...]
Englands Bestand sei uns ebenso wichtig wie die Erhaltung Österreichs [...].
Frankreich allein sei uns nicht gewachsen. Nur als Verbündeter Russlands sei Frankreich 35 gefährlich und von dort drohe überhaupt die größte Gefahr.
Er könne nur befürworten, dass die deutsche Politik nach wie vor die Aufrechterhaltung des Friedens zum Ziele nehme, ohne 40 Voreingenommenheit für die eine oder andere auswärtige Macht (abgesehen von unseren Bündnisverträgen).
Zit. nach: Michael Stürmer (Hg.), Bismarck und die preußisch-deutsche Politik 1871–1890, dtv, München 1970, S. 251 f.

1 Erläutern Sie mithilfe von M5 die Grundprinzipien des Bismarck'schen Bündnissystems.

M6 Die Bündnissysteme des Deutschen Reiches

a) Die wichtigsten europäischen Bündnisse vor dem Ersten Weltkrieg

1879	**Zweibund** zwischen Deutschland und Österreich-Ungarn (bis 1918 in Kraft)
1881	**Dreikaiserbündnis:** Deutschland, Österreich-Ungarn und Russland (jeweils auf drei Jahre; Neutralitätsabkommen)
1882	**Dreibund:** Deutschland, Österreich-Ungarn und Italien
1883	Rumänien tritt dem Dreibund bei
1887	Dreikaiserbündnis wegen Schwierigkeiten auf dem Balkan nicht erneuert, an dessen Stelle tritt der **Rückversicherungsvertrag** zwischen Deutschland und Russland.
1887	Orientdreibund zwischen Großbritannien, Österreich-Ungarn, Italien mit dem Ziel der Erhaltung des Status quo
1890	Rückversicherungsvertrag zwischen Deutschland und Russland wird nicht erneuert.
1894	Handelsvertrag mit Russland: Russland erleichtert die Einfuhr deutscher Industriewaren, Deutschland senkt den Einfuhrzoll für russisches Getreide.
1894	**Russisch-französischer Zweibund** auf der Grundlage der Militärkonvention von 1892
1891–1901	Erfolglose Bündnisverhandlungen zwischen England und Deutschland
1902	Bündnis zwischen Großbritannien und Japan, Neutralitätsabkommen zwischen Frankreich und Italien
1904	**Entente cordiale** zwischen **Großbritannien** und **Frankreich.** Koloniale Spannungen werden bereinigt: Ägypten als britische, Marokko als französische Einflusssphäre anerkannt.
1907	**Entente** zwischen **Großbritannien** und **Russland:** Spannungen in Afghanistan und Persien werden abgebaut, damit kann sich Russland wieder mehr der Balkanpolitik zuwenden.

b) Bismarcks Bündnissystem 1879–1890

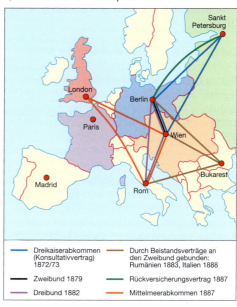

—— Dreikaiserabkommen (Konsultativvertrag) 1872/73	—— Durch Beistandsverträge an den Zweibund gebunden: Rumänien 1883, Italien 1888
—— Zweibund 1879	—— Rückversicherungsvertrag 1887
—— Dreibund 1882	—— Mittelmeerabkommen 1887

c) Europäisches Bündnissystem vor dem Ersten Weltkrieg

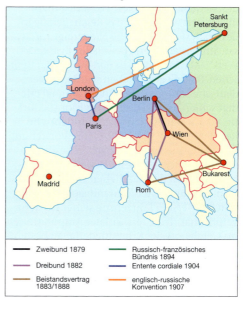

—— Zweibund 1879	—— Russisch-französisches Bündnis 1894
—— Dreibund 1882	—— Entente cordiale 1904
—— Beistandsvertrag 1883/1888	—— englisch-russische Konvention 1907

1 a) Vergleichen Sie die dargestellten Bündnissysteme (M6b, c).
b) Zeigen Sie mithilfe von M6 die zunehmende Selbstisolation Deutschlands vor 1914 auf.

M 7 Bismarck und der 1870/71 gegründete deutsche Nationalstaat – eine kritische Bilanz

Der Historiker Eberhard Kolb schreibt 2009:
Der Mann, dem die Schaffung des Deutschen Reiches gelang, war zweifellos der bedeutendste deutsche Staatsmann des 19. Jahrhunderts – und er ist zugleich höchst umstritten. […] Warum scheiden sich an Bismarck bis heute die Geister? […]

Welches „Erbe" hinterließ Bismarck der Nation? Der von der großen Mehrheit der Deutschen begeistert begrüßte kleindeutsche Nationalstaat, wesentlich von Bismarck geschaffen und durch zwei Jahrzehnte konsequenter Friedenspolitik im europäischen Mächtesystem verankert, ist nach den Katastrophen des 20. Jahrhunderts häufig als eine problematische Schöpfung eingestuft worden, denn sie habe das europäische Gleichgewicht destabilisiert. Diese Behauptung geht ebenso in die Irre wie die Ansicht, das Bismarckreich habe sich als ein extrem unstabiles und kurzlebiges Gebilde erwiesen. Gewiss, die Monarchie in Deutschland hat die Niederlage im Ersten Weltkrieg nicht überdauert, wohl aber das Reich; gerade in dessen Bestehen über die Niederlage hinaus sah Stresemann den „Beweis für Bismarcks Werk". Manches, was in den Jahren der deutschen Teilung geschrieben wurde, als der deutsche Nationalstaat ein für allemal erledigt schien, ist inzwischen revisionsbedürftig – denn war es nicht das kleindeutsche Reich von 1871, das 1989/90 die Vorstellung von der Einheit aller Deutschen bestimmt hat? Darin liegt der beste Beweis für die Lebensfähigkeit des staatlichen Gebildes, das Bismarck geschaffen und mit sicherer Hand durch die ersten Jahrzehnte seiner Existenz geführt hat. Trotz territorialer Amputationen im Gefolge zweier Kriegsniederlagen besteht der deutsche Nationalstaat.

Schwerer wird man sich mit dem Urteil über Bismarcks innenpolitisches Erbe tun. Der Reichskanzler war kein Demokrat – das zu sein, hat er nie behauptet –, eine deutsche Demokratie kann ihn füglich nicht als einen ihrer Ahnherren oder Promotoren feiern. Wesentliche Teile der Ziele und Methoden seines innenpolitischen Vorgehens verfallen herben Verdammungsurteilen, der Kulturkampf, die Durchsetzung der Schutzzollpolitik, die rücksichtslose Bekämpfung der Sozialdemokratie. Auch wenn Bismarck dafür jeweils parlamentarische Mehrheiten gewann, so lag die Initiative und entscheidende Verantwortung doch fraglos bei ihm, und der harte, oft brutale Umgang mit dem politischen Gegner hat tiefe Spuren im Bewusstsein vieler Deutscher hinterlassen. An die negativen Auswirkungen von Bismarcks politischer Kampfesweise auf die politische Kultur in Deutschland zu erinnern, wird die Geschichtsschreibung nicht müde […]. Es mögen allerdings Zweifel erlaubt sein, ob ein Einzelner – und sei er auch noch so mächtig – die „politische Kultur" eines Zeitalters in so maßgeblicher Weise allein zu prägen vermag, wie es Bismarck oft unterstellt wird. Ähnliches gilt für die Einschätzung von Bismarcks Handlungsspielräumen: Diese waren nicht so unbeschränkt, wie vielfach angenommen wird. Das lässt sich im Einzelnen nur anhand subtiler Quellenanalyse herausarbeiten; viel leichter ist es da, zu pauschalen Behauptungen Zuflucht zu nehmen. Bei der kritischen Beurteilung von Bismarcks innenpolitischem Erbe sollte zudem nicht dessen Ambivalenz übersehen werden. Zum Bild gehören auch planvolle Modernisierungsmaßnahmen, die Ausbildung einer funktionierenden bundesstaatlichen Ordnung und eines modernen Verwaltungsstaats sowie die ersten Schritte auf dem Weg zum modernen Wohlfahrtsstaat durch die Einführung der Sozialversicherung. Hinter die Behauptung von der Zukunftslosigkeit der von Bismarck geschaffenen inneren Ordnung dürfte ein Fragezeichen zu setzen sein. Um 1890 bestand in Deutschland, wie [der Historiker] Thomas Nipperdey hervorhebt, ein hohes Maß von europäischer Normalität; man müsse das in den „Sonderlinien" der deutschen Entwicklung beachten; Erblast gebe es überall.

Eberhard Kolb, Bismarck, C.H.Beck, München 2009, S. 134–136.

1 Fassen Sie die Thesen Kolbs zusammen.

2 Diskutieren Sie Kolbs Bilanz über Bismarck und den 1870/71 gegründeten deutschen Nationalstaat.

Karikaturen interpretieren

Karikaturen (von ital. *caricare* = überladen, übertreiben) sind bildliche Darstellungen, bei denen gesellschaftliche und politische Zustände oder menschliche Verhaltensweisen bewusst überzeichnet und bis zur Lächerlichkeit verzerrt werden. Der Kontrast zur Realität soll den Betrachter zum Nachdenken bewegen. Karikaturen gab es bereits in der Antike und im Mittelalter. Aber erst durch die Entwicklung des Buchdrucks um 1500 konnte die Karikatur ihre Wirkungsmöglichkeit voll entfalten.

Karikaturen sind eine besondere Form der historischen Bildquelle, durch die der Betrachter einen anschaulichen Eindruck von den zeitgenössischen Auffassungen erhält. Um die „Botschaft" einer Karikatur zu „entschlüsseln", bedarf es einer genauen Interpretation. Dabei müssen nicht nur die einzelnen Bildinhalte erfasst und gedeutet, sondern auch der historische Zusammenhang herangezogen werden. Dabei bleibt zu berücksichtigen, dass Karikaturen stets nur eine zeitgenössische Meinung darstellen.

Webcode
KH644681-133

Arbeitsschritte für die Analyse

1. Leitfrage	– Welche Fragestellung bestimmt die Untersuchung der Karikatur?
2. Analyse	*Formale Aspekte* – Wer ist der Zeichner und/bzw. Auftraggeber (ggf. soziale Herkunft, gesellschaftliche Stellung, Wertmaßstäbe)? – Wann ist die Karikatur entstanden bzw. veröffentlicht worden? – Gibt es einen Titel oder/und einen Zusatzkommentar? – Was thematisiert die Karikatur? *Inhaltliche Aspekte* – Welche Gestaltungsmittel (Figurendarstellung wie Mimik, Gestik, Kleidung, Gegenstände, Symbole, Metaphern, Personifikationen, Vergleiche, Allegorien, Proportionen, Schrift) sind verwendet worden? – Was bedeuten die einzelnen Gestaltungsmittel? – Was ist die zentrale Bildaussage („Botschaft") der Karikatur? – Welche Fragen bleiben bei der Deutung offen?
3. Historischer Kontext	– In welchen historischen Zusammenhang (Ereignis, Epoche, Prozess bzw. Konflikt) lässt sich die Karikatur einordnen?
4. Urteilen	*Sachurteil* – Welche Intention verfolgten Zeichner bzw. Auftraggeber? – Für wen wird Partei ergriffen? – Welche Wirkung sollte beim zeitgenössischen Betrachter erzielt werden? Mit welchen anderen bildlichen und textlichen Quellen lässt sich die Karikatur ggf. vergleichen? – Inwieweit gibt die Karikatur den historischen Gegenstand sachlich angemessen wieder? – Welche Schlussfolgerungen lassen sich im Hinblick auf die Leitfrage ziehen? *Werturteil* – Wie lässt sich die Karikatur aus heutiger Sicht bewerten?

Übungsbeispiel

M 1 „Status Mundi", Karikatur aus der ungarischen Satirezeitschrift „Bolond Istók" („Dummer August"), Budapest, Februar 1887

1 Interpretieren Sie die Karikatur mithilfe der Arbeitsschritte.

Lösungshinweise

1. Leitfrage
Die europäischen Machtverhältnisse – im Gleichgewicht oder instabil?

2. Analyse
Formale Aspekte
Die in Budapest erscheinende Zeitschrift „Dummer August" gab die Karikatur in Auftrag und veröffentlichte sie im Februar 1887. Der Titel der Karikatur heißt „Status Mundi", d. h. „Der Zustand der Welt". Thema ist die Stabilität bzw. Instabilität und die möglicherweise drohende Kriegsgefahr in Ost- und Westeuropa.

Inhaltliche Aspekte
Beschreibung: Die Länder Europas werden durch menschliche und tierische Figuren den jeweiligen geografischen Grenzen angepasst dargestellt. *Russland* wird durch einen riesigen Bären mit gefletschten Zähnen und weit nach Westen ausgestreckten Pranken dargestellt. Vor dem Bären ist der russische Zar platziert, mit den Beinen in einem Dynamitfass steckend und mit Pistolen wild um sich schießend. Der *Pole* duckt sich weg. *Österreich*, dargestellt als kräftige Königin, hält das *serbische* Ferkel und den *bulgarischen* Widder fest, die ihr entfliehen wollen. Der *Ungar* verteidigt die österreichische Königin mit der Axt gegen Russland. Das *Deutsche Reich* wird von Bismarck dargestellt, gekleidet als Gendarm mit Pickelhaube und mit schweren Waffen gerüstet. Die Sozialisten sind durch das Sozialistengesetz fest verschnürt. Die linke Hand ist abwehrend und Einhalt gebietend gegen den russischen Bären im Rücken ausgestreckt. Der grimmige, entschlossene Blick ist nach Westen auf *Frankreich* gerichtet. Der französische Kriegsminister Boulanger fährt Fahrrad, auf seinem Rücken die Marianne mit der Mütze der Ja-

kobiner auf dem Kopf. Sie versinnbildlicht die Republik und winkt frech Bismarck zu. In *Spanien* wird der kleine Infant liebevoll von seiner Mutter im Arm gewiegt, vom *portugiesischen* Nachbarn betrachtet und von einem *spanischen* Bewaffneten beschützt. Die *italienische* Katze spielt in ihrem löchrigen Stiefel. *Griechenland* wird von einem kranken, sich krümmenden *Osmanen* unter Wasser gedrückt und das restliche Osmanische Reich leidet unter Schnupfen. Auf der Krim tickt eine Bombe und der Kaukasus schaut zu. Im Norden können sich *Norwegen* und *Schweden* als eng verbundene Robben nur gemeinsam über Wasser halten. *Dänemark* sitzt zusammengekauert auf der Spitze der Bismarck'schen Pickelhaube. *England* hockt fett auf seinen Geldsäcken, fixiert den mageren *Iren*, der umsonst fleht (um Geld, um Autonomie?) und hat sich vom Geschehen auf dem europäischen Kontinent abgewandt.

Deutung: Im Aufbau der Karikatur geht die Dynamik von dem rechts ins Bild drängenden russischen Bären aus, der die mittel- und westeuropäischen Kontinentalstaaten fast nach links aus dem Bild hinausschiebt. Die Karikatur vermittelt als Botschaft, dass insbesondere Ost- und Mitteleuropa große Gefahr von Russland droht. England ist kaum interessiert an der Politik des europäischen Kontinents. Die kleinen Länder kümmern sich vorrangig um ihre eigenen begrenzten Probleme und sehen die Gefahr nicht. Bismarcks Darstellung ist mehrdeutig: Fühlt er sich so stark und gut gewappnet, dass er mit einer bloßen Handbewegung das russische zähnefletschende Raubtier in Schach halten kann? Oder verkennt er die Gefahr und überschätzt die Bedrohung aus Frankreich, die hier eher spielerisch dargestellt wird?

3. Historischer Kontext

Das Gleichgewicht der Mächte auf dem europäischen Kontinent bzw. der europäische Frieden scheint in Gefahr: Der russische Erfolg im Russisch-Türkischen Krieg 1877/78 alarmierte Österreich. 1887 wurde das Dreikaiserbündnis zwischen Russland, Österreich-Ungarn und dem Deutschen Reich nicht erneuert. Auf dem Berliner Kongress vermittelte Bismarck als „ehrlicher Makler" einen Kompromiss zur Friedenserhaltung. Der Rückversicherungsvertrag zwischen Russland und dem Deutschen Reich mit geringer Bindungskraft soll die internationalen Beziehungen beruhigen.

4. Urteilen
Sachurteil

Die Karikatur will die Zeitgenossen auf die Instabilität der internationalen Ordnung und die möglicherweise drohende Kriegsgefahr hinweisen, die von Russland ausgeht. Russland erscheint als gefräßig und unersättlich. Es kann den Kontinent mit dem Dynamit in einen mörderischen Krieg explodieren lassen. Das Deutsche Reich tritt als Ordnungsmacht auf, wirkt entschlossen, könnte aber den russischen Bären letztlich allein nicht bezwingen. Die Karikatur ergreift trotz des Hinweises auf die innerdeutsche Sozialistenverfolgung durchaus Partei für das Deutsche Reich. Es will die Konflikte eindämmen und ein neues Gleichgewicht der Mächte schaffen – freilich ganz in seinem eigenen Interesse. Der Betrachter der Karikatur erhält einen Überblick über die egoistische Politik der europäischen Großmächte und die dadurch entstehende Instabilität der internationalen Ordnung. Die Furcht, die die Karikatur vor einem möglichen Krieg weckt, wird teilweise gedämpft durch die Darstellung Bismarcks, der zwischen den europäischen Staaten vermittelt und ein neues Mächtegleichgewicht herstellen möchte.

Werturteil

Die Zeichnung bietet eine mit den Mitteln der Karikatur übertriebene und lächerlich dargestellte Wiedergabe der europäischen Politik bzw. der europäischen internationalen Ordnung. Die Konfliktfelder der europäischen Politik werden überdeutlich aufgezeigt. Dass die Stabilität der internationalen Ordnung stets bedroht ist und ein Krieg keineswegs vollständig auszuschließen ist, wird deutlich. Ohne das Bemühen um Stabilität, Ordnung und Frieden bleibt Europa ein gefährliches Pflaster. Die Rolle des Friedensstifters fiel, und das gilt auch aus heutiger Sicht, Bismarck und dem Deutschen Reich mit seiner halbhegemonialen Stellung zu: Es war zu schwach, um die europäische Politik zu beherrschen; es war aber auch zu stark, als dass die europäischen Machtverhältnisse gegen seinen Willen umgestaltet werden konnten.

Erarbeiten Sie Präsentationen

Thema 1
Die Außenpolitik der europäischen Großmächte zwischen 1870/71 und 1890
Analysieren Sie die Außenpolitik Russlands, Englands, Frankreichs und Österreich-Ungarns. Beschäftigen Sie sich dabei vor allem mit der Frage, wie diese Großmächte auf die Außenpolitik des Deutschen Reiches reagiert und damit das Kräfteverhältnis in Europa verändert haben. Präsentieren Sie Ihre Ergebnisse in einem kurzen Referat.

Literaturtipps
Beate Althammer, Das Bismarckreich 1871–1890, Schöningh, Paderborn 2009.

Konrad Canis, Bismarcks Außenpolitik 1870–1890. Aufstieg und Gefährdung, Schöningh, Paderborn 2008.

Jörg Fisch, Europa zwischen Wachstum und Gleichheit 1850–1914, Ulmer, UTB, Stuttgart 2002.

Thema 2
Die Anfänge der deutschen Kolonialpolitik unter Bismarck
Informieren Sie sich über die Grundzüge der Bismarck'schen Kolonialpolitik. Untersuchen Sie dabei vor allem Ursachen, Verlauf und Folgen dieser Kolonialpolitik. Stellen Sie Ihre Ergebnisse in geeigneter Form vor.

Literaturtipps
Beate Althammer, Das Bismarckreich 1871–1890, Schöningh, Paderborn 2009, S. 219–245.

Konrad Canis, Bismarcks Außenpolitik 1870–1890. Aufstieg und Gefährdung, Schöningh, Paderborn 2008, S. 209–229.

Sebastian Conrad, Deutsche Kolonialgeschichte, C. H. Beck, München 2008.

Jürgen Osterhammel, Kolonialismus. Geschichte – Formen – Folgen, 3. Aufl., C. H. Beck, München 2006.

M1 Anton von Werner, Schlusssitzung des Berliner Kongresses 1878, 1881, Öl auf Leinwand.
Die europäischen Großmächte und die Türkei beendeten unter dem Vorsitz von Bismarck auf diesem Kongress den Russisch-Türkischen Krieg und beseitigten das russische Übergewicht auf dem Balkan.

Webcode:
KH644681-136

Überprüfen Sie Ihre Kompetenzen

M 2 Zwei Karikaturen zum Machtwechsel in Deutschland aus der englischen satirischen Zeitschrift „Punch"

a) „Dädalus warnt Ikarus", Karikatur aus der englischen Satirezeitschrift „Punch", Oktober 1888

b) „Der Lotse geht von Bord", Karikatur aus der englischen Satirezeitschrift „Punch", März 1890

Zentrale Begriffe

Berliner Kongress
Bündnisse/Bündnissysteme
Gleichgewicht der Mächte
Halbhegemonialer Staat
Imperialismus
„Kissinger Diktat"
Kolonialismus
Krieg-in-Sicht-Krise
Saturierter Staat

Sachkompetenz
1 Beschreiben und erklären Sie die wichtigsten Veränderungen in der internationalen Ordnung Europas von der Reichsgründung 1870/71 bis 1890.

Methodenkompetenz
2 Interpretieren Sie die Karikaturen M 2 a, b. Erörtern Sie, wie man in England die Thronbesteigung Wilhelms II. und das Ausscheiden Bismarcks aus der Politik gesehen und bewertet hat.

Urteilskompetenz
3 „Wir haben nichts zu erobern, nichts zu gewinnen, wir sind zufrieden mit dem, was wir haben." Das sagte Reichskanzler Bismarck in der Reichstagssitzung vom 9. Februar 1876. Überprüfen und bewerten Sie diese Aussage.
4 War durch die Reichsgründung 1870/71 eine stabile internationale Ordnung geschaffen worden? Oder hatte die Reichsgründung das alte Gleichgewicht der Mächte zerstört? Beurteilen Sie, ausgehend von diesen zwei Fragen, die Stabilität oder Instabilität der internationalen Beziehungen zwischen den europäischen Großmächten zwischen 1870/71 und 1890.

7 „Ein Platz an der Sonne": Imperialismus und Erster Weltkrieg

Kompetenzen erwerben

Sachkompetenz:
– Ursachen, Formen und Folgen des Imperialismus analysieren
– die Beziehungen zwischen deutscher Weltpolitik und dem Wandel vom „linken" zum „rechten" Nationalismus erkennen
– Ursachen und Entstehung des Ersten Weltkrieges untersuchen
– die weltpolitischen Folgen des Ersten Weltkrieges interpretieren

Methoden-kompetenz:
– ein historisches Urteil entwickeln

Urteilskompetenz:
– die Bedeutung des Imperialismus für die Geschichte der internationalen Beziehungen bewerten
– die wechselseitigen Einflüsse zwischen deutscher Weltpolitik und der Veränderung des Nationalismus beurteilen
– den historischen Stellenwert des Ersten Weltkrieges beurteilen

Die Forderung nach einem „Platz an der Sonne"

„Die Zeiten, wo der Deutsche dem einen seiner Nachbarn die Erde überließ, dem anderen das Meer und sich selbst den Himmel reservierte […] – diese Zeiten sind vorüber. […] Mit einem Worte: wir wollen niemand in den Schatten stellen, aber wir verlangen auch unseren Platz an der Sonne." Mit dieser Forderung unterstrich Bernhard Freiherr von Bülow, Staatssekretär des Auswärtigen Amtes, in einer Reichstagsrede am 6. Dezember 1897 unmissverständlich den deutschen Anspruch auf Mitsprache in der Weltpolitik und auf überseeische Expansion. Welche Besonderheiten kennzeichneten das Zeitalter des Imperialismus im späten 19. und beginnenden 20. Jahrhundert? Welche Auswirkungen besaß dieser Imperialismus auf die Beziehungen zwischen den europäischen Mächten? Wie lässt sich der Erste Weltkrieg erklären und beurteilen?

Ursachen des Imperialismus

Die Gründung von Kolonialreichen beschränkte sich nicht auf die Epoche des Hochimperialismus, die die Historiker auf den Zeitraum zwischen 1880/90 und 1914 datieren, und sie war keineswegs eine spezifisch deutsche Erscheinung. Seit den 1880er-/90er-Jahren erhielt die Eroberung, Annexion und Durchdringung überseeischen Besitzes durch die europäischen Staaten jedoch eine neue Qualität: Territoriale Expansion sowie die Ausdehnung der nationalen Einflusssphären wurden nun zur alles beherrschenden Richtschnur außenpolitischen Handelns. Es entstand ein regelrechter Wettlauf um die Aufteilung der Welt. Imperialistische Politik galt als eine Frage des nationalen

Webcode
KH644681-138

Prestiges. Es genügte nicht mehr, europäische Großmacht zu sein. Als Weltmacht musste man Kolonien besitzen. Der moderne Imperialismus verschärfte die Konkurrenz zwischen den europäischen Mächten um Macht und Einfluss. Ausgetragen wurde die Rivalität zwischen den imperialistischen Staaten auf der ganzen Welt.

Im wirtschaftlichen Bereich ging es dabei nicht mehr um die Öffnung der Welt bzw. die Liberalisierung der Weltmärkte und die Durchsetzung einer Freihandelspolitik. Abgesehen von Großbritannien betrieben die imperialistischen Mächte in der zweiten Hälfte des 19. Jahrhunderts eine protektionistische* Wirtschaftspolitik. Die Gewinnung von Rohstoffquellen und Absatzmärkten sowie von Räumen für die Ansiedlung eines angeblichen Bevölkerungsüberschusses waren neben dem nationalen Prestige die Hauptargumente, die von nationalistischen und imperialistischen Verbänden, Parteien und Regierungen propagiert wurden. Ein weiteres Motiv imperialistischer Politik war die Ablenkung innenpolitischer Spannungen nach außen. Die politischen Führungen wichen sozialen und politischen Konflikten (z. B. zwischen Arbeitnehmern und Unternehmern) aus – für diesen Aspekt ist der Begriff „Sozialimperialismus" geprägt worden. Der immer größer werdende technologische, ökonomische, politisch-organisatorische und damit auch militärische Abstand zwischen den europäischen Staaten, die mitten im Prozess der Industrialisierung standen, und den alten Kulturvölkern Asiens sowie den eingeborenen Stammesbildungen und Staatsgebilden Afrikas wurde zum Anlass für Intervention genommen. Dabei nahmen wissenschaftlicher Forschungsdrang, zivilisatorisches Sendungsbewusstsein oder religiöse Missionsaufgaben einen ebenso großen Stellenwert ein wie nationalistisches Machtstreben und ökonomische Interessen.

Protektionismus
Bezeichnung für wirtschaftspolitische Maßnahmen eines Staates zur Abwehr ausländischer Konkurrenz; steht im Gegensatz zur liberalen Freihandelspolitik. Neben der Setzung von technischen Normen, die die Importgüter erfüllen müssen, sind Zölle das wirksamste Instrument, um die heimische Wirtschaft und ihren Absatz zu schützen.

Folgen des Imperialismus

Der imperiale Zugriff auf die Welt zielte nicht mehr auf einzelne koloniale Stützpunkte, sondern auf eine flächendeckende Ausdehnung. Der damit notwendig werdende Aufbau von Kolonialverwaltungen bewirkte, vor allem in Afrika und Südasien, eine stärkere Unterwerfung der einheimischen Bevölkerung. Die eingeborenen Gesellschaften unterstanden nun viel direkter als vorher der Herrschaft der imperialistischen Großmächte (*formal empire*). Andere Gebiete – z. B. China, Persien, Afghanistan, das Osmanische Reich – unterlagen einer indirekten, aber nicht weniger fühlbaren politischen und wirtschaftlichen Abhängigkeit von den europäischen Staaten und den USA (*informal empire*). So entstand bis zum Ersten Weltkrieg ein weit gefächertes Netz imperialer Kontrolle über weite Regionen der Erde. Sie brachte den betroffenen Menschen in den Kolonien oft erniedrigende Bestimmungen, verschärfte Ausbeutung, aber auch gewaltsame Unterdrückung, die bis zur kriegerischen Vernichtung großer Volksgruppen führen konnte. Mit der realen Weltherrschaft der imperialistischen Mächte wurden ihre zwischenstaatlichen Konflikte auch in die außereuropäische Welt verlagert. Ob durch diese Verschiebung der Spannungen nach Übersee die internationalen Beziehungen wirklich beruhigt wurden, ist eine Frage, die abschließend nicht beantwortet werden kann. Den heftigen Interessengegensätzen der Kolonialmächte in den eroberten Gebieten standen auch zahlreiche Vereinbarungen über die Abgrenzung von Interessensphären, selbst gemeinsame Aktionen gegenüber. So gab es z. B. eine gemeinsame militärische Aktion aller Großmächte einschließlich Japans und der USA gegen den „Boxer"-Aufstand in China 1900/01. Zu Kriegen wegen kolonialer Konflikte kam es nur zwischen europäischen und außereuropäischen Staaten (1898 Spanien gegen USA; 1899–1902 Großbritannien gegen die südafrikanischen Burenrepubliken; 1904/05 Russland gegen Japan).

Deutsche Weltpolitik und Wandel des Nationalismus

Der Amtsantritt Wilhelms II. am 15. Juni 1888 fiel in die Zeit des Hochimperialismus und war mehr als nur ein Wechsel der Personen mit ihren unterschiedlichen Temperamenten. Deutschland sollte unter dem neuen Kaiser wieder Weltpolitik betreiben; es sollte in der Welt eine ebenbürtige Stellung neben den sich etablierenden Imperien, besonders England, einnehmen. Für sein Weltmachtstreben fand der Kaiser die Unterstützung des Bürgertums sowie nationalistischer und imperialistischer Vereine wie der Deutschen Kolonialgesellschaft, des Alldeutschen Verbandes oder des Flottenvereins. Dieser überzogene Ehrgeiz verhinderte aber ein Gelingen der neuen Außenpolitik, die ein Bündnis mit England gegen Frankreich und Russland anstrebte, und mündete in die Selbstisolierung des Reiches. Der wilhelminische Staat, konservative Parteien und Verbände befriedigten mit ihrer Weltmachtpolitik Sehnsüchte nach nationaler Größe. Die Identifikation mit der Nation sollte Verunsicherungen und Belastungen ausgleichen, die die Modernisierung von Wirtschaft und Gesellschaft für viele mit sich brachte. Mit der Intensivierung nationaler Gefühle ging die Radikalisierung des Nationalismus* einher. Dieser dachte völkisch und rassenbiologisch; dementsprechend definierte er die Nation als ethnische Abstammungsgemeinschaft. Nach innen stemmte sich dieser Nationalismus allen politisch-sozialen Demokratisierungs- und Liberalisierungsbestrebungen entgegen, nach außen forderte er die aggressive und militärische Durchsetzung deutscher Interessen. Der Historiker Heinrich August Winkler hat diesen Funktionswandel einmal als Umschlag „vom liberalen zum reaktionären Nationalismus" bezeichnet. Tatsächlich verloren demokratisch-liberale Vorstellungen von der Nation an Gewicht, während antiliberale Ideen an Bedeutung gewannen. Der neue Nationalismus forderte zudem die Abkehr von Freihandel bzw. den Schutz der nationalen Wirtschaft. Die Historiker bezeichnen diese Form des Nationalismus als „extremen", „radikalen" oder „integralen" Nationalismus, der nicht allein in Deutschland, sondern auch in anderen Staaten, z. B. in Frankreich, erstarkte.

Erster Weltkrieg

Zu den Ursachen des Ersten Weltkrieges (1914–1818) gehören nicht nur imperialistische Machtinteressen, Wettrüsten, feindliche Bündnissysteme und aggressive Nationalbewegungen, sondern auch eine allgemeine Kriegsbereitschaft und Fehleinschätzungen der verantwortlichen Politiker. Der Mord am österreichischen Thronfolger

Nationalismus
Politische Ideologie zur Integration von Großgruppen durch Abgrenzung von anderen. Der demokratische Nationalismus entstand in der Französischen Revolution und war verbunden mit den Ideen der Menschen- und Bürgerrechte, mit dem Selbstbestimmungsrecht und der Volkssouveränität. Der integrale Nationalismus entstand Ende des 19. Jh. und lehnte die Gleichberechtigung aller ab. Die Interessen der eigenen Nation wurden denen aller anderen Nationen übergeordnet. Dadurch erhielt diese Spielart eine aggressive Komponente nach außen.

Franz Ferdinand am 28. Juni 1914 im bosnischen Sarajewo durch den Angehörigen einer großserbischen Geheimorganisation hätte nicht mit Notwendigkeit einen Krieg zur Folge haben müssen. Österreich-Ungarn wollte den Mord an seinem Thronfolger zum Anlass nehmen, Serbien, das die verantwortliche Geheimorganisation geduldet hatte, mit kriegerischen Mitteln auszuschalten. Weil aber hinter Serbien die Schutzmacht Russland stand, musste es ein russisches Eingreifen zu verhindern suchen. Das schien nur durch ein gemeinsames Vorgehen mit Deutschland möglich. Eine entsprechende Anfrage beantwortete das Deutsche Reich am 5. Juli mit dem sogenannten **Blankoscheck**, einer Zusicherung eines gemeinsamen Vorgehens auch für den Angriffsfall, der vom Zweibund nicht gedeckt war: Das Defensivbündnis wurde ohne Not zum Offensivbündnis erweitert. Ermutigt durch die deutsche Zusage, stellte Österreich-Ungarn Serbien ein Ultimatum zur Bestrafung der Mörder Franz Ferdinands. Unter dem Eindruck der Zusicherung der französischen Bündnistreue (Frankreichs Blankoscheck) beschloss nun Russland, Serbien zu unterstützen. Obwohl Serbien das Ultimatum bis auf wenige Punkte akzeptierte, erklärte Österreich-Ungarn ihm am 28. Juli den Krieg. Tags darauf ordnete Russland die Mobilmachung gegen Österreich-Ungarn an. Weil Kaiser Wilhelm II. die russische Mobilmachung als Bedrohung Deutschlands empfand, stellte er Russland das Ultimatum, diese zurückzunehmen, und an Frankreich das Ultimatum, in einem deutsch-russischen Konflikt neutral zu bleiben. Als beide erfolglos blieben, erklärte Deutschland am 1. August Russland und am 3. August Frankreich den Krieg – einen **modernen Krieg und einen totalen Krieg**, der an Grausamkeit und Zerstörungskraft alle bisherigen Erfahrungen übertraf.

Seit dem **„Epochenjahr" 1917** veränderte sich das weltpolitische Kräfteverhältnis nachhaltig. In diesem Jahr gaben die Vereinigten Staaten von Amerika ihre Zurückhaltung gegenüber Europa auf und traten aufseiten Englands und Frankreichs in den Ersten Weltkrieg ein; die amerikanischen Truppen entschieden 1918 den Krieg. Nach zwei aufeinander folgenden Revolutionen, der Februar- und der Oktoberrevolution, riefen die Bolschewisten in Russland 1917 den ersten kommunistischen Staat der Welt aus. Diese beiden Ereignisse veränderten die Welt von Grund auf. Nach dem Ersten Weltkrieg verloren die Europäer an internationalem Gewicht. Dagegen entwickelten sich die **„Flügelmächte" USA und Russland**, das 1922 in Sowjetunion bzw. UdSSR (Union der Sozialistischen Sowjetrepubliken Russlands) umbenannt wurde, zu den entscheidenden **weltpolitischen Führungsmächten**. Beide Staaten waren nicht nur Groß-, sondern auch Weltmächte. Ihre politischen, wirtschaftlichen und militärischen Fähigkeiten garantierten ihnen eine bestimmende weltpolitische Rolle. Außerdem strebten sie nach Einflusssphären, die über ihren unmittelbaren Herrschafts- und Machtbereich hinausgingen. USA und Sowjetunion untermauerten ihren weltweiten Anspruch auch ideologisch. Während die Amerikaner für liberale Demokratie und Marktwirtschaft kämpften, trat die Sowjetmacht als Vorkämpferin kommunistischer Staats- und Gesellschaftsreformen auf.

Merkmale des „totalen Krieges" (nach Stig Förster, 2003)

Totale Mobilisierung
Alle gesellschaftlichen und materiellen Ressourcen eines Staates werden für die Kriegführung in Anspruch genommen.

Totale Kriegsziele
Die totale Mobilisierung erfordert, eine existenzielle Bedrohung von außen glaubhaft zu machen. Totale Kriegsziele variieren zwischen bedingungsloser Kapitulation und physischer Vernichtung.

Totale Kriegsmethoden
Die Mittel der Kriegführung werden erweitert, das Kriegsvölkerrecht missachtet. Häufig wird die systematische Kriegführung gegen die Zivilbevölkerung als Mittel eingesetzt, den Widerstandswillen des Gegners zu brechen.

Totale Kontrolle
Totale Kriegsanstrengungen erfordern die vollständige Kontrolle durch politische und militärische Behörden, da der enorme organisatorische Aufwand keine zivilen Nischen mehr erlaubt.

---

1 Benennen Sie wesentliche Ursachen und Folgen des Imperialismus.
2 Charakterisieren Sie die deutsche Weltpolitik vor 1914.
3 Erörtern Sie die historische Bedeutung des Ersten Weltkrieges.

Hinweise zur Arbeit mit den Materialien

Die Materialien beschäftigen sich – erstens – mit dem **deutschen Imperialismus**. Während M 1 Motive und Legitimation imperialistischer Politik erläutert, gliedert und beleuchtet M 2 die Entwicklung des Imperialismus. M 3 eignet sich, um den Nationalismus deutscher Weltpolitik zu analysieren. Die Karikatur M 4 verdeutlicht die Kritik an besonders brutalen Formen des deutschen Imperialismus. Mit einem **historischen Vergleich des deutschen Imperialismus mit dem Imperialismus Großbritanniens und der USA** befassen sich – zweitens – die Materialien M 5 bis M 11. Und – drittens – lässt sich mit den Materialien die **Geschichte des Ersten Weltkrieges** untersuchen. Mit den Ursachen des Krieges setzt sich M 12 auseinander. Anhand von M 2 und 3 der **Methodenseiten**, S. 155 ff., können unterschiedliche Auffassungen in der Geschichtswissenschaft über den Kriegsausbruch 1914 erörtert werden. Dass der Erste Weltkrieg ein moderner Krieg war, verdeutlicht M 13. Am Ende des Kapitels finden sich **weiterführende Arbeitsanregungen** und die Möglichkeit, die im Kapitel erworbenen **Kompetenzen zu überprüfen** (S. 160 f.).

M 1 Der Historiker Sebastian Conrad über Motive und Legitimation des deutschen Imperialismus (2008)

Zum einen waren Handelsinteressen ein wichtiges Motiv. Kolonien sollten Ressourcen bereitstellen und zugleich als Absatzmärkte für gewerbliche Produkte aus
5 Deutschland dienen. Neben den konkreten Interessen von Kaufleuten und Unternehmern war mit den Kolonien die Hoffnung verbunden, Überproduktionskrisen ausgleichen und so für eine Steuerung wirtschaftli-
10 cher Zyklen sorgen zu können, die etwa während der Depressionsphase 1882–1886 die Wirtschaft lähmten. Das zweite wichtige Argument für kolonialen Erwerb bezog sich auf das Thema der Mobilität: Angesichts der
15 hohen Auswanderungszahlen – die dritte große Welle der deutschen Auswanderung, die mehr als 2 Millionen Menschen betraf, hatte 1880 eingesetzt – war man auf der Suche nach geeigneten Zielen für die Ansied-
20 lung auslandsdeutscher Gemeinschaften. […] Das dritte Motiv bestand darin, innere Gegensätze zu überwinden und die Kolonien als Ventil für Konflikte und Antagonismen zu nutzen. Im Sinne der Sozialimperialis-
25 musthese konnte das bedeuten, das koloniale Ausgreifen zur nationalen Aufgabe zu erklären und damit materielle Nöte und soziale Spannungen in den Hintergrund zu drängen. Bisweilen war aber bei der Auslagerung
30 von Konfliktpotenzial auch an eine konkrete Politik der Ausweisung gedacht: Insbesonde-

re in der frühen Kolonialpropaganda waren Überlegungen, das revolutionäre Potenzial der Sozialdemokratie durch Einrichtung von Strafkolonien zu exportieren, regelmäßig
35 aufgetaucht. […] Viertens schließlich wurde Kolonisation kulturell legitimiert und durch die Vorstellung von Deutschlands zivilisatorischer Mission ideologisch abgestützt. Die „Hebung" der Kolonisierten war ein Vorha-
40 ben, das unterschiedliche Kreise zusammenführen und Gruppierungen für das koloniale Unterfangen begeistern konnte, die ihm sonst ferngestanden hätten: Es konnte sich wahlweise auf Bildung, Christianisierung
45 oder die „Erziehung zur Arbeit" richten. […]
Überhaupt muss man betonen, dass das Ausgreifen des Deutschen Reichs integraler Bestandteil des europäischen (bald auch amerikanischen und japanischen) Hochim-
50 perialismus gewesen ist und durch interne Faktoren und Interessenlagen nur unvollständig erklärt werden kann. Der deutsche Kolonialismus war Teil einer territorialen Neuordnung der Welt seit etwa 1880, für die
55 das „scramble for Africa" ebenso stand wie der Finanzimperialismus in Ostasien seit der Jahrhundertwende.

Sebastian Conrad, Deutsche Kolonialgeschichte, C. H. Beck, München 2008, S. 24–26.

1 Fassen Sie die wichtigsten Motive des deutschen Imperialismus zusammen.

2 Erörtern Sie, warum die Forderungen der Kolonialbegeisterten breite Zustimmung in der Öffentlichkeit fanden.

3 Stellen Sie mithilfe der Karte M 6 sowie der Darstellung, S. 126, die geografischen Schwerpunkte des deutschen Kolonialreiches zusammen.

4 Weiterführender Arbeitsauftrag:
Beschreiben und charakterisieren Sie in einem Referat die einzelnen Kolonien des deutschen Kolonialreiches.

Literaturtipps:
• Sebastian Conrad, Deutsche Kolonialgeschichte, C. H. Beck, München 2008, S. 29–34.
• Horst Gründer, Geschichte der deutschen Kolonien, UTB, Paderborn 1985, S. 111–211.
• Dirk van Laak, Über alles in der Welt. Deutscher Imperialismus im 19. und 20. Jahrhundert, C. H. Beck, München 2005, S. 66 ff.
• Winfried Speitkamp, Deutsche Kolonialgeschichte, Reclam, Stuttgart 2006, S. 26 ff.

M 2 **Der Historiker Sebastian Conrad über die Geschichte des deutschen Imperialismus (2008)**

Etwas vereinfacht kann man drei Phasen voneinander unterscheiden. Nach einer Vorgeschichte, in der Missionare, Geografen und einzelne Unternehmer das Bild be-
5 stimmten, setzte die koloniale Ära 1884 mit der Ausstellung von Schutzbriefen und der Gründung von Kolonialgesellschaften ein […]. Die Schutzbriefe garantierten umfassende Hoheitsrechte, was häufig zu einem bru-
10 talen Vorgehen führte. In der Regel wurden „Verträge" mit einheimischen Potentaten abgeschlossen, häufig auch unter Gewaltandrohung erzwungen. Berüchtigt sind die Aktivitäten von Carl Peters und seiner
15 Gesellschaft für deutsche Kolonisation in Ostafrika. Peters forderte „die rücksichtslose und entschlossene Bereicherung des eigenen Volkes auf anderer schwächerer Völker Unkosten". Nicht immer waren jedoch die Ver-
20 hältnisse so eindeutig und angesichts unterschiedlicher Interessen […] entstanden Handlungsspielräume, die beide Seiten für sich zu nutzen suchten. Dazu gehörten auch mangelnde Kooperation und Widerstand. Es
25 waren vor allem Aufstände und gewaltsame Konflikte […], die neben internem Missmanagement dazu führten, dass seit Ende der 1880er-Jahre das Deutsche Reich sich gezwungen sah, die „Schutzgebiete" in eine
30 formelle Kolonialherrschaft zu überführen.

Damit begann die zweite Phase, in der die häufig eigenmächtig handelnden „men on the spot"[1] zugunsten einer stärker bürokratisierten Herrschaft zurückgedrängt wurden.
35 Die Kolonialpolitik war in ihren Grundzügen […] noch von den Prinzipien der vorimperialistischen Epoche geprägt. Sie beruhte auf der Vorstellung kultureller Dominanz und zielte auf eine allmähliche kulturelle
40 „Hebung" der kolonisierten Bevölkerung […]. In der Wirtschaftspolitik wurde eine Form der merkantilistischen Abschöpfung von Handelserzeugnissen mit der Förderung eines Siedlerkolonialismus und der damit
45 einhergehenden Einrichtung umfangreicher Plantagenanlagen verbunden. Die Pflanzerlobby wurde staatlicherseits durch Formen der Landenteignung, der Steuerpolitik und des Arbeitszwanges unterstützt. Die im Kern
50 repressive und ausbeuterische Politik war eine der Ursachen der großen Aufstände, die in Deutsch-Südwestafrika (1904–1907) und Ostafrika (1905–08) die koloniale Herrschaft nachhaltig infrage stellten. In Reaktion auf
55 die Schwierigkeiten, in die die deutsche Kolonialpolitik durch die beiden Kriege geraten war, wurde eine administrative Neuordnung durchgeführt, die eine dritte Phase kolonialer Herrschaft einleitete. 1907 wurden alle
60 überseeischen Besitzungen, mit Ausnahme Kiautschous[2], direkt dem neugegründeten Reichskolonialamt unterstellt, das von dem linksliberalen Banker Bernhard Dernburg geleitet wurde. Dernburg stammte aus einer
65 jüdischen Familie und war weder adlig noch Verwaltungsbeamter; er hatte sich als Sanierer maroder Unternehmen einen Namen gemacht und stand für den Einzug utilitaristischer[3] Perspektiven und Management-
70 Kompetenzen in die koloniale Politik. „Hat man früher mit Zerstörungsmitteln kolonisiert", formulierte Dernburg, „so kann man heute mit Erhaltungsmitteln kolonisieren, und dazu gehören ebenso der Missionar, wie
75 der Arzt, die Eisenbahn, wie die Maschine […]." An die Stelle der Abschöpfung sollte die Erschließung treten, an die Stelle der Ausbeutung die „Nutzbarmachung des Bodens, seiner Schätze […] und vor allem der
80 Menschen". Diese Strategie beinhaltete Investitionen in Infrastruktur und Humankapital und war häufig mit der Förderung einheimischer Wirtschaftsstrukturen und einer

Wendung gegen die Praxis der Zwangsarbeit
85 auf den Plantagen verbunden. Diese Form
kolonialer Modernisierung konnte durchaus
den Kolonisierten zugutekommen; zugleich
war sie jedoch auf Ergebnisse „zugunsten der
Wirtschaft der kolonisierenden Nation" an-
90 gelegt, woran Dernburg keinen Zweifel ließ.
Ohnehin hatten die Dernburg'schen Reformen nur dort eine Wirkung, wo sie – wie
etwa in Deutsch-Ostafrika – durch die Politik
des Gouverneurs unterstützt wurden. War
95 dies nicht der Fall, wie etwa in Südwestafrika, schlugen sie sich in der Herrschaftspraxis
vor Ort kaum nieder.

Sebastian Conrad, Deutsche Kolonialgeschichte,
C. H. Beck, München 2008, S. 35–37.

---

1 *„men on the spot"*: Männer vor Ort
2 Kiautschou: ein 1898 vom Kaiserreich China an das
Deutsche Kaiserreich verpachtetes Gebiet an der chinesi-
schen Ostküste
3 Utilitarismus: Nützlichkeitsprinzip

---

1 Erläutern Sie die Entwicklung des deutschen
Imperialismus mithilfe einer Tabelle: Teilen
Sie die deutsche Imperialismusgeschichte in
drei Phasen und formulieren Sie für jede
Phase die zentralen Merkmale.
2 Einige Historiker haben den deutschen Imperialismus als „verspäteten Imperialismus"
bezeichnet. Diskutieren Sie diese These.

M 3 Aus der nationalen Propaganda des
Alldeutschen Verbandes (1897)

Anstelle der gewaltigen Begeisterung des Jahres 1870, die das deutsche Volk zu helden-
mütigen Taten entflammte, zeigt sich eine
gewisse Erschlaffung. Die wirtschaftlichen
5 Interessen und die sozialen Fragen übertö-
nen die vereinzelten Äußerungen kräftigen
nationalen Empfindens. Obgleich die Interessen des Deutschtums alljährlich, bald hier
und da, auf das rücksichtsloseste verletzt
10 werden, bleibt die große Masse des deutschen Volkes gleichgültig und teilnahmslos.
Während andere Völker aufs Tatkräftigste für
die heiligsten Güter ihres Volkstums eintreten und überall Erfolge erzielen, verheeren
15 wir uns im Hader der Parteimeinungen oder
erschlaffen in trügerischer Selbstgenügsam-
keit.

Die nationalen Aufgaben dürfen über den
sozialen und wirtschaftlichen nicht vergessen werden. Wir müssen unser Nationalge-
20 fühl vertiefen und den Massen unseres Volkes die Überzeugung beibringen, dass die
deutsche Entwicklung mit dem Jahre
1870/71 noch lange nicht zum Abschluss gelangt sei. Wir dürfen nicht vergessen, dass
25 auch außerhalb der schwarz-weiß-roten
Grenzpfähle Millionen deutscher Volksgenossen wohnen, dass das deutsche Volk
nicht minder als andere Kulturvölker berechtigt und verpflichtet ist, als ein Herrenvolk
30 an der Leitung der Geschicke der ganzen
Welt teilzunehmen, und dass wir auf dem
Wege zur Weltmachtstellung mit der Gründung des Reichs nur den ersten großen
Schritt getan haben. […]
35 Im deutschen Reichstage sind es fast allein Vertreter des Alldeutschen Verbandes,
welche ab und zu Fragen der auswärtigen Politik berühren, die Regierung auf die Verlet-
zung deutscher Interessen im Auslande auf-
40 merksam machen, für die Misshandlung
deutscher Reichsangehöriger in der Fremde
Genugtuung fordern und endlich offen über
die Ausbreitung des deutschen Einflusses
und des deutschen Handels in überseeischen
45 Gebieten, wie für die Vermehrung unseres
Kolonialbesitzes eintreten. Einen mächtigen
Bundesgenossen hat in dieser Hinsicht der
Verband in unserem Kaiser gefunden. […]
Als seine eigenste Aufgabe betrachtet der
50 Verband zunächst den Schutz der Deutschen
im Auslande. […] Demnächst nehmen unsere Kolonien die Aufmerksamkeit des Verbandes in Anspruch. Überall, wo ihnen Gefahren drohen oder ihre Entwicklung
55 Hindernisse findet, erhebt er seine warnende
Stimme. […] Der Verband hält überhaupt die
Periode kolonialer Erwerbungen durchaus
nicht für abgeschlossen. So verlangt er, dass
Deutschland sich bei Zeiten einen Anteil an
60 der türkischen Erbschaft sichern müsse, etwa
Kleinasien.

Hugo Grell, Der Alldeutsche Verband, seine Geschich-
te, seine Bestrebungen und Erfolge, 1897, zit. nach:
Kurt Hirsch (Hg.), Signale von rechts, Goldmann,
München 1967, S. 57, 59.

1 Charakterisieren Sie den Nationalismus
der Kolonialagitation des Alldeutschen Verbandes.

144

M4 Karikatur auf den deutschen Koloni-alpionier und -agitator Carl Peters aus dem Kladderadatsch, 1896.
Das brutale Vorgehen von Peters gegen die afri-kanische Bevölkerung 1892 führte zu seiner Abberufung aus dem Amt des Reichskommissars für Deutsch-Ostafrika.

1 Interpretieren Sie die Karikatur.

M5 Imperialismus und Nationalismus – ein internationaler Vergleich

a) Der spätere Reichskanzler Bernhard von Bülow im Reichstag über Deutschlands Interes-sen in allen Weltteilen (11. Dezember 1899):
In unserem neunzehnten Jahrhundert hat England sein Kolonialreich [...] weiter und immer weiter ausgedehnt, haben die Franzo-
5 sen in Nordafrika und Ostafrika festen Fuß gefasst und sich in Hinterindien ein neues Reich geschaffen, hat Russland in Asien sei-nen gewaltigen Siegeslauf begonnen, der es bis zum Hochplateau des Pamir und an die Küsten des Stillen Ozeans geführt hat. [...]
10 Der englische Premierminister hatte schon vor längerer Zeit gesagt, dass die starken Staaten immer stärker und die schwachen immer schwächer werden würden. Alles, was seitdem geschehen ist, beweist die Richtig-
15 keit dieses Wortes. Stehen wir wieder vor ei-ner neuen Teilung der Erde? [...] Ich glaube das nicht, ich möchte es namentlich noch nicht glauben. Aber jedenfalls können wir nicht dulden, dass irgendeine fremde Macht, dass irgendein fremder Jupiter zu uns sagt:
20 Was tun? Die Welt ist weggegeben. Wir wol-len keiner fremden Macht zu nahe treten, wir wollen uns aber auch von keiner frem-den Macht auf die Füße treten lassen (*Bra-vo!*), und wir wollen uns von keiner fremden
25 Macht beiseiteschieben lassen, weder in poli-tischer noch in wirtschaftlicher Beziehung. (*Lebhafter Beifall.*)
[...] Untätig beiseite stehen, wie wir das früher oft getan haben, entweder aus ange-
30 borener Bescheidenheit (*Heiterkeit*) oder weil wir ganz absorbiert waren durch unsere in-neren Zwistigkeiten [...] – träumend beiseite stehen, während andere Leute sich in den Kuchen teilen, das können wir nicht und
35 wollen wir nicht. (*Beifall.*) Wir können das nicht aus dem einfachen Grunde, weil wir jetzt Interessen haben in allen Weltteilen. [...] Die rapide Zunahme unserer Bevölke-
40 rung, der beispiellose Aufschwung unserer Industrie, die Tüchtigkeit unserer Kaufleute, kurz, die gewaltige Vitalität des deutschen Volkes haben uns in die Weltwirtschaft ver-flochten und in die Weltpolitik hineingezo-
45 gen. Wenn die Engländer von einer *Greater Britain* reden, wenn die Franzosen sprechen von einer *Nouvelle France*, wenn die Russen sich Asien erschließen, haben auch wir An-spruch auf ein größeres Deutschland (*Bravo!*
50 rechts, Heiterkeit links*), nicht im Sinne der Er-oberung, wohl aber im Sinne der friedlichen Ausdehnung unseres Handels und seiner Stützpunkte.
Zit. nach: Peter Alter (Hg.), Nationalismus. Doku-mente zur Geschichte und Gegenwart eines Phäno-mens, Piper, München 1994, S. 242 f.

b) Der britische Historiker John R. Seeley über die Idee des Größeren Britannien (1883):
Bei objektiver Betrachtung der Fortschritte des englischen Staates [...] wird uns eine an-dere Veränderung weit mehr auffallen [...]. Ich denke an die einfache, klar vor Augen lie-

gende Tatsache der Ausbreitung des englischen Namens über andere Länder des Erdballs, die Begründung eines Größeren
Britanniens. […]

Das, was wir unser Imperium nennen, ist
kein so künstliches Gebilde; es ist, wenn wir
von Indien absehen, überhaupt kein Imperium im eigentlichen Sinn. Es ist die Lebens-
form des großen englischen Volkes, welches
über so weite Räume zerstreut ist, dass vor
dem Zeitalter des Dampfes und der Elektrizi-
tät die Entfernung die starken Bande des Blutes und der Religion zu sprengen drohte.
Heute, wo die Entfernung überwunden ist
und das Beispiel der Vereinigten Staaten und
Russlands die Möglichkeit politischer Vereinigung über so weite Flächen erwiesen hat,
erhebt sich auch das Größere Britannien als
eine Wirklichkeit, und zwar als eine sehr
lebenskräftige. […]

Das alte Kolonialsystem ist überwunden,
aber kein klar durchschautes System ist an
seine Stelle getreten. Die alte falsche Theorie
hat sich überlebt, aber welches ist nun das
Richtige? Es gibt nur eine Möglichkeit: Wenn
unsere Kolonien nicht, wie es früher hieß,
englischer Besitz sind, dann müssen sie ein
Teil von England sein, und nach dieser An-
schauung müssen wir handeln. Wir müssen
es uns ernstlich abgewöhnen, England als eine Insel an der Nordwestküste Europas zu
betrachten. […] Es darf nicht mehr heißen,
dass Auswanderer, die in die Kolonien gehen, England verlassen und ihm verloren
sind. […] Lernen wir nur erst, das ganze Imperium als Einheit aufzufassen und England
zu nennen, dann haben wir hier auch „Ver-
einigte Staaten". Auch hier ist ja ein großes
einheitliches Volk, eins durch Blut, Sprache,
Religion und Gesetz, aber über ein grenzen-
loses Gebiet zerstreut. Es ist wohl durch starke ethische Bande zusammengehalten, aber
ihm fehlt eine eigentliche Verfassung […].
Wenn uns aber Zweifel kommen, ob es überhaupt ein Mittel geben kann, das so weit
voneinander entfernte Gemeinwesen zu-
sammenhält, dann müssen wir uns nur die
Geschichte der Vereinigten Staaten von
Amerika vor Augen halten. Dort hat man
dies Mittel gefunden und die Aufgabe gelöst.

*Zit. nach: Peter Alter (Hg.), Nationalismus. Doku-
mente zur Geschichte und Gegenwart eines Phäno-
mens, Piper, München 1994, S. 235 f.*

*c) Der Marinetheoretiker Alfred Th. Mahan über
die Aufgaben der amerikanischen Außenpolitik
(1893):*

Die Hawaii-Inseln sind von größter Bedeutung für die handelspolitische und militärische Kontrolle des Pazifik, namentlich des
nördlichen Pazifik, in dem die Vereinigten
Staaten, geografisch gesehen, das größte
Recht auf die politische Vorherrschaft besitzen. Diese brächte die folgenden, im Wesentlichen positiven Vorteile mit sich: Erhöhung
der Sicherheit des Handels und Erleichte-
rung der Kontrolle dieser Region durch die
Marine. […] Es ist außerdem zu hoffen, dass
diese für uns so günstige Gelegenheit nicht
aus zu engem Blickwinkel betrachtet wird, so
etwa, als ob sie nur eine Region unseres Landes oder einen Sektor seines Außenhandels
oder außenpolitischen Einflusses allein be-
träfe. Es geht nicht nur allein um einen bestimmten politischen Schritt, für den sich
bisher die Gelegenheit noch nicht geboten
hatte; es handelt sich vielmehr um eine prin-
zipielle Frage, nämlich eine politische Strategie mit zukunftsträchtigen Konsequenzen
[…]. Wenn dieses Prinzip erst einmal generell akzeptiert ist und allein durch die ge-
rechtfertigte und freiwillige Rücksichtnahme
auf die Rechte und begründeten Einwände
anderer Völker eingeschränkt wird – was im
vorliegenden Fall, also bezüglich des in Aussicht genommenen Schritts, nicht vorliegt –,
würde selbst die Annexion Hawaiis nicht
mehr als ein bloß sporadischer Versuch sein,
der als irrational zu gelten hätte, weil er ohne adäquates Motiv unternommen worden
wäre; die Annexion wäre vielmehr eine Erst-
lingsfrucht und ein Unterpfand dafür, dass
die Nation bei ihrem jetzigen Entwicklungs-
stand zu der Einsicht gelangt ist, es sei nunmehr notwendig, ihre Lebensweise […]
hinauszutragen über die Grenzen, die ihren
Aktivitäten bislang genügt haben. Dass die
Vorzüge unserer Wirtschaftsordnung An-
dersdenkenden nicht aufgezwungen werden
dürfen, sei zugegeben, aber dieses Zuge-
ständnis bedeutet nicht, dass es nicht doch
sinnvoll und vernünftig sei, jene zu integrieren, die selbst dazu bereit sind. Die verglei-
chende Religionswissenschaft lehrt uns, dass
jene Religionen, die auf missionarische Akti-
vität verzichten, zum Untergang verurteilt
sind. Ist es mit Völkern nicht ebenso? […]

Um wie viel ärmer wäre die Welt heute, wenn die Engländer jene vorsichtige Zurückhaltung an den Tag gelegt hätten, die uns heute von jedem Vorstoß über unsere Gren-
55 zen hinaus abzuhalten versucht! Und kann irgendjemand bezweifeln, dass ein herzliches, wenngleich informelles Einverständnis der beiden wichtigsten Staaten englischer Tradition darüber, sich ohne gegenseitige Ri-
60 valität und mit gegenseitiger Unterstützung frei über die Erde auszubreiten, die Summe des Glücks auf der Welt nicht wesentlich vergrößern würde? […] Wir wollen von der grundsätzlichen, von der Geschichte immer
65 wieder bestätigten Wahrheit ausgehen, dass die Kontrolle der Meere […] von den rein materiellen Elementen der Macht und des Wohlstands der Völker am bedeutsamsten ist. Der Grund dafür liegt in der Tatsache,
70 dass das Meer das größte Medium der Zirkulation in der Welt ist. Daraus folgt mit Not-
wendigkeit das Prinzip, dass es zur Kontrolle der Seewege zwingend notwendig ist, wann immer es gerechtfertigt erscheint, Besitzun-
75 gen zu erwerben, die zur Sicherung der Seeherrschaft beitragen.

Zit. nach: Peter Alter (Hg.), Nationalismus. Dokumente zur Geschichte und Gegenwart eines Phänomens, Piper, München 1994, S. 240–242.

1 **Arbeitsteilige Gruppen- oder Partnerarbeit:** Bilden Sie drei Gruppen, von denen jede einen Text von M 5 a–c untersucht.
a) Arbeiten Sie die Gründe heraus, aus denen der jeweilige Staat imperialistische Expansion betreiben soll.
b) Untersuchen Sie das außenpolitische Selbstverständnis des jeweiligen Landes sowie das angestrebte Verhältnis zwischen imperialistischer Macht und Kolonialstaaten.
c) Präsentieren Sie Ihre Ergebnisse auf Plakaten und vergleichen Sie sie.

M 6 **Die Aufteilung der Welt im Zeitalter des Imperialismus**

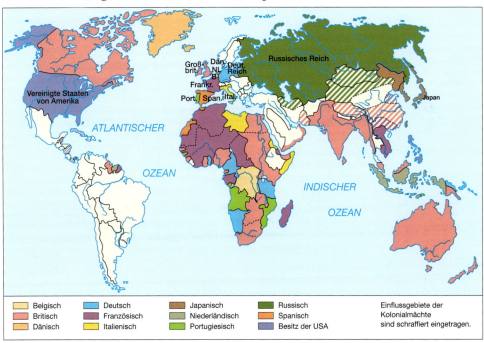

Belgisch	Deutsch	Japanisch	Russisch	Einflussgebiete der Kolonialmächte sind schraffiert eingetragen.
Britisch	Französisch	Niederländisch	Spanisch	
Dänisch	Italienisch	Portugiesisch	Besitz der USA	

1 Erläutern Sie mithilfe der Karte M 6 die These, der moderne Imperialismus habe zu einem regelrechten Wettlauf um die Aufteilung der Welt geführt.

M7 Expansion der USA bis 1917

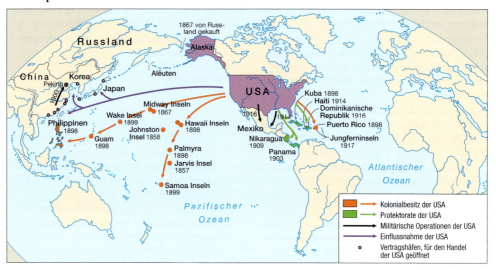

1 Fassen Sie die Hauptstoßrichtungen der US-amerikanischen Expansion zusammen.

M8 Entwicklung des britischen Kolonialreiches

1 Beschreiben Sie Entstehung und Ausbreitung des britischen Kolonialreiches.
2 Vergleichen Sie die Entwicklung des deutschen Kolonialreiches mit der britischen und der US-amerikanischen kolonialen Expansion (M6 bis M8).

M9 Der Historiker Jörg Fisch über den Imperialismus Großbritanniens im 19. Jh. (2002)

[D]ie britische Stellung [war] in Asien am stärksten. Grundlage dafür war die Herrschaft über Indien. Sie erlaubte die Bildung einer größtenteils aus Indern bestehenden
5 Armee, die zur schlagkräftigsten des Kontinents wurde und mit der sich Großmachtpolitik betreiben ließ [...]. Neben Indien standen noch einige kleinere direkt beherrschte Gebiete, vor allem an strategisch
10 wichtigen Punkten (insbesondere Aden, Ceylon, Singapur und Hongkong). Darüber hinaus erlaubte es die Großmachtstellung, in weiten Regionen eine informelle Vorherrschaft auszuüben, indem Großbritannien
15 wirtschaftlich dominierte und dadurch politischen Druck ausüben konnte, ohne die Kosten für eine Verwaltung aufbringen zu müssen. Dieses manchmal als „informelles Empire" oder „Freihandelsimperialismus"
20 bezeichnete Verhältnis spielte auch in Afrika und Lateinamerika eine wichtige Rolle. Nur wenig schwächer als in Asien war die britische Stellung in Afrika. Hier bildete die Herrschaft über das Kap der Guten Hoffnung und
25 dessen Hinterland die Grundlage, ergänzt durch Stützpunkte vor allem in Westafrika. Hingegen fehlte eine Verankerung in Nordafrika. In Nordamerika besaß Großbritannien mit Kanada [...] eine sehr große Kolonie.
30 [...] Seine wirtschaftliche Stellung in Südamerika war ausgesprochen stark. Aber eine Umwandlung des informellen Empire in direkte Herrschaft konnte schon angesichts der Haltung der USA nicht infrage kommen.
35 [...] In Asien ging es zuerst darum, die Großmachtstellung und die Machtbasis in Indien zu wahren. Sie wurde 1857/58 erfolgreich verteidigt, als ein großer, von einem Teil der Bevölkerung unterstützter Aufstand der ein-
40 heimischen Truppen mit aller Härte niedergeschlagen wurde. Um sich gegen Wiederholungen zu wappnen, erhöhten die Briten den Anteil der europäischen Truppen in der indischen Armee, was eine verstärkte Inan-
45 spruchnahme europäischer [...] Ressourcen bedeutete. Zunehmend traten in Asien jetzt aber auch europäische und schließlich asiatische Konkurrenten auf, hauptsächlich Russland und Japan. Es gelang, 1902 mit Japan
50 ein gegen Russland gerichtetes Bündnis zu schließen. Nach dem japanischen Sieg über Russland 1904/05 erfolgte schließlich 1907 auch ein Ausgleich mit Russland, der sich vor allem auf Persien und Zentralasien be-
55 zog, sodass die britische Position in Asien nirgends mehr unmittelbar gefährdet war. Das Ergebnis dieser Politik war paradox: Großbritannien beherrschte mehr Gebiete als früher, aber dafür war sein informeller
60 Einflussbereich geschrumpft. Die verschärfte Konkurrenz hatte dazu geführt, dass immer mehr Regionen zunächst in Interessensphären aufgeteilt worden waren und dass die Macht, die eine solche Sphäre erhielt, sie
65 dann auch, um ihre Ansprüche durchzusetzen, tatsächlich besetzte.

Jörg Fisch, Europa zwischen Wachstum und Gleichheit 1850–1914, UTB, Stuttgart 2002, S. 39–42.

1 Die Überschrift zu diesem Textauszug lautet: „Offensive Defensive: Der Versuch, ein Weltreich zu erhalten". Erläutern Sie diese These mithilfe von M9.

M10 Die Vereinigten Staaten von Amerika – eine imperiale Macht? (2005)

„Europa hat ein Gefüge primärer Interessen, die keine oder sehr entfernte Beziehungen zu uns haben. Deshalb muss es in häufige Auseinandersetzungen geraten, deren Ursachen
5 unseren Anliegen wesentlich fremd sind. [...] Unsere wahre Politik ist, uns fernzuhalten von allen dauernden Bündnissen mit irgendeinem Teil der ausländischen Welt." Mit diesen Sätzen versuchte der erste Präsident der
10 USA, George Washington (Präs. 1789–1797), in seiner Abschiedsbotschaft 1796 seine Landsleute auf eine Außenpolitik zu verpflichten, die dem Grundsatz folgt: Die USA sollen mit allen Handel treiben, sich aber po-
15 litisch aus den Angelegenheiten der anderen, vor allem der Europäer, heraushalten. Das gelang den US-Regierungen über ein Jahrhundert lang. 1917, als die USA in den Ersten Weltkrieg eintraten, brachen sie für alle
20 Welt erkennbar mit diesem Grundsatz. Die 1823 verkündete Monroe-Doktrin lag noch ganz auf der von Präsident Washington vorgegebenen Linie. Die USA bekundeten in der Erklärung von Präsident James Monroe (Präs.

25 1817–1825) ihren Willen, sich nicht in europäische Konflikte einzumischen. Aber sie erwarteten auch, dass der amerikanische Doppelkontinent nicht zum Ziel europäischer Großmachtpolitik werde. Aktueller Anlass
30 der Doktrin, die bis Ende des 19. Jahrhunderts Richtschnur der US-Außenpolitik blieb, war die Gefahr, dass europäische Mächte in den Ländern Lateinamerikas intervenierten, die sich von spanischer Kolonialherrschaft
35 befreit hatten. Hinzu kamen Versuche Russlands, seine pazifischen Stützpunkte von Alaska aus nach Süden auszubauen. In den 1880er-Jahren begann eine neue Phase der Außenpolitik. Als die Mächte Europas, allen
40 voran Großbritannien und Frankreich, in Afrika und Asien Stützpunkte anlegten, Kolonien erwarben und die Welt in Einflusssphären einteilten, wollten die USA nicht zurückstehen. Großen Anklang fanden die
45 Thesen des Marinetheoretikers Alfred T. Mahan (1840–1914), der für die weltpolitische Stellung der USA und ihre Handelsinteressen eine starke Seemacht forderte. Während der 1890er-Jahre wurden die Seestreitkräfte aus-
50 gebaut. Die Zahl der Anhänger einer imperialistischen Weltpolitik wuchs noch unter dem Eindruck der Wirtschaftskrise von 1893: Die USA suchten neue Märkte und Investitionsmöglichkeiten in Übersee, um die Wirt-
55 schaft anzukurbeln.
Begleitet wurde der Übergang zur Weltpolitik von einem amerikanischen Selbstbewusstsein, das an die *Manifest Destiny* der Pionierzeit anknüpfte: Die Amerikaner hat-
60 ten binnen eines Jahrhunderts einen Kontinent erschlossen und eine wirtschaftlich leistungsfähige demokratische Gesellschaft aufgebaut. Jetzt wollten sie sich weltweit für Fortschritt, Zivilisation und Freiheit
65 einsetzen. Doch es blieben Bedenken: Eine koloniale Expansion der USA würde die betroffenen Völker ihrer Freiheit und ihres Selbstbestimmungsrechts berauben. Ende der 1890er-Jahre setzten sich die Befürworter
70 einer imperialistischen Politik durch. Der Pazifik, Ostasien und Zentralamerika wurden Expansionsräume der USA. 1898 annektierten sie Hawaii, dessen Wirtschaft schon seit Jahrzehnten von amerikanischen Plantagen-
75 besitzern beherrscht wurde. Die USA betrachteten die Vorstöße Großbritanniens und Deutschlands nach Südostasien und in

die pazifische Inselwelt als Herausforderung. Nach langen Streitigkeiten mit Deutschland übernahmen sie 1899 das Protektorat über 80 Samoa. Im Jahre 1898 zwangen sie Spanien, Puerto Rico, Guam und die Philippinen (als „Sprungbrett" nach China) abzutreten. Der entscheidende Schritt zur Weltpolitik war die Intervention in Kuba 1898. Sie diente 85 nicht nur der Unterstützung des kubanischen Unabhängigkeitskampfes gegen Spanien. Die USA besaßen auch wirtschaftliche Interessen an der Zuckerindustrie Kubas. Und die US-Amerikaner wollten ihre militä- 90 rische und politische Macht in der Welt ausdehnen. Ein Umschwung in der öffentlichen Meinung begann aber erst, als 1898 auf den Philippinen ein Guerillakrieg gegen die neuen Herren ausbrach. Die direkte Machtaus- 95 übung in Übersee forderte zu große militärische und finanzielle Mittel. Effizienter war es, die überlegene Wirtschaftskraft der USA für den Aufbau eines Informal Empire einzusetzen. Dies stützte sich auf die wirtschaftli- 100 che Durchdringung und die aus ihr resultierende politische Abhängigkeit.
Als riesiger Absatzmarkt für billige amerikanische Konsumgüter galt China. Hier lösten sich die politischen und sozialen Struk- 105 turen unter dem Druck der europäischen Großmächte, die das riesige Reich in Einflusszonen aufteilen wollten, auf. Die USA stellten dem ihre *Open door policy* gegenüber, die jeder Macht gleichberechtigten Zugang 110 nach China garantieren sollte. Zum wichtigsten Aktionsfeld des „Dollarimperialismus" wurden jedoch Zentralamerika und die Karibik. Amerikanische Banken und Konzerne investierten viel Geld in die kleinen Staa- 115 ten dieser Region und in Mexiko und führten moderne Technologien ein. Ihre Gewinne aus den Bodenschätzen und der Plantagenkultur wurden jedoch in die USA transferiert. Diese Länder konnten deshalb 120 keinen eigenen Kapitalstock aufbauen. Ihre Eliten wurden in den USA ausgebildet. Die meisten Staaten Zentralamerikas waren deshalb wenig mehr als nordamerikanische Protektorate, deren Regierungen sich den Wirt- 125 schaftsinteressen der USA unterwarfen.
Originalbeitrag des Autors

1 Stellen Sie Ursachen, Verlauf und Folgen der imperialistischen US-Politik dar.

M11 „Onkel Sams neue Klasse lernt die Kunst der Selbstregierung", Karikatur, USA, 1898

1 Analysieren Sie mithilfe von M11 die amerikanische Kritik am Imperialismus.

2 Vergleichen Sie die Entwicklungen des englischen und amerikanischen Imperialismus mit der deutschen Entwicklung im Hochimperialismus.

M12 Der Historiker Wolfgang Kruse über die Ursachen des Ersten Weltkrieges (2009)

Anstelle der auf vielfältige Weise wechselseitig verflochtenen, aber auch unüberschaubar werdenden internationalen Politik der Bismarck-Ära standen sich am Vorabend des
5 Ersten Weltkrieges zwei immer fester gefügte Machtblöcke gegenüber, und das Deutsche Reich war vor diesem Hintergrund eng an die schwächelnde Habsburger Doppelmonarchie als einzigen verlässlichen Partner ge-
10 bunden. [...]
   Die im Zeitalter des Hochimperialismus auftretenden Konflikte entwickelten sich umso schärfer, als zugleich der Nationalismus einen deutlichen Formwandel vollzog.
15 Nicht mehr, wie 1848, im Zeichen eines Nationalitäten übergreifenden „Völkerfrühlings" standen nun die nationalen Bestrebungen und Ideologien, sondern sie zielten auf die je eigene Nation und sie proklamier-
ten, begleitet von der Ausbildung ideologi- 20
sierter Selbst- und Feindbilder, ihren Vorrang
in Europa und der Welt. In besonders aggressiver Weise wurde dieses Programm von neuen Bewegungen am rechten Rand des politischen Spektrums vertreten, wie sie im 25
Alldeutschen Verband von 1890/94 und in
der *Action Française* von 1899 ihren programmatisch klarsten Ausdruck fanden, aber auch
in einer Vielzahl von Agitationsvereinen
hervortraten. Sie lösten sich von den Bin- 30
dungen des traditionellen Konservatismus
an legitimistische Werte und setzten die Regierungen mit ihrer nationalistischen Propaganda massiv unter Druck [...]. [...]
   Unter dem Einfluss der neuen, weltpoliti- 35
schen Ambitionen des Deutschen Reiches
stand auch der maritime Rüstungswettlauf
der Vorkriegszeit. Der 1896 anlaufende [...]
deutsche Schlachtflottenbau zielte weniger
auf eine weltweite Präsenz deutscher Kriegs- 40
schiffe als auf die Fähigkeit, in der Nordsee
eine große Auseinandersetzung mit der eng-

lischen Flotte bestehen zu können. Zwar verband die Reichsleitung damit die Hoffnung, England durch Rüstungsdruck zu einem für Deutschland günstigen Abkommen zu zwingen. Doch das Inselreich sah seine maritime Vorrangstellung in der Welt bedroht und reagierte seinerseits mit einem technologischen Rüstungssprung. Der Bau größerer, besser gepanzerter und kampffähigerer Schlachtschiffe der Dreadnought-Klasse ließ nicht nur den Rüstungswettlauf zwischen Deutschland und England weiter eskalieren, sondern er veranlasste auch die anderen Großmächte, ihre Flotten zu modernisieren. [...]

In den unmittelbaren Vorkriegsjahren machten die Balkankriege allerdings deutlich, dass ein großer europäischer Krieg, der sich nun immer bedrohlicher abzuzeichnen begann, nicht allein und auch nicht primär auf den Meeren entschieden werden würde. Der forcierte Rüstungswettlauf wurde nun auch auf die Landheere übertragen. [...] Und die krisenhafte Unsicherheit des europäischen Staatensystems wurde noch dadurch verschärft, dass die Militärdoktrin der Zeit geradezu im Zeichen eines „Kultes der Offensive" stand. Denn gerade deshalb lag im Konfliktfall die Versuchung nahe, durch eine schnelle Kriegseröffnung dem Gegner zuvorzukommen und eine militärische Vorentscheidung herbeizuführen. Von besonderer Bedeutung war es schließlich, dass die deutsche Kriegsplanung dieses Vorgehen bereits programmatisch festgelegt hatte. Der sogenannte Schlieffenplan sah vor, die Mobilmachung unmittelbar in einen groß angelegten Angriff auf Frankreich zu überführen. [...]

Der Imperialismus entwickelte sich nicht nur in einem direkten ökonomischen Zusammenhang mit der Krisenhaftigkeit industriekapitalistischer Wirtschaftsentwicklung, sondern er wurde auch bewusst als Sozialimperialismus, als Instrument zur Befriedung sozialer und politischer Konflikte im Innern der europäischen Gesellschaften konzipiert. [...]

Dies erschien umso bedeutsamer, als die Widersprüche zwischen dem Prozess der Basisdemokratisierung der europäischen Gesellschaften einerseits, den etablierten Herrschaftsstrukturen in Staat und Gesellschaft andererseits, sich politisch überall in mehr

oder weniger krisenhafter Form zuspitzten. [...] Doch führten [in Deutschland] die besonders krassen Widersprüche zwischen einer beschleunigten Industrialisierung und einer eher vordemokratischen Herrschaftsorganisation im konstitutionellen System, die ausbleibende Parlamentarisierung der Reichspolitik, der kaum noch mögliche Interessenausgleich zwischen den unterschiedlichen staatstragenden Kräften aus Großindustrie und Großlandwirtschaft sowie die bedrohlichen Wahlgewinne einer noch immer als reichsfeindlich ausgegrenzten, programmatisch revolutionären Sozialdemokratie dazu, dass kaum noch wegweisende politische Entscheidungen getroffen werden konnten und sich der Eindruck einer Dauerkrise verdichtete. Umso stärker machte sich unter der deutschen Führungsschicht der Gedanke breit, durch außenpolitische Erfolge und ggf. auch durch einen Krieg innenpolitische Perspektiven zurückgewinnen zu können, ohne einen grundlegenden Systemwechsel einleiten zu müssen. [...]

Die Kriegsauslösung aber ist aus den Strukturentwicklungen der Vorkriegszeit, so sehr sie die Kriegsgefahr auch erhöht und die zum Krieg führenden Entscheidungen vorgeprägt haben, doch nicht einfach ableitbar. Entscheidend war schließlich das politische Handeln in der Julikrise.

Wolfgang Kruse, Der Erste Weltkrieg, Wissenschaftliche Buchgesellschaft, Darmstadt 2009, S. 5–10.

1 Arbeiten Sie aus M 12 die wichtigsten Kriegsursachen des Ersten Weltkrieges heraus.

M 13 Der Erste Weltkrieg – ein moderner Krieg?

Der Erste Weltkrieg bedeutete den Zusammenbruch des Staatensystems nicht nur deshalb, weil an ihm alle Großmächte beteiligt waren. Vielmehr empfanden und erlebten ihn alle beteiligten Staaten und Völker als existenziellen Überlebenskampf. Die Kriegsziele, wie unterschiedlich sie im Detail auch waren, liefen auf beiden Seiten auf eine Zerstörung der bisherigen internationalen Ordnung hinaus. Dem Deutschen Reich ging es nicht bloß um territoriale Gewinne, sondern

um die Hegemonie in Europa als Ausgangsstellung für die Erringung einer Weltmachtposition; die gegnerische Koalition wollte
15 die europäische Großmachtstellung des Deutschen Reiches für immer zerstören, da es sich in ihren Augen als notorischer Friedensstörer erwiesen hatte. Das einzige Kriegsziel, das zählte, war also die vollständi-
20 ge Unterwerfung der feindlichen Nation.

Zu Beginn des Krieges gab es in allen Ländern eine große Kriegsbegeisterung. Als sich jedoch der ursprünglich erwartete kurze Krieg in einen langen Krieg mit unabsehba-
25 rem Ende verwandelte, setzte auf allen Krieg führenden Seiten eine gezielte Kriegspropaganda ein. Sie versuchte der Bevölkerung einzuhämmern, dass es nicht bloß um politische Interessen gehe, sondern um kollektive
30 nationale Wertesysteme: um das „Wesen" der eigenen Nation gegen das als bedrohlich empfundene Fremde, um Zivilisation gegen Barbarei, um Germanen gegen Slawen. Auf diese Weise hofften die Regierungen, den
35 „Durchhaltewillen" des eigenen Volkes zu stärken und den Kampfwillen der feindlichen Truppen und Zivilbevölkerung zu lähmen. Tatsächlich entwickelte dieser Kriegspatriotismus eine ungeheure Integrati-
40 onskraft, der die Spannungen innerhalb der Völker verdeckte und stattdessen die Gräben zwischen den Nationen vertiefte.

Der Erste Weltkrieg erschütterte den seit dem 18. Jahrhundert weit verbreiteten Glau-
45 ben an den unaufhaltsamen Fortschritt der Menschheit nachhaltig. Giftgasangriffe und Materialschlachten, das grauenvolle Ausharren in den Schützengräben und die Millionen Toten lösten nach der anfänglichen
50 Kriegsbegeisterung einen großen „Zivilisationsschock" aus. Wissenschaftlich-technische Innovationen und die industrielle Massenproduktion zeigten auf einmal ihre Schattenseiten. Erfindungen wie das Maschi-
55 nengewehr oder die massenhafte Herstellung von Rüstungsgütern verlängerten nicht nur den Krieg, sondern steigerten auch die Zerstörungskraft des Militärs. Der Krieg stellte daher sowohl den Glauben an die Glück
60 verheißenden Wirkungen der modernen Industriezivilisation als auch den Glauben an die Humanität der Menschen überhaupt in Frage. Der Erste Weltkrieg trug von Anfang an Züge eines totalen Krieges. Die Krieg füh-

renden Nationen aktivierten jedes Mitglied
65 ihrer Gesellschaften für den Kampf an Front und „Heimatfront", wodurch die Trennung von Militär und Zivilbereich ins Wanken geriet. Im Verlauf des Krieges wurde praktisch die gesamte männliche und weibliche Zivil-
70 bevölkerung in den Krieg einbezogen, sei es in den Rüstungsfabriken, sei es an den „normalen" Arbeitsplätzen, an denen Frauen die Männer ersetzten, die zum Militär einberufen wurden.

75 Ermöglicht wurde die „totale Mobilmachung" aller gesellschaftlichen Kräfte erst durch die Industrialisierung, die zugleich die Kriegführung „industrialisierte". Die Industrialisierung des Tötens lässt sich an den Ma-
80 terialschlachten verdeutlichen, die ohne Kenntnis der Strategie des Stellungskrieges nicht zu verstehen ist. Diese hieß: den Gegner ausbluten und zermürben. Stabil ausgebaute Gräben und Gefechtsstände bildeten
85 die Verteidigungslinien. Stacheldrahtverhaue sicherten sie. Die Soldaten verteidigen sich mit neuartigen Waffen der Kriegstechnik: Maschinengewehren, Handgranaten oder Minen. Die Materialschlacht war das
90 neue Mittel, mit dem die Verantwortlichen in den Generalstäben diese Verteidigung zu überwinden suchten. Möglich machte das die Industrie mit ihrer schier ununterbrochenen Waffenproduktion.

95 Beide Kriegsparteien mobilisierten eine bis dahin unbekannte Anzahl von Soldaten für ihren Kampf und verwendeten modernste Waffentechnik. Im Jahre 1914 gab es auf beiden Seiten etwa 10 Millionen, später etwa
100 74 Millionen Soldaten, die eine gigantische „Kriegsmaschine" bedienten. Artillerie und Maschinengewehre, Schlachtkreuzer und Unterseeboote sowie die ersten Panzer und Bomberflugzeuge führten zu einer Vernich-
105 tung von Menschen und Material, die alle bisherigen Vorstellungen überstieg. Zu den besonders grausamen Kampfmitteln gehörte das erstmals 1915 eingesetzte Giftgas. Im Bewusstsein der Zeitgenossen machte es den
110 tiefen Fall zivilisatorischer Werte deutlich.
Originalbeitrag des Autors

1 Erörtern Sie mithilfe von M13, ob der Erste Weltkrieg ein modernen Krieg war. Nehmen Sie dazu die Kriterien von S. 141 zu Hilfe.

Ein historisches Urteil entwickeln

Urteilskompetenz

Zu den zentralen fachspezifischen Fähigkeiten im Geschichtsunterricht gehört die Urteilskompetenz. In nahezu jeder Geschichtsstunde wird verlangt, historische Ereignisse, Epochen, Prozesse oder Konflikte zu beurteilen. Wie jedoch gelangt man zu einem qualifizierten Urteil? Urteilen bedeutet die Fähigkeit, eine eigenständige, begründete und nachvollziehbare Stellungnahme zu einer Fragestellung zu formulieren. Kriterien eines gelungenen Urteils sind
– sachliche Angemessenheit,
– logische Gedankenführung und
– differenzierte Argumentation.
Um einen historischen Gegenstand angemessen beurteilen zu können, ist es sinnvoll, ihn aus unterschiedlicher Sicht zu untersuchen:
– aus der Perspektive historischer Zeitgenossen (Prinzip der Multiperspektivität)
– und/oder aus der Perspektive von Nachgeborenen, z. B. Historikern (Prinzip der Kontroversität).
Auf einer dritten Ebene erfolgt im Rahmen des Unterrichts, z. B. in der Gruppe oder im Plenum, die Auseinandersetzung mit den Wahrnehmungen der Zeitgenossen und den Deutungen der Nachgeborenen (Prinzip der Pluralität). Dies ist die Grundlage für eine selbstständige Stellungnahme zum historischen Gegenstand.

Bei der Urteilsbildung wird zwischen Sach- und Werturteil unterschieden: Während das Sachurteil ein Urteil auf der Ebene des historischen Gegenstandes ist, werden bei einem Werturteil gegenwärtige gesellschaftliche Normen auf historische Sachverhalte bezogen und eigene Wertmaßstäbe reflektiert.

Prozess der Urteilsbildung

Das Urteilsmodell M 1 zeigt einen idealtypischen Prozess der Urteilsbildung, der auch variiert werden kann. So lässt sich eine Stellungnahme auf der Basis a) von Quellen, b) von Sekundärtexten, in der Regel Deutungen von Historikern (wie im folgenden Übungsbeispiel), oder c) von Quellen und Sekundärtexten formulieren.

Zunächst erfordert die Fähigkeit, ein Urteil zu bilden, sowohl Kenntnisse über den zu untersuchenden historischen Sachverhalt (Sachkompetenz) als auch methodische Verfahren, sich solche Kenntnisse anzueignen, diese mit vorhandenem Wissen zu vernetzen und auf neue Zusammenhänge anzuwenden (Methodenkompetenz). Mit methodischen Verfahren ist in erster Linie der Vergleich von Quellen und Darstellungen anhand von Vergleichsaspekten gemeint. Der Prozess der Urteilsbildung verläuft in mehreren Phasen:
1. Entwicklung einer Leitfrage: Für die Untersuchung des historischen Gegenstandes wird eine Fragestellung entwickelt, die im Prozess der Urteilsbildung beantwortet werden soll.

Webcode
KH644681-154

2. **Erwerb von Kenntnissen**: Als Voraussetzung für die Beschäftigung mit dem historischen Sachverhalt ist die Beschaffung von Informationen (Grundwissen) notwendig, die sich aus Gesamtdarstellungen, Schulbuchtexten, Lexika sowie aus Quellen gewinnen lassen.
3. **Auseinandersetzung mit dem historischen Gegenstand** aus verschiedenen Sichtweisen (Perspektiven): Vergleich anhand geeigneter Aspekte
   a) von mindestens zwei Quellen oder bzw. und
   b) von mindestens zwei Sekundärtexten oder
   c) von mindestens zwei schriftlichen Produkten oder mündlichen Äußerungen einzelner Schüler bzw. Gruppen.
4. **Formulierung eines Sachurteils**: Urteilsbildung auf der Ebene des historischen Gegenstands.
5. **Formulierung eines Werturteils**: Urteilsbildung auf der Grundlage gegenwärtiger gesellschaftlicher und subjektiver Normen und Werte.

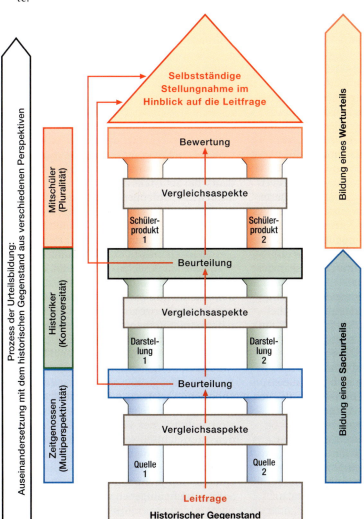

M1 Modell der Urteilsbildung

Übungsbeispiel Kriegsausbruch 1914 – Wie entstand der Erste Weltkrieg?

M 2 Der Historiker Wolfgang Kruse (2009)

Die Initiative lag [nach dem Attentat von Sarajewo] erst einmal in Wien und […] Berlin. Die österreichische Politik war mehrheitlich entschlossen, die Gelegenheit zu nutzen, um
5 Serbien auf kriegerischem Wege in die Schranken zu weisen. Angesichts der Verbindung Serbiens mit Russland erschien dies nur mit deutscher Unterstützung möglich. Bei den Konsultationen am 5./6. Juli in Berlin
10 lin erteilte die Reichsleitung nicht nur ihren sogenannten Blankoscheck für ein offensives Vorgehen, sondern sie drängte ihren Verbündeten auch zu raschem Handeln. Die Gegenseite sollte überrumpelt, Serbien militärisch eingedämmt und Russland als schwacher Bündnispartner hingestellt werden. Ob man es allerdings tatsächlich für möglich hielt, dass Russland neutral bleiben würde, ist in der Forschung umstritten; klar aber ist,
20 dass Deutschland für den Fall eines militärischen Eingreifens des Zarenreiches seine aktive Unterstützung zusagte und insofern das Risiko eines europäischen Kontinentalkrieges gegen Russland und auch gegen das verbündete Frankreich bewusst einging. Denn für den Fall eines deutsch-russischen Krieges sah die deutsche Strategieplanung mit dem Schlieffenplan nur eine mögliche Kriegseröffnung vor: den schnellen Angriff auf
30 Frankreich. In Anlehnung an Reichskanzler Bethmann Hollwegs (1856–1921) Berater Kurt Riezler ist diese Entscheidung als eine im Prinzip defensiv motivierte, gegen die „Einkreisung" des Reiches gerichtete „Politik
35 des kalkulierten Risikos" begriffen worden, der es vor allem darum gegangen sei, den schwächelnden Bündnispartner Österreich-Ungarn zu stärken und gleichzeitig die Entente diplomatisch zu schwächen und aufzusprengen. Andere Historiker gehen […]
40 davon aus, dass es der deutschen Seite von Anfang an um die Auslösung eines Kontinentalkrieges gegangen sei, in dem nur England möglichst lange neutral gehalten werden sollte. Bei der Beurteilung geht es nicht
45 zuletzt darum, ob man sich vor allem auf den zögernden Kanzler konzentriert, oder ob man den Druck der in Deutschland eindeu-

tig zum Krieg drängenden Militärführung
50 stärker gewichtet. Doch wie dem auch sei, alle Versuche der Reichsleitung, die selbst aktiv verschärfte Konfrontation zugleich unter Kontrolle zu halten und den heraufziehenden Krieg in irgendeiner Weise zu begrenzen,
55 blieben am Ende erfolglos. Die komplizierten Abstimmungsmodalitäten in der Habsburger Doppelmonarchie führten dazu, dass das Ultimatum, das den Vorwand zum schnellen Krieg gegen Serbien liefern sollte,
60 erst mit zweiwöchiger Verspätung am 23. Juli in Belgrad übergeben wurde. Obwohl die Serben den ihre staatliche Souveränität verletzenden Forderungen sehr weit entgegen kamen, forcierte die Wiener Politik nun das
65 Tempo, begann mit der Mobilmachung und erklärte Serbien am 28. Juli den Krieg. […]
Der deutschen Politik ging es nun vor allem darum, Österreich für den erwarteten militärischen Sieg den Rücken frei zu halten.
70 Lokalisierung des Krieges auf den Balkan, lautete die offiziell ausgegebene Parole, während alle Bemühungen insbesondere der britischen Regierung, durch eine konzertierte diplomatische Aktion der europäischen
75 Großmächte zu einer raschen Beendigung der Kampfhandlungen zu gelangen, von deutscher Seite teils zurückgewiesen, teils dilatorisch [= schleppend] behandelt wurden. Der Schwarze Peter wurde so Russland zuge-
80 schoben, das entweder seinen Schützling Serbien im Stich lassen oder aber militärisch aktiv werden musste. Bestärkt durch die Zusicherung Frankreichs, im Kriegsfall mit Deutschland die Bündnispflichten zu erfül-
85 len, machte nun auch Russland seine Truppen an der Grenze zu Österreich mobil, bereitete eine Intervention aufseiten Serbiens vor und ließ darüber hinaus am 30. Juli die allgemeine Mobilmachung folgen. Darin
90 wurde […] oft der entscheidende Schritt zur Auslösung des großen Krieges gesehen. Doch andererseits hatte die deutsche Politik vorher […] keinen Zweifel daran gelassen, im Falle eines militärischen Eingreifens Russlands in
95 den österreichisch-serbischen Krieg aufseiten des Bündnispartners zu intervenieren, wodurch sich das mit einer langen Mobilmachungsphase rechnende Zarenreich, wenn es Serbien nicht aufgeben wollte, auch an sei-
100 ner Westgrenze unmittelbar bedroht sehen musste. Und den allein im Schlieffenplan

festgelegten direkten Übergang von der Mobilisierung zur Kriegseröffnung vollzog schließlich das Deutsche Reich, als es nach
105 zwei schroffen Ultimaten an Russland und Frankreich am 1. bzw. 3. August beiden Ländern den Krieg erklärte. Am selben Tag marschierten deutsche Truppen nicht nur in Frankreich, sondern auch im neutralen Bel-
110 gien ein, was England nun seinerseits als Vorwand diente, den […] längst gefallenen Beschluss zur Kriegsbeteiligung umzusetzen und dem Deutschen Reich den Krieg zu erklären.

Wolfgang Kruse, Der Erste Weltkrieg, Wissenschaftliche Buchgesellschaft, Darmstadt 2009, S. 10–12.

M 3 Der Historiker Hans-Ulrich Wehler (1995)

Tatsächlich hatte die deutsche Politik einige ihrer geheimen Ziele erreicht: Der frühzeitige Präventivkrieg war eröffnet worden; Russland und England standen als Aggressoren
5 da […]; das Heer schickte sich an, das Siegesrezept des Schlieffenplans zu verwirklichen. Im preußischen Staatsministerium verschanzte sich Bethmann Hollweg hinter der Schutzbehauptung, dass die Völker im Grun-
10 de friedfertig seien, sie hätten aber die „Direktion verloren" […]. Diese resignative Äußerung […] vertuschte die ausschlaggebende Tatsache: Berlin hatte bereits mit dem mehrfach bestätigten „Blankoscheck an Öster-
15 reich-Ungarn" die autonome Entscheidung für das Vabanquespiel gefällt, es hatte grünes Licht für einen dritten Balkankrieg gegeben und, indem es das „kalkulierte Risiko" seiner Ausweitung zum Weltkrieg übernahm, die
20 Büchse der Pandora geöffnet. Innenpolitisch führte jedoch die Krisenstrategie der Reichsleitung für geraume Zeit zu einem „vollen Erfolg". […] Um Reich und Nation, um „deutsche Kultur" und Weltmachtanspruch gegen
25 einen tückischen Überfall zu verteidigen – dafür glaubten die Deutschen im August 1914 ins Feld zu ziehen. „In Wahrheit war der Krieg das Resultat des machiavellistischen Kalküls einer kleinen, innerlich bereits
30 überlebten Führungsschicht, welche in einer kritischen weltpolitischen Situation leichtfertig und mit zu hohem Einsatz gespielt hatte, weil sie hoffte, auf diese Weise ihre eigene Machtstellung stabilisieren zu können."
35 (W. J. Mommsen) In den letzten Vorkriegsjahren hatten sich gefährliche Entwicklungen angehäuft, die in der Perzeption der traditionellen Eliten den Gesamteindruck erzeugten, unaufhaltsam in die Ecke gedrängt zu werden. *They felt cornered* – so wür-
40 de man diese mentale Verfassung auf englisch beschreiben, und damit wuchs ihre Disposition zu einem kompromisslosen Abwehrgefecht, versteifte sich ihr Behauptungswille, nicht freiwillig auf anachronisti-
45 sche Privilegien zu verzichten. Eliten, die sich derart mit dem Rücken zur Wand verteidigen, ist in erhöhtem Maße die Einstellung eigen, hohe Risiken einzugehen, um ihre Spitzenposition in der soziopolitischen Hier-
50 archie zu behaupten. Subjektiv schlägt sich diese Mentalität als Defensivhaltung nieder, die in Korrespondenzen, Tagebüchern, Akten ihren Ausdruck findet, aber nicht für bare Münze genommen werden darf. Denn
55 strukturell geht es um die Einsicht, dass diese Verteidigung mit aggressiven Mitteln bis hin zum „heißen Krieg" durchgefochten werden kann. Mit einer zielstrebigen Kriegsplanung, die seit 1912 auf einer Einbahnstraße den
60 Mächtekonflikt in der Julikrise angesteuert hätte, hat dies Verhalten nichts zu tun. Vielmehr ging es um einen ebenso rücksichtslosen wie desperaten Abwehrkampf, der unter vorteilhaften Bedingungen, wie es schien,
65 selbst vor dem extremen, weil nie völlig „kalkulierbaren Risiko" des Krieges nicht zurückscheute. […] Im Kern entsprang diese Kriegsbereitschaft der von Grund auf verfehlten Strategie eines exzessiv übersteiger-
70 ten Sozialimperialismus, der durch die erwarteten Kriegserfolge die Legitimationsbasis der politischen Ordnung und des gesellschaftlichen Systems so überwältigend stärken wollte, dass das großpreußische Reich
75 dem Zwang zu modernisierenden Reformen weiter ausweichen konnte.

Hans-Ulrich Wehler, Deutsche Gesellschaftsgeschichte, Bd. 3: Von der „Deutschen Doppelrevolution" bis zum Beginn des Ersten Weltkrieges 1849–1914, C. H. Beck, München 1995, S. 1167 f.

1 Vergleichen Sie M 2 und M 3 anhand geeigneter Vergleichsaspekte.
2 Formulieren Sie anhand der Leitfrage ein Sach- und Werturteil über die Entstehung des Ersten Weltkrieges.

Lösungshinweise

1. Leitfrage
Mögliche Fragestellung: Wie entstand der Erste Weltkrieg?

2. (Grund-)Kenntnisse über den historischen Gegenstand

Bis in die Gegenwart hinein diskutieren die Historiker kontrovers über die Entstehung des Ersten Weltkrieges. Im Mittelpunkt stand dabei lange Zeit die Frage nach der Schuld bzw. Verantwortung der am Krieg beteiligten Nationen für den Kriegsausbruch 1914. Mit besonderer Energie haben sich deutsche Publizisten und Historiker während der Weimarer Zeit mit der im Versailler Friedensvertrag verankerten Anklage beschäftigt, nach der Deutschland den Ersten Weltkrieg bewusst und zielstrebig entfesselt habe. Auch nach 1945 blieben deutsche Historiker bei ihrer Auffassung, dass Deutschland nicht der alleinige Urheber des Ersten Weltkrieges gewesen sei. Erst 1961 löste der Historiker Fritz Fischer eine heftige Debatte aus. Er vertrat die Auffassung, Deutschland habe den Weltkrieg nicht nur bewusst entfesselt, sondern auch ein umfassendes Kriegszielprogramm durchsetzen wollen. Seit den 1980er-Jahren verlor die Frage nach der Schuld bzw. Verantwortung am Kriegsausbruch 1914 allmählich an politischer Sprengkraft. In der modernen Kriegsursachenforschung gibt es unterschiedliche Deutungen, die eine Vielzahl struktureller Gründe innenpolitischer wie internationaler Art für die Entstehung des Ersten Weltkrieges herausarbeiten. Zwei abweichende Beiträge sind hier von Kruse und Wehler abgedruckt.

Historischer Kontext:
Staat/Politik: Bündnissystem in Europa, Weltmachtanspruch des Deutschen Reiches („Platz an der Sonne")
Wirtschaft: Deutschland entwickelte sich zu einem führenden Industriestaat
Gesellschaft: Reformstau, Beharren auf überkommenen politischen Strukturen

3. Auseinandersetzung mit dem historischen Gegenstand aus verschiedenen Perspektiven

Vergleichsaspekt	Kruse (M 2)	Wehler (M 3)
Ausbruch	– Österreich will das Attentat von Sarajewo mit Rückendeckung des Deutschen Reiches (Blankoscheck) zur Disziplinierung Serbiens nutzen – Drängen des Deutschen Reiches auf offensives und rasches Handeln – Eigendynamik des Konfliktes, Kontrolle entgleitet der Reichsführung – schrittweise Mobilisierung der zukünftigen Kriegsgegner	– Blankoscheck ist eine autonome Entscheidung für 3. Balkankrieg und ein bewusst einkalkuliertes Risiko eines Weltkrieges – Schutzbehauptung des Kanzlers von Eigendynamik – statt Krisenmanagement „Flucht nach vorn" (Präventivkrieg)
Akteure	– zögerlicher deutscher Kanzler und drängende Militärs im Deutschen Reich (Schlieffenplan bereits vorbereitet)	– sich bedroht fühlende Elite, die ihre Privilegien und Stellung verteidigt – scheinbar defensiv, aber aggressiv agierende Elite
Gründe, Motive	– Deutschland kalkuliert Eingreifen Russlands und Frankreichs aufgrund von Bündnisverpflichtungen bewusst ein – Bemühen, England möglichst lange neutral zu halten	– keine bewusste deutsche Kriegsplanung, sondern kalkuliertes Risiko zur eigenen Herrschaftssicherung – Kriegserfolg soll politische Ordnung in Deutschland stabilisieren und die Vermeidung von Reformen legitimieren
Legitimation	– defensiv motivierte deutsche Politik des kalkulierten Risikos gegen die Einkreisung des Deutschen Reiches – Darstellung Russlands und Frankreichs als Aggressoren durch Deutschland	– deutsche Politik stellt Russlands und England als Aggressoren dar – dem Deutschen Reich wurde der Weltkrieg als ein deutscher Existenzkampf und Verteidigungskrieg aufgezwungen

4. Sachurteil

In der historischen Forschung besteht weitgehend Einigkeit darin, dass das Deutsche Reich das Risiko eines umfassenden Krieges in Europa bewusst einkalkuliert hat. In ihrem Erklärungsansatz für die Gründe unterscheiden sich beide Historiker jedoch erheblich. Kruse legt den Schwerpunkt auf das Agieren des Deutschen Reiches in der Außenpolitik und auf die fast zwangsweise Eskalation des Konfliktes durch fehlendes Krisenmanagement aller Beteiligten. Kruse untersucht weiterhin die Auseinandersetzung zwischen zögerndem Kanzler, der gleichzeitig den Konflikt steuern möchte, und der auf Krieg drängenden Militärführung.

Wehler geht in seiner Bewertung weniger auf die Einzelheiten des eskalierenden Konfliktes ein, sondern stellt die innenpolitischen Gründe für das Handeln der Personen heraus. Für ihn sind die Differenzen zwischen politischer und militärischer Führung marginal, ihr gemeinsames Interesse überwiegt. Dies liegt im zähen Festhalten an der privilegierten Position und dem Abwehren jeglicher Modernisierung politischer und gesellschaftlicher Strukturen begründet. Dafür wird auch ein Krieg in Kauf genommen – bewusst kalkuliert, wenn auch nicht bewusst geplant.

Zur Beurteilung der Ausgangsfrage, wie der Erste Weltkrieg entstand, liefert Kruse zahlreiche Informationen zur Eskalation des Konfliktes. Zur Beurteilung des Hintergrundes und der tiefer liegenden Ursachen ist jedoch Wehlers Text notwendig. Er setzt allerdings einiges Hintergrundwissen voraus, um die allgemein formulierte These von der sich in die Ecke gedrängt fühlenden und sich deshalb heftig wehrenden Elite zu bestätigen.

5. Werturteil

Bei der Formulierung eines Werturteils sollte man von folgender historischer Situation ausgehen: In Deutschland war ein autoritäres Regime an der Macht. Und eine kleine ausgesprochen machtbewusste bürgerlich-adlige Elite verteidigte zäh ihre Machtposition. Sie wollte die Demokratisierung des politischen und gesellschaftlichen Lebens um jeden Preis vermeiden.

Der Erste Weltkrieg ist ein Beispiel dafür, wie es gelingen kann, Kriegsbegeisterung in der Bevölkerung auszulösen und gleichzeitig die eigentlichen Gründe für die kriegerische Aggression zu verschleiern. Winkende, fröhliche Soldaten und jubelnde Menschenmassen vor festlich geschmückten Lokomotiven zeigen die Postkarten aus vielen europäischen Städten. Der Krieg wird scheinbar zu einem Ausflug, von dem man nach wenigen Tagen zurückkehrt. Und es passiert endlich etwas, die „lange bleierne Zeit" hat ein Ende. Schriftsteller und Künstler feiern den Krieg als Dynamik, der die Völker Europas weckt und wachrüttelt.

Auch die deutschen Sozialdemokraten stimmen mehrheitlich dem Krieg zu. Sie lassen sich einfangen von ihren antirussischen Einstellungen. Außerdem versprach der Kaiser, er kenne keine Parteien mehr. Einschwören auf die Gemeinschaft, Zusammengehörigkeitsgefühl, sich akzeptiert Fühlen zeigen ihre Wirkung. Innergesellschaftliche Konflikte – z. B. die verweigerte Beteiligung an der politischen Macht, weites Auseinanderklaffen von Arm und Reich – werden erfolgreich nach außen abgelenkt.

Den deutschen Eliten gelingt ihr Machterhalt und das jahrelange Hinausschieben von Veränderungen. Der Preis dafür ist ein ungeheurer Blutzoll im gesamten Europa und am Ende der Zusammenbruch der alten Ordnungen in Revolutionen.

Erarbeiten Sie Präsentationen

Thema 1
Die Kolonialvölker unter imperialistischer Herrschaft

Informieren Sie sich mithilfe eines historischen Handbuches über die Kolonialkriege gegen Herero und Nama (1904–1907) sowie die Niederschlagung des Maji-Maji-Aufstandes (1905–1907). Stellen Sie am Beispiel dieser Kolonialkriege Ursachen und Folgen imperialistischer Herrschaft für die Kolonialvölker dar.

Literaturtipp
Thoralf Klein u. Frank Schumacher (Hg.), Kolonialkriege. Militärische Gewalt im Zeichen des Imperialismus, Hamburger Edition, Hamburg 2006.

Thema 2
1917 – ein weltgeschichtliches Epochenjahr?

Skizzieren Sie die Folgen des Ersten Weltkrieges für Europa und die Welt. Konzentrieren Sie sich dabei auf das Jahr 1917, in dem die USA in den Krieg eintraten und in Russland die Oktoberrevolution die Kommunisten an die Macht brachte.

Literaturtipps
Edgar Wolfrum, Cord Arendes, Globale Geschichte des 20. Jahrhunderts, Kohlhammer, Stuttgart 2007, S. 28–50.

Christoph Nonn, Das 19. und 20. Jahrhundert, UTB, Paderborn 2007, S. 11–34.

M 1 Halb verhungerte Herero, die vor den deutschen Truppen geflüchtet sind, nach ihrer Rückkehr aus der Omaheke Wüste, Deutsch-Südwestafrika (heute Namibia), Fotografie, 1904/05

M 2 „Krieg den Palästen", Aquarell von Marc Chagall, 1918/19.
Das Gemälde zeigt einen Bauern, der den Palast eines Gutsherrn zertrümmert.

Webcode:
KH644681-160

Überprüfen Sie Ihre Kompetenzen

M 3 Das Maschinengewehr, Christopher R. W. Nevison, Öl auf Leinwand, 1915

Zentrale Begriffe

Blankoscheck
Epochenjahr 1917
Erster Weltkrieg
Formal Empire
Imperialismus
Informal Empire
Kolonialismus
Kolonie
Moderner Krieg
Nationalismus
Open door policy
Sozialimperialismus
Weltpolitik

Sachkompetenz

1 Charakterisieren Sie Anspruch und Wirklichkeit der Weltmachtpolitik Wilhelms II.
2 Erläutern Sie die Bedeutung von Kolonien für die europäischen Großmächte im Zeitalter des Hochimperialismus.
3 Erläutern Sie, worin sich der Erste Weltkrieg von früheren kriegerischen Auseinandersetzungen unterscheidet.

Methodenkompetenz

4 Analysieren Sie das Bild M 3. Erörtern Sie, ausgehend von diesem Bild, die Wirkung des Ersten Weltkrieges auf die Zeitgenossen. Konzentrieren Sie sich dabei auf die Frage, ob der wissenschaftlich-technische Fortschritt durch die Industrialisierung Segen oder Fluch für die Menschheit war.

Urteilskompetenz

5 Der amerikanische Diplomat George Kennan hat den Ersten Weltkrieg einmal als „Urkatastrophe" des 20. Jahrhunderts bezeichnet. Mit ihm endete das „lange" 19. und begann das „kurze" 20. Jahrhundert mit einem neuen „Dreißigjährigen Krieg". Beurteilen Sie diese These.

„*Wiedergeben, einordnen, beurteilen*" – Arbeitsaufträge in der Abiturklausur

Anforderungsbereich I – Wiedergeben von Sachverhalten aus einem abgegrenzten Gebiet und im gelernten Zusammenhang unter rein reproduktivem Benutzen geübter Arbeitstechniken, z. B.:

nennen, aufzählen: zielgerichtet Informationen zusammentragen, ohne sie zu kommentieren;

bezeichnen, schildern, skizzieren: historische Sachverhalte, Probleme oder Aussagen erkennen und zutreffend formulieren;

aufzeigen, beschreiben, zusammenfassen, wiedergeben: historische Sachverhalte unter Beibehaltung des Sinnes auf Wesentliches reduzieren.

Anforderungsbereich II – selbstständiges Erklären, Bearbeiten, Ordnen bekannter Inhalte und das angemessene Anwenden gelernter Inhalte und Methoden auf andere Sachverhalte, z. B.:

analysieren, untersuchen: Materialien oder historische Sachverhalte kriterienorientiert bzw. aspektgeleitet erschließen;

begründen, nachweisen: Aussagen (z. B. Urteil, These, Wertung) durch Argumente stützen, die auf historischen Beispielen und anderen Belegen gründen;

charakterisieren: historische Sachverhalte in ihren Eigenarten beschreiben und diese dann unter einem bestimmten Gesichtspunkt zusammenfassen;

einordnen: historische Sachverhalte in einen historischen Zusammenhang stellen;

erklären: historische Sachverhalte durch Wissen und Einsichten in einen Zusammenhang (Theorie, Modell, Regel, Gesetz, Funktionszusammenhang) einordnen und begründen;

erläutern: wie „erklären", aber durch zusätzliche Informationen und Beispiele verdeutlichen;

herausarbeiten: aus Materialien bestimmte historische Sachverhalte herausfinden, die nicht explizit genannt werden, und Zusammenhänge zwischen ihnen herstellen;

gegenüberstellen: wie „skizzieren", aber zusätzlich argumentierend gewichten;

widerlegen: Argumente dafür anführen, dass eine Behauptung zu Unrecht aufgestellt wird.

Anforderungsbereich III – reflexiver Umgang mit neuen Problemstellungen, den eingesetzten Methoden und gewonnenen Erkenntnissen, um zu eigenständigen Begründungen, Folgerungen, Deutungen und Wertungen zu gelangen, z. B.:

beurteilen: den Stellenwert historischer Sachverhalte in einem Zusammenhang bestimmen, um ohne persönlichen Wertebezug zu einem begründeten Sachurteil zu gelangen;

bewerten, Stellung nehmen: wie „beurteilen", aber zusätzlich mit Offenlegen und Begründen eigener Wertmaßstäbe, die Pluralität einschließen und zu einem Werturteil führen, das auf den Wertvorstellungen des Grundgesetzes basiert;

entwickeln: Analyseergebnisse synthetisieren, um zu einer eigenen Deutung zu gelangen;

sich auseinandersetzen, diskutieren: zu einer historischen Problemstellung oder These eine Argumentation entwickeln, die zu einer begründeten Bewertung führt;

prüfen, überprüfen: Aussagen (Hypothesen, Behauptungen, Urteile) an historischen Sachverhalten auf ihre Angemessenheit hin untersuchen;

vergleichen: auf der Grundlage von Kriterien historische Sachverhalte problembezogen gegenüberstellen, um Gemeinsamkeiten, Unterschiede, Teilidentitäten, Ähnlichkeiten, Abweichungen oder Gegensätze zu beurteilen.

Die folgenden Arbeitsaufträge verlangen Leistungen aus den **Anforderungsbereichen I, II und III:**

interpretieren: Sinnzusammenhänge aus Quellen erschließen und eine begründete Stellungnahme abgeben, die auf einer Analyse, Erläuterung und Bewertung beruht;

erörtern: Argumente auf ihren Wert und ihre Stichhaltigkeit hin abwägend prüfen und auf dieser Grundlage eine eigene Stellungnahme entwickeln; die Erörterung setzt eine Analyse voraus;

darstellen: historische Entwicklungszusammenhänge und Zustände mithilfe von Quellenkenntnissen und Deutungen beschreiben, erklären und beurteilen.

Einige Bundesländer arbeiten mit landesspezifischen Operatoren.
Sie finden diese Landesoperatoren im Internet:
Webcode: KH644681-163

Formulierungshilfen für die Bearbeitung von Textquellen und Sekundärtexten

Arbeitsschritte	Strukturie-rungsfunk-tion	Formulierungsmöglichkeiten	Beispiel
Analyse formale Aspekte	Einleitung	– Der Verfasser thematisiert/behandelt/greift (auf) … – Er beschäftigt sich/setzt sich auseinander mit der Frage/mit dem Thema … – Die Autorin legt dar/führt aus/äußert sich zu … – Das zentrale Problem/Die zentrale Frage des Textes/Briefes/der Rede ist …	Der SPD-Politiker Philipp Scheidemann thematisiert in seiner Rede vor der Weimarer Nationalversammlung am 12. Mai 1919 den Versailler Vertrag.
inhaltliche Aspekte	Wiedergabe der Posi-tion/Kern-aussage	– Die Autorin vertritt die These/Position/Mei-nung/Auffassung … – Er behauptet …	Der Historiker Detlev Peu-kert vertritt die These, der Untergang der Weimarer Republik sei auf „vier zer-störerische Prozesse" zu-rückzuführen (Z. xx).
	Wiedergabe der Begrün-dung/Argu-mentation/wesent-lichen Aus-sagen	– Sie belegt ihre These … – Als Begründung/Beleg seiner These/Be-hauptung führt der Autor an … – Der Reichskanzler legt dar/führt aus … – Die Historikerin argumentiert/kritisiert/be-mängelt … – Der Verfasser weist darauf hin/betont/unter-streicht/hebt hervor/berücksichtigt … – Weiterhin/Außerdem/Darüber hinaus/Zu-dem argumentiert er …	Kennan betont, dass die Amerikaner in Deutsch-land Konkurrenten der Russen seien und daher in „wirklich wichtigen Din-gen" keine Zugeständnis-se machen dürften (Z. xx).
	Abschlie-ßende Aus-führungen	– Am Ende unterstreicht/betont der Autor noch einmal … – Der Autor schließt seine Ausführungen mit … – Sie kommt am Ende ihrer Argumentation zu dem Schluss, dass … – Zum Abschluss seiner Rede … – Abschließend/Zusammenfassend führt die Abgeordnete aus …	Am Ende seines Briefes betont Bismarck noch einmal die Notwendigkeit eines Bündnisses mit Österreich (Z. xx).
Vergleich von Texten	Überein-stimmung	– Der Historiker ist derselben Meinung/Auf-fassung/Position … – Sie teilt dieselbe Meinung/Auffassung/Posi-tion … – Die Autoren stimmen darin überein …	Brandt und Grass stim-men darin überein, dass die Bildung einer Großen Koalition mit Risiken ver-bunden sei (vgl. M 1, Z. xx; M 2, Z. xx).
	Gegensatz	– Im Gegensatz zu … – Die Positionen widersprechen sich/weichen voneinander ab/sind unvereinbar/konträr …	Die Positionen der beiden anonymen Verfasser sind hinsichtlich ihrer Haltung zum Terror der Jakobiner unvereinbar.
Historischer Kontext		– Die Quelle(n) lassen sich/sind in … ein(zu)-ordnen. – Die Texte sind im Zusammenhang mit … zu sehen. – Die Rede stammt aus der Zeit des/der …	Veröffentlicht wurden beide Zeitungsartikel in der Zeit der Jakobinerherr-schaft, die von 1793 bis 1994 andauerte und auch als „Schreckens- und Gewaltherrschaft" be-zeichnet wird.

Arbeitsschritte	Strukturierungsfunktion	Formulierungsmöglichkeiten	Beispiel
Urteil Sachurteil	Intention des Autors	– Der Autor beabsichtigt/intendiert/will/ strebt an/fordert/plädiert für … – Die Politikerin verfolgt die Absicht/das Ziel … – Der Außenminister appelliert/ruft auf …	Der Ministerpräsident will mit seiner Rede die Abgeordneten von der Notwendigkeit wirtschaftlicher Reformen überzeugen.
	Beurteilung des Textes	– Die Argumentation ist (nicht) nachvollziehbar/überzeugend/stichhaltig/schlüssig … – Der Verfasser argumentiert einseitig/widersprüchlich … – In seiner Darstellung beschränkt sich der Historiker nur auf …	Der britische Historiker Peter Heather begründet seine These in drei stichhaltigen Argumentationssträngen.
Werturteil	Bewertung des Textes	– Aus heutiger Sicht/Perspektive kann gesagt werden/lässt sich sagen … – Der Position/Meinung/Auffassung/Ansicht des Autors stimme ich (nicht) zu … – Ich stimme der Position/ … des Autors (nicht) zu … – Die Position/ … der Verfasserin teile ich (nicht) … – Ich teile die Position/ … des Historikers (nicht) … – Meiner Meinung/Auffassung/Ansicht zufolge/nach …	– Ich stimme der Kritik von Francisco de Vitoria am Vorgehen der Spanier in der Neuen Welt zu, weil … – Die Position des anonymen Verfassers des ersten Zeitungsartikels (M 1) teile ich nicht, da heute in unserer freiheitlichen Grundordnung Terror zur Durchsetzung politischer Ziele abgelehnt wird.

Tipps zur Vorbereitung auf die Abiturthemen

Übung 1: Inhalte der Lehrplanthemen wiederholen

Das Thema „Deutscher Nationalstaat im 19. Jahrhundert" wird im vorliegenden Schulbuch in sieben Teilthemen gegliedert. Jedes Teilthema ist in Form eines Kapitels aufbereitet.

1 Ein kurzer Darstellungstext führt zu Beginn jedes Kapitels in das Teilthema ein. Daran schließt sich ein umfangreicher Materialteil mit entsprechenden Aufgaben an. Lesen Sie die Darstellungstexte wiederholend und fertigen Sie eine Zusammenfassung an. Die Zwischenüberschriften und Fettdrucke können Ihnen hierbei Hilfestellung geben.

2 Suchen Sie sich aus jedem Kapitel drei bis vier Materialien aus und bearbeiten Sie die dazugehörigen Aufgaben.

3 Halten Sie Ihre Ergebnisse auf Karteikarten fest (s. unten).

Übung 2: Wichtige Daten merken und anwenden

Auf S. 169 finden Sie eine Zeittafel. Auf drei Arten können Sie damit für das Abitur üben:

1 Geben Sie jeden Eintrag der Zeittafel mit eigenen Worten wieder.

2 Schreiben Sie auf die Vorderseite einer Karteikarte ein Ereignis, auf die Rückseite das Datum (s. unten).

3 Vertiefen Sie Ihre Kenntnisse über zentrale Daten, indem Sie noch einmal die dazugehörigen Darstellungen und Materialien aus dem Kapitel durcharbeiten. Schreiben Sie auf Ihre Karteikarten,

    a) welche Ursachen zu einem Ereignis geführt haben,

    b) wie es abgelaufen ist,

    c) welche Folgen es gehabt hat.

Übung 3: Zentrale Begriffe verstehen und erklären

Zentrale Begriffe sind u. a. auf der Seite „Kompetenzen überprüfen" aufgeführt. Erläuterungen dazu finden Sie im entsprechenden Kapitel und im Begriffslexikon auf S. 171 f.

1 Lesen Sie zu jedem Begriff die Erläuterung.

2 Klären Sie Fremdwörter.

3 Erläutern Sie den Inhalt jedes Begriffs anhand von historischen Beispielen. Halten Sie Ihre Ergebnisse auf Karteikarten fest (s. unten).

Ergebnisse sichern – Arbeitskartei anlegen

1 Halten Sie die Ergebnisse der Übungen bis 3 auf Karteikarten fest:
Notieren Sie auf der Vorderseite eine Frage, einen Begriff oder ein Datum, schreiben Sie auf die Rückseite Ihre Erläuterungen.

2 Wiederholen Sie mithilfe Ihrer Arbeitskartei die Inhalte, Daten und Begriffe der Schwerpunktthemen – alleine, in Partnerarbeit oder in Gruppen.

Übung 4: Methodentraining – Interpretation schriftlicher Quellen

Die Interpretation schriftlicher Quellen ist eine der zentralen Anforderungen im Abitur:

1 Prägen Sie sich die systematischen Arbeitsschritte zur Interpretation einer schriftlichen Quelle von S. 63 ein.

2 Merken Sie sich die „Faustregel" zur Analyse der formalen Merkmale schriftlicher Quellen und üben Sie die Beantwortung der „W-Fragen" anhand von fünf selbst ausgewählten schriftlichen Quellen des Schülerbuches.

> „Faustregel" für die Analyse der formalen Merkmale schriftlicher Quellen:
> WER sagt WO, WANN, WAS, WARUM, zu WEM und WIE?

Probeklausur mit Lösungshinweisen

1 Fassen Sie nach einer quellenkritischen Einführung die Aussagen Bismacks (M 1) zusammen.

2 Skizzieren Sie die Grundzüge der Außenpolitik Bismarcks im Deutschen Kaiserreich.

3 Beurteilen Sie die Außenpolitik Bismarcks unter der Fragestellung „Bismarck – ein Friedenspolitiker?". Beziehen Sie auch Bismarcks Außenpolitik als preußischer Ministerpräsident vor 1871 ein.

M 1 Aus dem Schreiben Bismarcks an Wilhelm I. vom 31. August 1879

Eure Majestät wollen sich huldreichst erinnern, dass ich innerhalb der letzten fünf Jahre in Berichten und Briefen wiederholt die Gefahren hervorgehoben habe, von welchen
5 Deutschland durch Koalitionen anderer Großmächte bedroht sein kann. Die Kriege, welche Majestät seit 1864 zu führen genötigt waren, haben in mehr als einem Lande die Neigung hinterlassen, im Bunde mit ande-
10 ren Mächten Revanche zu nehmen und den Kristallisationspunkt zu Koalitionen abzugeben, wie deren eine dem Aufstreben Preußens im Siebenjährigen Kriege gegenüberzutreten war. […] Es bedarf auch keines
15 Beweises, dass wir, in der Mitte Europas, uns keiner Isolierung aussetzen dürfen. Meiner Überzeugung nach sind wir derselben aber ausgesetzt, wenn wir ihr nicht durch eine Defensivalliance mit Österreich vorbeugen.
20 Die Sicherheit, welche wir in der Person des Kaisers Alexander früher zu finden glaubten, ist durch den letzten Brief seiner Majestät und durch des Kaisers drohende Äußerungen gegenüber dem Botschafter, auch der
25 Form nach zerstört; sie lässt sich in der Art, wie sie früher bestand, nicht wiederherstellen. So gut wie der Kaiser Alexander dazu gebracht werden kann, wegen bulgarischer Lappalien nicht nur dem amtlichen Bot-
30 schafter gegenüber, sondern in eigenhändigem Schreiben an Eure Majestät mit Krieg zu drohen, so gut wird er auch, und noch viel leichter, unter Fortsetzung der persönlichen Freundschaftsversicherungen diesen Krieg
35 führen. Meines alleruntertänigsten Dafürhaltens musste das Niederschreiben dieser Drohung gegen den nächsten Blutsverwandten und ältesten Freund mehr Überwindung kosten als der etwaige Befehl, noch
40 mehr russische Regimenter an der preußischen Grenze anzusammeln, als dort bisher schon stehen. Ich muss nach Pflicht und Gewissen Euerer Majestät versichern, dass ich als Euerer Majestät amtlich berufener Rat an
45 die Zuverlässigkeit des Kaisers Alexander für Euere Majestät nicht mehr glaube und dass ich es als meine unabweisliche Pflicht ansehe, Euerer Majestät die Herstellung einer gesicherten Anlehnung mit Österreich ehr-
50 furchtsvoll anzutragen. Der Gedanke, dass ein Defensivbündnis mit Österreich als Ersatz der Garantien, welche früher der Deutsche Bund gewährte, den Abschluss der deutschen Politik Euerer Majestät zu bilden
55 haben werde, ist für mich kein neuer. Ich habe schon bei den Friedensverhandlungen in Nikolsburg 1866 der tausendjährigen Gemeinsamkeit der gesamtdeutschen Geschichte gegenüber das Gefühl gehabt, dass
60 für die Verbindung, welche damals zur Reform der deutschen Verfassung zerstört werden musste, früher oder später ein Ersatz von uns zu beschaffen sein werde.

Zit. nach: Michael Stürmer (Hg.), Bismarck und die preußisch-deutsche Politik 1871–1890, 3. Aufl., München 1978, S. 144 f.

Lösungshinweise

Aufgabe 1
Formale Aspekte
Autor: Otto von Bismarck, deutscher Reichskanzler (1871 bis 1890); preußischer Gesandter im Bundestag, Botschafter in Russland und Frankreich, ab 1863 preußischer Ministerpräsident; gehörte zum rechten Flügel der Konservativen, trat für die Stärkung des monarchischen Prinzips und die Vormachtstellung Preußens in Deutschland ein
Quelle: datiert vom August 1879; Ort nicht bekannt, wahrscheinlich Berlin; *Textart:* Brief; *Thema:* Defensivallianz mit Österreich
Adressat: Wilhelm I., dt. Kaiser (1871–1888)

Inhaltliche Aspekte
Wesentliche Textaussagen:
– Bismarck verweist auf seine wiederholte Warnung vor Koalitionen anderer Groß-

mächte gegen Deutschland; Hauptgrund sei die Neigung zur Revanche für die Kriege „seit 1864" (Z. 1 ff.).
- Deutschland sei „in der Mitte Europas" einer Isolierung ausgesetzt, wenn es „nicht durch eine Defensivalliance mit Österreich" vorbeuge (Z. 14 ff.).
- Der Autor argumentiert, dass die bisherige „Sicherheit" gegen eine Isolation, welche man in der Person des russischen „Kaisers Alexander" zu finden glaubte, durch dessen Kriegsdrohungen und die Stationierung weiterer russischer Regimenter an der preußischen Grenze zerstört sei; Bismarck glaubt nicht mehr an die Zuverlässigkeit Alexanders und empfiehlt Wilhelm I. daher ein Bündnis mit Österreich (Z. 20 ff.).
- Bismarck meint, ein Defensivbündnis mit Österreich könne „als Ersatz der Garantien" gesehen werden, die „früher der Deutsche Bund gewährte"; in diesem Kontext betont der Reichskanzler, er habe bereits 1866 auf die „tausendjährige Gemeinsamkeit der gesamtdeutschen Geschichte" hingewiesen (Z. 50 ff.).

Textsprache: sachlich, zielgerichtet, appellativ, argumentativ
Kernaussage: Bismarck appelliert in seinem Schreiben an den Kaiser für eine Defensivallianz mit Österreich, weil sich Deutschland keiner Isolierung aussetzen dürfe, der russische Zar unzuverlässig sei und ein Bündnis zudem die Garantien ersetzen würde, die vor 1871 der Deutsche Bund gewährte.

Aufgabe 2
Ausgangslage 1871:
- Befürchtung der europäischen Großmächte, die Reichsgründung habe das europäische Gleichgewicht zerstört
- Angst vor neuen Expansionskriegen Deutschlands

Ziele Bismarcks:
- Anerkennung des Status quo und Bewahrung des europäischen Gleichgewichts
- Erklärung, Deutschland sei territorial „saturiert" und betreibe eine „Sicherheitspolitik", die den Frieden in Europa erhalte

Elsass-Lothringen-Frage:
- Gefahr eines französischen Revanchekrieges, der die territorialen Veränderungen von 1871 wieder rückgängig machen könnte
- Isolierung Frankreichs zur Verhinderung eines Zweifrontenkrieges

Berliner Kongress (1878):
- Bestreben Bismarcks (als „ehrlicher Makler"), einen Ausgleich zwischen den beteiligten Mächten in der Balkankrise zu erreichen; Vertrauensgewinn für das Deutsche Reich, da es auf dem Balkan keine eigenen Interessen verfolgte

Beispiele für die Bündnispolitik Bismarcks:
- Dreikaiserabkommen: Deutsches Reich, Österreich-Ungarn, Russland (1873, 1881)
- Zweibund: Deutsches Reich, Österreich-Ungarn (1879)
- Dt.-Russ. Rückversicherungsvertrag (1887)

Aufgabe 3
Historischer Kontext:
- Allianz mit Österreich vom Oktober 1879 als Eckpfeiler im Bündnissystem Bismarcks

Auseinandersetzung mit der These im Hinblick auf Bismarcks Außenpolitik nach 1871:
- „diplomatisches Feingefühl", z. B. Bismarcks Vermittlerrolle als „ehrlicher Makler" auf dem Berliner Kongress; dennoch Verstimmung Russlands wegen der Kongressergebnisse
- Ergebnisse seiner Politik: Bewahrung des europäischen Gleichgewichts und des Friedens

Auseinandersetzung mit der Fragestellung im Hinblick auf Bismarcks Außenpolitik als preußischer Ministerpräsident:
- Durchsetzung seines Ziels: Stärkung Preußens im Ringen mit Österreich um die Vormachtstellung in Deutschland mit militärischen Mitteln in den 1860er-Jahren („Einigungskriege")
- Schaffung eines Konfliktpotenzials durch die für Frankreich harten Friedensbedingungen nach dem Deutsch-Französischen Krieg 1870/71, v. a. Abtretung von Elsass-Lothringen
- Alternativlosigkeit von Bismarcks Friedenspolitik (territoriale und politische Lage Deutschlands nach der Reichsgründung)

Zeittafel*

Die Daten zur polnischen Geschichte siehe S. 68 f.

um 1770	Beginn der Industriellen Revolution in England
1773–1787	Amerikanische Revolution
1789–1799	Französische Revolution
1806	Auflösung des Heiligen Römischen Reiches Deutscher Nation
1813–1815	Befreiungskriege der deutschen Staaten gegen die napoleonische Herrschaft
1814/15	Wiener Kongress: Neuordnung der europäischen Staatenwelt, Gründung des Deutschen Bundes
1817	Wartburgfest der deutschen Burschenschaften
1819	Karlsbader Beschlüsse
1832	Hambacher Fest
1834	Entstehung eines Binnenmarktes durch den Deutschen Zollverein
um 1840	Beginn der Industriellen Revolution in Deutschland
1848	Veröffentlichung des „Kommunistischen Manifests" von Karl Marx und Friedrich Engels
1848/49	Revolutionen in Europa
1851	Wiederherstellung des Deutschen Bundes
1864	Deutsch-Dänischer Krieg um Schleswig und Holstein
1865	Gründung des „Allgemeinen Deutschen Frauenvereins" (ADF) auf dem internationalen Frauenkongress in Leipzig
1866	Deutscher Krieg zwischen Preußen und Österreich
1866/67	Gründung des Norddeutschen Bundes
1869	Gründung der deutschen „Sozialdemokratischen Arbeiterpartei"
1870/71	Deutsch-Französischer Krieg
1871	Gründung des Deutschen Kaiserreiches; die Reichsverfassung garantiert auch den deutschen Juden die staatsbürgerliche Gleichberechtigung
1871–1880	„Kulturkampf" Bismarcks gegen die katholische Kirche
1871–1890	Bismarck ist deutscher Reichskanzler
1878	Berliner Kongress
1878–1890	Unterdrückung der deutschen Sozialdemokratie durch das Sozialistengesetz
1879–1881	Der „Berliner Antisemitismusstreit" um die nationale Zuverlässigkeit und kulturelle Zugehörigkeit der deutschen Juden erfasste fast alle gesellschaftlichen Schichten der deutschen Gesellschaft.
1884/85	Afrika-Konferenz der imperialistischen Mächte in Berlin
ab 1890	Weltmachtpolitik Wilhelms II.
1893	Gründung des ersten deutschen Mädchengymnasiums in Karlsruhe; Gründung des „Centralvereins der deutschen Staatsbürger jüdischen Glaubens"
1900	Zulassung von Frauen zum Universitätsstudium im Großherzogtum Baden; bis 1908 (Preußen) auch in den anderen deutschen Staaten
1914–1918	Erster Weltkrieg
1917	Oktoberrevolution in Russland
1919	Einführung des Frauenwahlrechts im Deutschen Reich

Fachliteratur

Chronologische Überblickswerke/ Geschichtsatlanten

Der große Ploetz, Göttingen 2010.

dtv-Atlas zur Weltgeschichte, einbändige Sonderausgabe, 3. Aufl., München 2010.

Putzger Historischer Weltatlas. Atlas und Chronik zur Weltgeschichte, 104. Aufl., Berlin 2011.

Methodentraining Geschichte

Kolossa, Bernd, Methodentrainer Gesellschaftswissenschaften. Sekundarstufe II, Berlin 2000.

Rauh, Robert, Methodentrainer Geschichte Oberstufe. Quellenarbeit – Arbeitstechniken – Klausurentraining, Berlin 2010.

Gesamtdarstellungen

Alter, Peter, Nationalismus, Frankfurt/Main 1985.

Die Zeit. Welt- und Kulturgeschichte. Epochen, Fakten, Hintergründe in 20 Bdn., Bd. 12: Zeitalter des Nationalismus, Hamburg 2006.

Fisch, Jörg, Europa zwischen Wachstum und Gleichheit 1850–1914, Stuttgart 2002.

Görtemaker, Manfred, Deutschland im 19. Jahrhundert. Entwicklungslinien, 5. Aufl., Bonn 1996.

Hahn, Hans Werner/Berding, Helmut, Reformen, Restauration und Revolution, Stuttgart 2010.

Kocka, Jürgen, Das lange 19. Jahrhundert. Arbeit, Nation und bürgerliche Gesellschaft, Stuttgart 2001.

Langewiesche, Dieter, Nation, Nationalismus, Nationalstaat in Deutschland und Europa, München 2000.

Lenger, Friedrich, Industrielle Revolution und Nationalstaatsgründung (1849–1870er Jahre), Stuttgart 2003.

Nipperdey, Thomas, Deutsche Geschichte 1800–1866. Bürgerwelt und starker Staat, München 1983.

Wehler, Hans-Ulrich, Deutsche Gesellschaftsgeschichte, Bd. 3: Von der „Deutschen Doppelrevolution" bis zum Beginn des Ersten Weltkrieges 1849–1914, München 1995.

1848/49

Dowe, Dieter u. a. (Hg.), Europa 1848. Revolution und Reform, Bonn 1998.

Gall, Lothar (Hg.), 1848 – Aufbruch zur Freiheit, Ausstellungskatalog, Berlin 1998.

Hachtmann, Rüdiger, Epochenschwelle zur Moderne. Einführung in die Revolution von 1848/49, Tübingen 2002.

Hein, Dieter, Die Revolution von 1848/49, 3. Aufl., München 2004.

Deutsches Kaiserreich

Althammer, Beate, Das Bismarckreich 1871–1890, Paderborn 2009.

Berghahn, Volker R., Das Kaiserreich 1871–1914. Industriegesellschaft, Bürgerliche Kultur und autoritärer Staat, Stuttgart 2006.

Ullmann, Hans-Peter, Politik im Deutschen Kaiserreich 1871–1918, München 1999.

Polen

Heyde, Jürgen, Geschichte Polens, 3. Aufl., München 2011.

Jaworski, Rudolf/Lübke, Christian/Müller, Michael G., Eine kleine Geschichte Polens, Frankfurt/Main 2000.

Kneip, Matthias/Mack, Manfred/Deutsches Polen-Institut Darmstadt, Polnische Geschichte und deutsch-polnische Beziehungen, 2. Aufl., Berlin 2009.

Frauenemanzipation

Frevert, Ute, Frauen-Geschichte. Zwischen Bürgerlicher Verbesserung und Neuer Weiblichkeit, Neuaufl., Frankfurt/Main 2008.

Gerhard, Ute, Frauenbewegung und Feminismus. Eine Geschichte seit 1789, München 2009.

Schaser, Angelika, Frauenbewegung in Deutschland 1848–1933, Darmstadt 2006.

Jüdische Geschichte/Antisemitismus

Berding, Helmut, Moderner Antisemitismus in Deutschland, Frankfurt/Main 1988.

Bergmann, Werner, Geschichte des Antisemitismus, 4. Aufl., München 2010.

Richarz, Monika (Hg.), Jüdisches Leben in Deutschland. Selbstzeugnisse zur Sozialgeschichte 1780–1871, Stuttgart 1976.

Kolonialismus/Imperialismus

Conrad, Sebastian, Deutsche Kolonialgeschichte, München 2008.

Gründer, Horst, Geschichte der deutschen Kolonien, Paderborn 1985.

Osterhammel, Jürgen, Kolonialismus. Geschichte – Formen – Folgen, 3. Aufl., München 2006.

Speitkamp, Winfried, Deutsche Kolonialgeschichte, Stuttgart 2006.

Erster Weltkrieg

Berghahn, Volker, Der Erste Weltkrieg, 2. Aufl., München 2004.

Kruse, Wolfgang, Der Erste Weltkrieg, Darmstadt 2009.

Mommsen, Wolfgang J., Die Urkatastrophe Deutschlands. Der Erste Weltkrieg 1914–1918, Stuttgart 2002.

Antisemitismus: Ablehnung oder Bekämpfung von Juden aus rassischen, religiösen oder sozialen Gründen. Der Begriff wurde im Jahre 1879 als pseudowissenschaftlicher Begriff geprägt, um sich von der religiös motivierten Judenfeindschaft (Antijudaismus) abzugrenzen. Er bezeichnet Ablehnung und Feindschaft gegenüber den Semiten, einer historischen Sprachfamilie, die neben hebräischen auch afrikanische und arabische Völker umfasst. Der Begriff ist daher nicht trennscharf. Judenfeindschaft gab es schon in der Antike und im Mittelalter. In der zweiten Hälfte des 19. Jh. entwickelte sich ein rassisch begründeter Antisemitismus, mit dem gesellschaftliche Konflikte auf die Juden als Feindbild übertragen wurden.

Bürger, Bürgertum: Im Mittelalter und in der Frühen Neuzeit v. a. die freien und voll berechtigten Stadtbewohner, im Wesentlichen die städtischen Kaufleute und Handwerker; im 19. und 20., in einigen Ländern (z. B. England) auch schon im 18. Jh. die Angehörigen einer durch Besitz, Bildung und spezifische Einstellungen gekennzeichneten Bevölkerungsschicht, die sich von Adel und Klerus, Bauern und Unterschichten (einschließlich der Arbeiter) unterscheidet. Zu ihr gehören Besitz- oder Wirtschaftsbürger (= Bourgeoisie, also größere Kaufleute, Unternehmer, Bankiers, Manager), Bildungsbürger (Angehörige freier Berufe, höhere Beamte und Angestellte zumeist mit akademischer Bildung), am Rande auch die Kleinbürger (kleinere Handwerker, Krämer, Wirte). Staatsbürger meint dagegen alle Einwohner eines Staates ungeachtet ihrer sozialen Stellung, soweit sie gleiche „bürgerliche" Rechte und Pflichten haben (vor Gericht, in Wahlen, in der öffentlichen Meinung). Staatsbürger im vollen Sinne waren lange Zeit nur Männer und nur die Angehörigen der besitzenden und gebildeten Schichten, im 19. Jh. allmähliche Ausweitung auf nichtbesitzende männliche Schichten, im 20. Jh. auf Frauen.

Freihandelspolitik: Prinzip der Außenhandelspolitik eines Staates, die auf einen von Zöllen oder anderen Beschränkungen ungestörten internationalen Handel dringt. Entstand als Forderung des Wirtschaftsliberalismus in England und richtete sich zunächst gegen den Merkantilismus, seit den 1870er-Jahren gegen die Schutzzollpolitik europäischer Staaten und der USA.

Imperialismus: Im neuzeitlichen Verständnis bedeutet Imperialismus zunächst die Ausdehnung der Herrschaft eines Staates über andere Länder durch Eroberung, Annexion und Durchdringung; eine seiner Formen ist der Kolonialismus. Mit Bezug auf die Zeit seit der Hochindustrialisierung bedeutet Imperialismus ein ausgeprägtes, in verschiedenen Formen auftretendes, zugleich wirtschaftliches und politisches Ausnutzungs- und Abhängigkeitsverhältnis zwischen industriell weit fortgeschrittenen und wirtschaftlich wenig entwickelten Staaten und Regionen (besonders in Afrika und Asien). Vor allem die Zeit zwischen 1880 und 1918 gilt als Epoche des Imperialismus.

Identität (lat. *idem* ,derselbe', ,dasselbe', ,der Gleiche'): Die ihn kennzeichnende und als Individuum von anderen unterscheidende Eigentümlichkeit im Wesen eines Menschen.

Liberalismus: Politische Bewegung seit dem 18. Jahrhundert; betont die Freiheit des Individuums gegenüber kollektiven Ansprüchen von Staat und Kirche. Merkmale: Glaubens- und Meinungsfreiheit, Sicherung von Grundrechten des Bürgers gegen staatliche Eingriffe, Unabhängigkeit der Rechtsprechung (Gewaltenteilung), Teilnahme an politischen Entscheidungen; der wirtschaftliche Liberalismus fordert die uneingeschränkte Freiheit aller wirtschaftlichen Betätigungen.

Nationalismus: Als wissenschaftlicher Begriff meint er die auf die moderne Nation und den Nationalstaat bezogene politische Ideologie zur Integration von Großgruppen durch Abgrenzung von anderen Großgruppen. Der demokratische Nationalismus entstand in der Französischen Revolution und war verbunden mit den Ideen der Menschen- und Bürgerrechte, des Selbstbestimmungsrechts und der Volkssouveränität. Der integrale Nationalismus entstand im letzten Drittel des 19. Jh. und setzte die Nation als absoluten, allem anderen übergeordneten Wert.

Nationalstaat: Bezeichnung für die annähernde Übereinstimmung von Staat und Nation durch staatliche Konstituierung einer gegebenen Nation; der Nationalstaat löste im 19. Jh. den frühneuzeitlichen Territorialstaat ab.

Moderne/Modernisierung: Prozess der beschleunigten Veränderung einer Gesellschaft in Richtung auf einen entwickelten Status (Moderne), meist bezogen auf den Übergang von der Agrar- zur Industriegesellschaft. Kennzeichen: Säkularisierung, Verwissenschaftlichung, Bildungsverbreitung, Technisierung, Ausbau und Verbesserung der technischen Infrastruktur (Verkehr, Telefonnetz, Massenmedien), Bürokratisierung und Rationalisierung in Politik und Wirtschaft, soziale Sicherung (Sozialstaat), zunehmende Mobilität, Parlamentarisierung und Demokratisierung, kulturelle Teilhabe (Massenkultur), Urbanisierung; wissenschaftlich nicht unumstritten, weil als Maßstab der Moderne meist die europäische Zivilisation gilt und Kosten, z. B. Umweltverschmutzung, kaum berücksichtigt sind.

Reform: Neuordnung, Verbesserung und Umgestaltung von politischen und sozialen Verhältnissen im Rahmen der bestehenden Grundordnung; hierin, oft weniger in den Zielen, unterscheiden sich Reformen von Revolutionen als politisches Mittel zur Durchsetzung von Veränderungen.

Revolution: Am Ende einer Revolution steht der tief greifende Umbau eines Staates und nicht nur ein Austausch von Führungsgruppen. Typisch ist das Vorhandensein eines bewussten Willens zur Veränderung, eine entsprechende Aktionsgruppe mit Unterstützung im Volk oder in einer großen Bevölkerungsgruppe. Typisch sind auch die Rechtsverletzung, die Gewaltanwendung und die schnelle Abfolge der Ereignisse. Beispiele sind die Französische Revolution 1789 und die Russische Revolution 1917.

Urbanisierung: Als umfassender Begriff meint Urbanisierung die Verbreitung städtischer Kultur und Lebensweise über ganze Regionen auch unter Einbeziehung des Landes. Sie ist ein typisches Phänomen der Moderne. Ihre zentralen Merkmale spiegeln sich in der Großstadt: z. B. Massenangebot und Massenkonsum, Geschwindigkeit, Mobilität und Anonymität. Im engeren Sinne meint Urbanisierung auch Verstädterung, bewirkt durch schnelleres Wachstum der Stadtbevölkerung gegenüber langsamerem Wachstum oder gar Stillstand/Rückgang der Landbevölkerung. Die Zusammenballung großer Menschenmassen auf relativ engem Raum förderte verstärkt gegen Ende des 19. Jh. die Entwicklung einer spezifischen städtischen Kultur und Lebensweise.

Personenlexikon und Personenregister

Bebel, August (1840–1913), dt. Politiker und Mitbegründer der „Sozialdemokratischen Arbeiterpartei". *41, 93 f., 98*

Bismarck, Otto Fürst von (1815–1898), zwischen 1871 und 1890 dt. Reichskanzler. *41 f., 49, 52, 55 ff., 78 ff., 86, 89 f., 94, 122, 124 ff., 127 ff., 130, 132, 137*

Bonaparte, Napoleon (1769–1821), frz. General und Kaiser. *15*

Bülow, Bernhard von (1849–1929), dt. Diplomat und Politiker, tritt für eine offensive dt. Kolonialpolitik ein, 1900–1909 dt. Reichskanzler. *138*

Chamberlain, Houston Stewart (1855–1927), engl. Schriftsteller, der in seinem Werk dem Rassismus eine antisemitische Dimension hinzufügte und so die Grundlage für den theoretischen Rassenantisemitismus legte. *116, 119*

Claß, Heinrich (1868–1953), Vorsitzender des Alldeutschen Verbands, der für den Erwerb von Kolonien und für eine expansive nationalistische Politik eintrat. *119 f.*

Dohm, Christian Konrad Wilhelm (1751–1820), Jurist, Diplomat und Schriftsteller; setzte sich mit der Schrift „Über die bürgerliche Verbesserung der Juden" von 1781 für die Judenemanzipation ein. *110*

Dohm, Hedwig (1831–1919), dt. Schriftstellerin und Frauenrechtlerin. *104 f.*

Engels, Friedrich (1820–1895), dt. Kaufmann und Industrieller. Als Weggefährte und Freund von Karl Marx trug er durch seine publizistische Tätigkeit wesentlich zur Verbreitung des Marxismus bei. *41*

Franz Ferdinand (1863–1914), österreichischer Thronfolger, wurde im Juni 1914 zusammen mit seiner Frau in Sarajewo ermordet. *141*

Gobineau, Arthur de (1816–1882), frz. Diplomat und Schriftsteller, der in seinen Schriften die vermeintliche Überlegenheit der „arischen" Menschenrasse thematisierte. *116 f.*

Gouges, Olympe de (1748–1793), frz. Revolutionärin und Frauenrechtlerin; Verfasserin der Erklärung der Rechte der Frau und Bürgerin von 1791. *99*

Hakort, Friedrich (1793–1880), dt. Industrieller und Politiker; setzte sich für die soziale Integration der Arbeiter in die bürgerlich-industrielle Gesellschaft durch sozialpolitische Maßnahmen ein. *41*

Hardenberg, Karl Freiherr von (1750–1822), dt. Politiker; führte seit 1810 als preußischer Staatskanzler die Reformen Steins weiter. *16, 24*

Kautsky, Karl (1854–1938), sozialistischer Theoretiker und Politiker. *41*
Kolping, Adolph (1813–1865), Priester, Begründer der katholischen Gesellenvereine (Kolpingwerk). *42*

Lassalle, Ferdinand (1825–1864), Gründer der sozialdemokratischen Bewegung in Deutschland, gründete 1863 den „Allgemeinen Deutschen Arbeiterverein". *41*
Legien, Carl (1861–1920), dt. Gewerkschafter und Politiker. *41*
Lette, Wilhelm Adolf (1799–1868), dt. Sozialpolitiker und Jurist; gründete 1866 in Berlin den „Verein zur Förderung der Erwerbstätigkeit des weiblichen Geschlechts". *98*
Liebknecht, Wilhelm (1826–1900), dt. Politiker; zusammen mit Bebel Mitbegründer der „Sozialdemokratischen Arbeiterpartei". *41*
Luxemburg, Rosa (1871–1919), sozialistische Politikerin, führende Vertreterin des linken Flügels der SPD. *41*

Marr, Wilhelm (1819–1904), dt. Journalist und Gegner der Judenemanzipation; Gründer der „Antisemitenliga", der ersten antisemitischen Vereinigung. *112, 117*
Marx, Karl (1818–1883), dt. Philosoph und zusammen mit Friedrich Engels Begründer des wissenschaftlichen Sozialismus. *41, 47, 98*
Metternich, Fürst Klemens von (1773–1859), öst. Staatskanzler; bemühte sich 1814–15 auf dem Wiener Kongress um die Wiederherstellung der vorrevolutionären Ordnung. *16 f., 25, 32, 53*
Mommsen, Theodor (1817–1903), dt. Historiker; entschiedener Gegner der Politik Bismarcks und des Antisemitismus von Heinrich von Treitschke. *118*

Otto-Peters, Louise (1819–1895), sozialkritische Schriftstellerin und Mitbegründerin der bürgerlichen deutschen Frauenbewegung. *96 f., 106*

Pankhurst, Emmeline (1858–1928), brit. Frauenrechtlerin und Gründerin der „Woman's Social and Political Union", die sich für das Frauenwahlrecht einsetzte. *101 f.*
Peters, Carl (1856–1918), dt. Politiker, Publizist, Kolonialist und Afrikaforscher mit stark ausgeprägter rassistischer Einstellung; gilt als Begründer der Kolonie Deutsch-Ostafrika. *145*

Schmoller, Gustav (1838–1917), dt. Volkswirtschaftler. *42*
Schulze-Delitzsch, Hermann (1808–1883), dt. Sozialpolitiker und Jurist; Mitbegründer des „Deutschen Nationalvereins" und der „Deutschen Fortschrittspartei". *41*
Stein, Heinrich Friedrich Karl (1757–1831), dt. Jurist und Politiker; führte als Minister grundlegende Reformen in Preußen durch. *16*
Stoecker, Adolf (1835–1909), dt. evangelischer Geistlicher und Politiker, gründete 1878 die „Christlich-soziale Arbeiterpartei", um die Arbeiterschaft im christlich-konservativen Sinne zu beeinflussen; als preußischer Hofprediger propagierte er einen aggressiven Antisemitismus. *112, 121*

Treitschke, Heinrich von (1834–1896), dt. Historiker, veröffentlichte 1879 in den „Preußischen Jahrbüchern" einen Aufsatz, in dem er den deutschen Juden den Willen zur gesellschaftlichen Assimilierung absprach und sie als Gegner der nationalen Einigung Deutschlands stigmatisierte; machte damit den Antisemitismus in weiten Teilen der dt. Bevölkerung mehrheitsfähig. *27, 117 f.*

Wichern, Johann Hinrich (1808–1881), dt. Theologe und Lehrer; Begründer der Inneren Mission der ev. Kirche. *42*
Wilhelm I. von Hohenzollern (1797–1888), seit 1858 Regent und seit 1861 König von Preußen sowie ab 1871 Deutscher Kaiser. *84*
Wilhelm II. (1859–1941), von 1888 bis 1918 letzter dt. Kaiser und König von Preußen. *9, 140 f.*
Wilhelm IV., Friedrich (1795–1861), König von Preußen von 1840 bis 1861; lehnte während der Revolution von 1848/49 die ihm von der Frankfurter Nationalversammlung angebotene Kaiserkrone ab. *18, 20*
Wollstonecraft, Mary (1759–1797), engl. Schriftstellerin und Frauenrechtlerin, die sich für die gleichberechtigte Schulbildung von Mädchen einsetzte. *100*

Zetkin, Clara (1857–1933), dt. Politikerin und Organisatorin der sozialdemokratischen Frauenbewegung. *105, 107*

Sachregister

Fettdruck: Erläuterungen im Begriffslexikon S. 171 f.
Kursiv gesetzte Begriffe: Erläuterungen in der Marginalspalte

3. Oktober 1990 12

Absatzmärkte 139
Adelsrepublik 66, 70
Afrikakonferenz 126
Alldeutscher Verband 140
Allgemeiner Deutscher Frauenverein 98, 106
Allgemeiner Deutscher Lehrerinnenverein 98
Antijudaismus 109
Antisemitismus 80, *110 ff.*, 116 ff., 119 ff.
Arbeiter 12, 17 ff., 40 ff., 88, 93, 97, 105, 107, 121
Assimilation 87, 94, 111
Attentat von Sarajewo 140
Aufklärung 11, 15, 99, 109 f.
Aufteilung der Welt 138

Bauern 16 ff., 24, 97
Befreiungskriege 15 f., 21 f., 27, 34
Berliner Kongress 125, 135
Blankoscheck 141
Boxer-Aufstand 140
Bürgerliche Frauenbewegung 97 f., 101, 104 ff.
Bürgertum 9, 14 f., 20, 97 f., 111, 121
Bürgerwehren 20
Bund Deutscher Frauenvereine 98

Central-Ausschuss für die innere Mission 42
Centralverein der deutschen Staatsbürger jüdischen Glaubens 112
Christlichsoziale Partei 112, 121

Dänemark 52, 55, 60, 94, 135
„Das Kapital" 41
Demagogen 17
Deutsch-polnisches Verhältnis 74, 77
Deutsche Kolonialgesellschaft 140
Deutsche Nationalbewegung 8 f., 11, 14 ff., 20, 48 f., 51, 59 f., 65, 87

Deutscher Bund 8, 15 ff., 20, 23, 26 f., 49, 51, 55, 59, 65, 82
Deutscher Flottenverein 140
Deutscher Kolonialverein 126
Deutscher Nationalverein 49, 64 f.
Deutscher Reformverein 49, 54
Deutscher Verband für das Frauenstimmrecht 98
Deutscher Zollverein 44, 49, 52 ff., 60
Deutsches Reich 8, 39, 48 f., 50, 55 f., 57 ff., 66, 82 f., 86 f., 91, 94, 110, 112, 124 ff., 127 ff., 131 f., 134 f.
Deutschland 6 ff., 11 f., 15 f., 17 f., 23, 26 f., 31, 35, 38 f., 41 f., 44 f., 52 f., 55, 57 f., 64 f., 66 f., 74, 76 f., 84, 94, 98, 110 ff., 122, 124 ff., 127 f., 130, 132
Dreikaiserabkommen 125
Dreikaiserbündnis 125, 131

Elsass-Lothringen 50, 56, 83 f.
Emanzipation 16, 23, 96 f., 99, 109 f., 112 ff., 117
England 39, 52, 66, 75, 117, 125 f., 129, 135, 139
Epochenjahr 1917 141
Erbfeindschaft 50, 62
Erfurter Programm 41, 98
Eroberungspolitik 14
Erster Weltkrieg 138, 140
Expansion 11, 14, 125, 129, 138

Fabriksystem 39
Flügelmächte 141
Formal Empire 139
Fraktionen in der Nationalversammlung 19
Frankreich 10 f., 14 f., 29, 31, 33, 50, 52 f., 55 f., 58, 60, 62, 64, 66, 75, 110, 117, 124 ff., 127 ff., 130 f., 134 f.
Französische Revolution 7 f., 24, 44, 99
Frauenbewegung 104 ff.
Frauenrechte 99, 108
Freihandelspolitik 139
Freiheitsbewegungen 15, 17
Frühliberalismus 15, 23
Frühnationalismus 15

Geschlechtercharaktere 97
Gewerkschaften 41

Gleichgewicht der Mächte 16 f., 124, 127 f., 134 f.
Gothaer Programm 41
Großdeutsche Lösung 20, 49, 51 f., 82
Großmacht 139
Grundrechtekatalog 19, 30 f.

Hambacher Fest 15, 22 f., 35
Hegemonie 17, 52, 124
Historisches Urteil 138
Hochimperialismus 138, 140

Ideologie 9, 29, 62, 110
Imperialismus 9, 12, *126*, 138 f.
Indemnität 81, 89 f.
Industrialisierung 38 ff., 44 f., 53, 60, 97, 126
Informal Empire 139
Integraler Nationalismus 140
Internationale Beziehungen 138 f.

Jesuitenorden 84
Judenemanzipation 109 f., 114
Judenfeindschaft 109 f., 115 f.
Judenverfolgung 109, 113 f.

Kapitalismus 41, 98
Karlsbader Beschlüsse 17, 25, 27 f.
Kathedersozialisten 42
Katholischer Gesellenverein 42
Kleindeutsche Lösung 11 f., 20, 31, *49*, 51 f., 55 ff., 65, 82, 87, 94, 132
Kissinger Diktat 129
Kolonialismus 126
Kolonialmächte 139
Kolonialreiche 138
Kolonialverwaltung 139
Kolonien 139
Kolonisation 126
Kommunistisches Manifest 41, 47
Kongresspolen 67 f.
Krieg-in-Sicht-Krise 125
Kriegserklärung (1792) 14
Kriegserklärung (1914) 141
Kulturkampf 67, 80, 83 f., 91 f., 122, 132
Kulturnation 15, 77

Legitimität 10, 16, 95
Liberale 17 f., 19, 81 f., 86 ff., 98
Liberale Fortschrittspartei 81 f.

Bildquellen

Cover (Vordergrund) akg-images; Umschlagbild (Hintergrund) akg-images; **6/M 1** ddp; **9/M 2** Gerhard Mester; **12/M 6** picture alliance/ZB/© ZB – Fotoreport; **14/M 1** akg-images; **15/M 2** akg-images; **19/M 4** historisches museum frankfurt/Foto: Ursula Seitz-Gray; **22/M 7 a** akg-images; **28/M 13** akg-images; **32/M 20** bpk; **33/M 1** akg-images; **34/M 2** Germanisches Nationalmuseum, Nürnberg; **36/M 1** bpk; **36/M 2** Cliché Bibliothèque nationale de France, Paris; **37/M 3** bpk; **38/M 1** akg-images; **40/M 2** ullstein bild; **41/M 3** akg-images; **41/M 4** akg-images; **43/M 5 a** Stadt Nürnberg, Hauptamt für Hochbauwesen; **43/M 5 b** Stadt Nürnberg, Hauptamt für Hochbauwesen; **45/M 7 b** akg-images; **46/M 1** akg-images; **46/M 2** Siegwerk Druckfarben AG, Unternehmenskommunikation/Archiv, Siegburg; **47/M 3** akg-images; **49/M 1** bpk; **56/M 6** bpk; **61/M 11** bpk; **62/M 12** aus: D. Thiemann, Geschichte betrifft uns, 1/2003; **72/M 6** akg-images; **76/M 16 a** aus: Leonhard Smolka, Miedzy zacofaniem a modernizacja, Wroclaw, Tart 1992; **78/M 1** aus: Beate Althammer, Das Bismarckreich 1871–1890, Schöningh, UTB, Paderborn 2009; **78/M 2** akg-images; **79/M 3** bpk; **81/M 1** akg-images; **83/M 2** Wilhelm Stöckle, Filderstadt; **85/M 3** bpk; **89/M 7** akg-images; **94/M 13** bpk; **102/M 6** bpk; **103/M 7 a** Hubert K. Hilsdorf, München; **103/M 7 b** Monacensia. Literaturarchiv und Bibliothek München/Signatur: Oskar Maria Graf; **103/M 7 c** picture alliance/akg-images; **104/M 7 d** Stadtarchiv München; **108/M 11** picture alliance/akg-images; **111/M 1** bpk; **115/M 5** Germanisches Nationalmuseum, Nürnberg; **116/M 7** aus: Humoristischer Hausschatz von Wilhelm Busch, Verlag von Fr. Bassermann, 1899; **122/M 1** akg-images; **123/M 2** Karl Stehle, München; **130/M 4** bpk; **134/M 1** aus: Bismarck in der Karikatur des Auslands. Auswahl, Einleitung und Kommentar von Heinrich Dormeier, DHM, Berlin 1990; **136/M 1** akg-images; **137/M 2 a** akg-images; **137/M 2 b** akg-images; **145/M 4** picture alliance/akg-images; **151/M 11** ullstein bild – The Granger Collection; **160/M 1** ullstein bild; **160/M 2** Foto: RIA Nowosti © VG Bild-Kunst, Bonn 2016; **161/M 3** Tate Gallery London